【改訂新版】

ヒストリカル・ガイド

A Historical Guide to USA

アメリカ USA

有賀 貞

山川出版社

合衆国議会議事堂中央ドーム　合衆国（連邦）議会議事堂は連邦政府の建物のなかで、もっとも壮大な建物で、その内装も豪華である。現在の形は1860年代にできあがった。アメリカ建国の寓意画である最高部の天井画をはじめとして、建国物語を語る多数の絵画と彫刻が中央ドームの内面を飾っている。

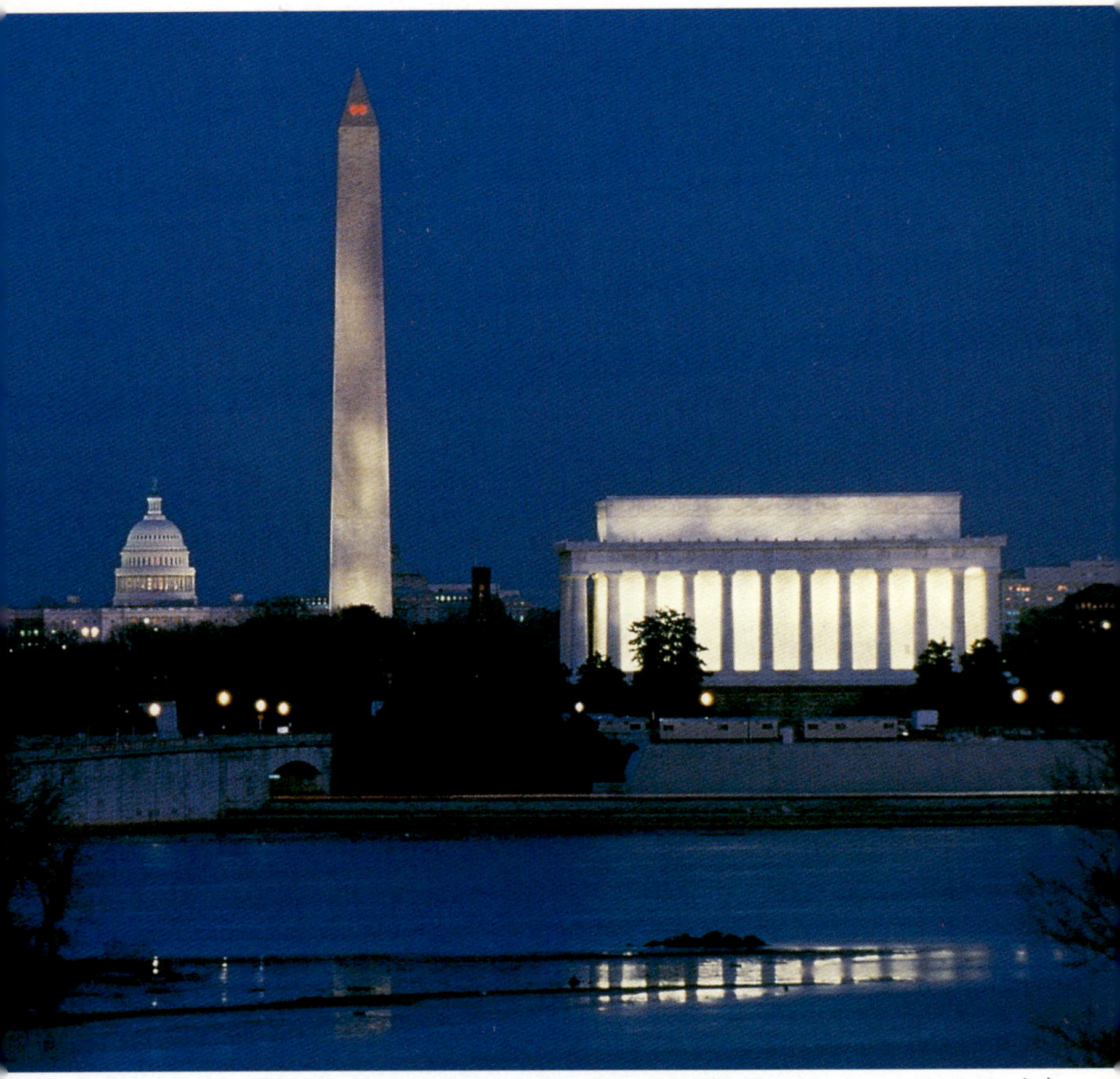

三つの建造物が輝くワシントンの夜景　右側に大きく見えるのがリンカーン・メモリアル、中央の尖塔がワシントン・モニュメント、左側遠方に議会議事堂の中央ドームが見え、リンカーン・メモリアルの明かりの影が手前のポトマック川の水面に映る。アメリカの偉人を記念する二つの建造物と合衆国議会議事堂とを一望するワシントンの代表的な夜景。

オバマ大統領就任式当日のワシントン　大統領就任式はアメリカの最大の国民的祭典である。とくに2009年1月20日ははじめてのアフリカ系アメリカ人大統領就任の日であったから、歴史的な日を首都で過ごそうと膨大な数の人々が集まった。合衆国議会議事堂西側玄関前の式場からリンカーン・メモリアルまで続くモールは人々で埋め尽くされた。

空間・時間の意味を変えたアメリカ人の発明

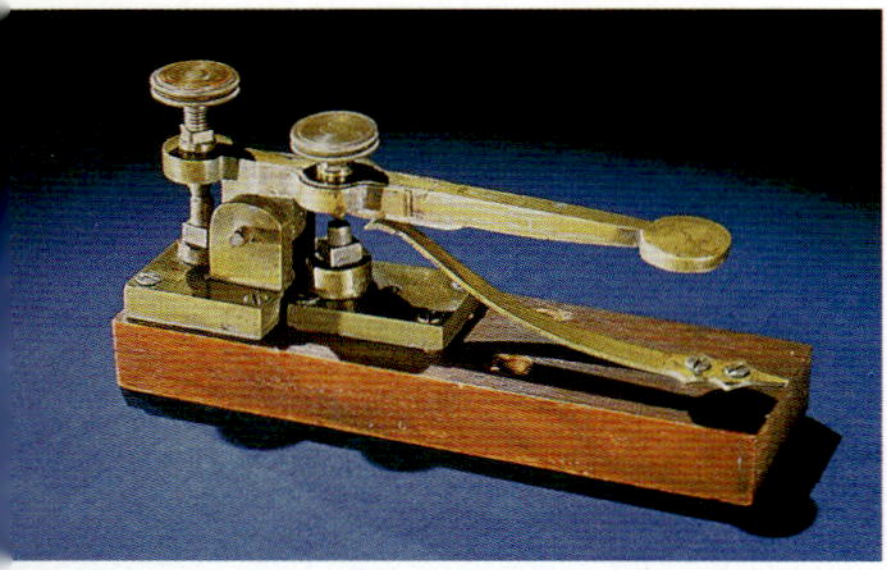

モールスの電信機（発信機）　1849年作成の初期の発信機。1860年までには主要都市間で電報による緊急連絡が可能になった。

ライト兄弟の飛行機　ライト社製のヴィン・フィズ号。1911年に何回も不時着と修理とを繰り返しながら84日かけてアメリカ横断に成功した。

通信中継衛星　1962～64年にかけて試験的に打ち上げられた中継衛星。情報伝達の大量化・瞬時化の端緒を開いた。

歴史を表現する美術

ジェローム・R・タイガー「わが民たちは待ちつくす」(1966年)　1830年代の南東部先住民の強制移住の旅路での犠牲者を描く。オクラホマ・シティ市ディキンソン研究センター所蔵。

ジェイコブ・ローレンス「ジョン・ブラウン・シリーズ」の第 6 作品(1941年)　逃亡奴隷に武器を渡すブラウン。彼は1859年奴隷解放のための武装蜂起に失敗して処刑された。デトロイト美術館所蔵。

マーシャル・ランボー「逮捕されたローザ・パークス」(1983年)　1955～56年のモンゴメリー・バス・ボイコット闘争の発端となった事件を描く。ワシントンのナショナル・ポートレート・ギャラリー所蔵。

多様性の国の統合の象徴

連邦国家アメリカの初期の国旗　1814年に用いられた、星も条も15（1795年の州の数）ある旗。その後、星は州の総数を、条は最初の13州を表すようになり「星条旗」と呼ばれた。

ニューヨーク港外に立つ自由の（女神）像　「世界に光を与える自由」の国を象徴する像。フランス人民からの贈り物で、リバティー島の台座の上に据えられ、1886年除幕。下記のエリス島の隣の島。

エリス島移民博物館　多くの移民たちが上陸し入国審査を受けたエリス島の施設は復元され、移民の国アメリカの市民たちが祖先の決断と労苦を偲ぶための博物館となっている。

ベトナム従軍「三人の兵士像」　三人の兵士像はそれぞれ、白人、黒人およびヒスパニック系の兵士をモデルにして、人種エスニック構成の多様性を表している。のちに「ベトナム従軍女性兵士記念像」も設置された。

アーリントン国立墓地　国のために命を捧げた英雄のためのワシントン郊外の墓地。埋葬式は葬られる人々のそれぞれの宗教によっておこなわれる。

グラウンド・ゼロ

世界貿易センター・ビル　2001年９月11日の同時多発テロ攻撃で倒壊した世界貿易センター・ビル「ツインタワー」は日系２世の著名な建築家ミノル・ヤマサキが主任設計者を務めた壮麗な高層建築で、1973年以来マンハッタンのスカイラインの頂点をなしていた。

グラウンド・ゼロ地点で３カ月後におこなわれた犠牲者追悼式　一対のタワーの倒壊により救出活動にあたった消防隊員・警察官数百名を含む約3000人が犠牲となった。日本人も24人が落命した。一対のタワーの跡地につくられた一対の９月11日メモリアルが事件から10周年の2011年９月に除幕され、12年に博物館が開設される。新しいオフィス・ビルの主棟となる「ワン・ワールド・トレード・センター」ビルは13年に完成し、翌年開業の予定である。

もくじ

●コラム

ヒストリカル・ガイド

アメリカ

〔改訂新版〕

はじめに

アメリカによって変わった日本

アメリカ合衆国（アメリカ）は近現代の日本の歴史には関わりの深い国である。近現代日本史の節目において、アメリカは日本のゆくえを左右した国である。江戸幕府末期から明治維新にいたる日本の激変も、アメリカの艦隊が江戸湾に来航し開国を要求したことがきっかけになって始まった。日本が第二次世界大戦後、平和的民主主義国として再出発したのも、大戦でアメリカを主力とする連合国に敗れ、アメリカ占領軍の指導と監督のもとにおかれた結果であった。それ以来、日本は六〇年にわたりアメリカとの二国間同盟条約を維持して現在にいたっている。

江戸幕府がアメリカ合衆国のマシュー・C・ペリー提督と日米和親条約（神奈川条約）に調印し、鎖国から開国への転換の一歩を踏み出したのは一八五四年、一六〇年近く前のことである。武家政権の指導者と艦隊を率いてきた提督との遭遇は、双方に折合いをつけようという冷静な現実主義があったために、両国は戦うことなく国交を開くことができた。それにより、その後数十年間続く比較的円満な日米関係の時代が導かれた。しかし二十世紀には、日本がアジアの強国となり、大陸に武力で進出するとともに、両国関係はしだいに悪化し、第二次大戦中、ナチス・ドイツと同盟した日本はアメリカを敵として戦うにいたった。日本は敗戦後ダグラス・マッカーサー将軍を総司令官とする連合国の（事実上はアメリカの）軍事占領下におかれた。その後の日本は冷戦時代の世界のなかで、アメリカを後ろ盾として国際社会に復帰し、一九七〇年代には経済大国といわれるまでに発展した。

日米の友好関係が長く続いているのは、日本が占領期の改革をへて、自由主義・民主主義を標榜する国になり、アメリカも人種平等を原則にするようになって、両国が基本的価値観を共有するようになったからである。その意味では日米には共通性があるが、両国の国柄にはそれぞれの特徴があり、両者には大きな相違がある。西欧の国々と比べても、アメリカは独自性の強い国である。

アメリカ——短い歴史・広い領域・多人種多民族社会

アメリカ合衆国は、イギリス（イングランド）王から特許状をえた植民者たちが十七世紀に北アメリカ大陸の大西洋岸に建設したいくつかの植民地がもとになってできた国である。一番古いヴァージニア植民地に最初の入植地ジェイムズタウンがつくられたのは一六〇七年であるから、その年をもってアメリカの歴史が始まったと考えれば、この国の歴史はおよそ四〇〇年になる。一七七六年に一三の植民地が連合して独立を宣言してからは、まだ二四〇年足らずである。そのように国の歴史の始まりが比較的新しく、はっきりしていることがアメリカの特色である。

現在のアメリカは北アメリカ大陸の温帯部分に東は大西洋岸から西は太平洋岸にいたる広大な領土

に四八州、本土から離れた大陸北西端のアラスカ、東太平洋の群島ハワイを加え五〇州からなる連邦国家である。太平洋にいたる本土の領土をほぼ獲得したのが一八四八年、その領土の各地に人口がふえて、本土のすべての地方が州になったのは一九一二年で、それまでにアメリカは西洋の国としてはロシアにつぐ人口をもち、農業生産と工業生産において世界第一を誇る国になっていた。したがってアメリカはイギリス（一七〇六年まではイングランドをさす）による植民の始まりから三〇〇年ほどの短いあいだに急速に膨張し、広い国土に産業を発展させた国なのである。

短い歴史時間のあいだに急速に広い空間に広がった国アメリカは、大勢の移民を受け入れて発展してきた。今日でも世界最大の移民受け入れ国であり、移民の多くが永住してアメリカ人になろうとしている。今日のアメリカの事業体は一方で世界から人材を吸収しつつ、他方で自らの世界への影響力を広げている。アメリカの民主主義は成功への機会が誰にも平等に開かれていることを理想とするが、競争の結果として成功者は大きな報酬をえるべきであると考える。そのような成功者となる機会があることが「アメリカン・ドリーム」であるが、それはまた社会のなかの貧富の格差を競争の結果として容認することでもある。

アメリカはかつては人種的差別や宗教的偏見が目立ち、性差別もあったが、第二次世界大戦後のアメリカはおおいに変わった。近年のアメリカはさまざまな民族的・文化的背景をもった移民を多数受け入れて、ますます多様化する国民を民主主義の政治のなかでまとめている。多人種・多民族が生活し、あらたに大勢の移民がはいっているアメリカでは、人種・民族の相違が絡むいざこざがたえないが、今日では人種・民族・宗教や性による差別をしないことは国の原則であり、社会の規範である。アフリカ系アメリカ人のバラク・オバマ大統領の登場は、そのような規範がアメリカ人の意識のなかにかなり根付いてきたことを物語る歴史的なできごとであった。

歴史に由来する日米関係の心理

第二次世界大戦後のアメリカは国際秩序の形成と維持のために中心国としての役割を長い間はたしてきた。この戦争を契機にして、アメリカは国際秩序の擁護のためには必要に応じて軍事力を使う用意がある国になった。それ以前からアメリカは自由主義・民主主義の原理を世界に向けて発信し、アメリカにある自由や豊かさの追求によって世界の人々を引きつけた国であり、またアメリカ人のナショナリズムには世界におけるアメリカの独自の使命の意識があった。しかし、その使命感は歴史的には戦乱の東半球世界から孤高を守るという主義と結びついていたので、一九三〇年代にも、まだアメリカは世界の政治に関与して国際秩序の維持にかかわることに消極的だった。アメリカにそのような消極性を最終的にすてさせたのは、日本のパールハーバー攻撃だった。この衝撃的なできごとはアメリカ人の国民的な歴史の記憶の一部であり、それゆえ九・一一テロの直後には「二十一世紀のパールハーバー」ということばがさかんに用いられた。卑劣で無法な侵略者日本という第二次大戦中の対日イメージは戦後日米関係の変化とともにまもなくうすれたが、日本の工業製品がアメリカ市場を席巻した時にはパールハーバーが連想され、それが侵略のイメージで捉えられたことがあった。

他方、十九世紀末から第二次大戦まで軍事力を用いて自国の勢力を広げてきた日本は敗戦を機に平和文化の国になった。第二次大戦後の日本は超大国アメリカが存在したことで自国の安全保障や経済発展の面で便益をえてきたが、他方ではアメリカの力に、とくにその軍事力の行使に違和感や反発を感じる。日本には、アメリカの艦隊がきて開国に踏み切り、アメリカに敗北して平和的民主主義国に変わるという受け身の歴史があり、また日本人移民排斥や広島・長崎への原爆の投下もわれわれの歴史的記憶の一部である。それゆえ、われわれにはアメリカにたいしては親近感とともに屈折した感情がある。アメリカが国是とする原理への敬意とともに、アメリカのそれからの逸脱行動への反感がある。マスメディアのアメリカ論もそのような対米感情の両面性を反映している。

今述べたように、アメリカは日本とはいろいろな点で対照的な違いがあり、日本の物差ではなかなかはかれない国である。アメリカの歴史には、自由の国として出発しながら一世紀近く奴隷制度を温存したこと、思想信仰の自由と寛容を原則としながらしばしば不寛容な雰囲気に支配されたこと、平等を標榜しながら大きな貧富の差を容認してきたことなど、いくつかの重要な矛盾する要素がある。

今日のアメリカには覇権国といわれた時期の力はないが、日本が将来も長く友好関係を維持すべき重要な国であることに変わりはない。それゆえ、アメリカを大局的にみて、その歴史の全体像を描き、この国の国柄とその歴史的由来とについて、多面的に知ることが大切である。この本はそのための情報を提供する簡潔なアメリカ史の概説書となることを意図して書かれた。著者が意図したように、この本がそのような概説書として読者の方々に役立つのであれば、まことに幸いである。

序章　「新世界」の国アメリカ

地理の旅と歴史の旅

シリーズとしてのヒストリカル・ガイドの標語「歴史を旅しよう！」は比喩的な表現であって、それはアメリカ史でいえば、現在のアメリカがどのようにして形成されてきたのかを古い時代から歴史的にたどってみることを意味している。しかしまたこの標語やヒストリカル・ガイドという名前には、アメリカの歴史の旅が現在のアメリカを旅することに重なり、アメリカへの旅がアメリカの歴史の旅につながるように、この本が役立てばよいという願望もこめられている。

アメリカは広い国であり、それぞれの地域には自然地理的条件の違いとともに、またそれぞれの歴史がある。現在、合衆国国勢調査局は統計上の便宜のためにアメリカを北東部（ニューイングランド、中部大西洋岸）、南部（南部大西洋岸、東中南部、西中南部）、中西部（東北中部、西北中部）、西部（山岳西部、太平洋地方）の四地域九地方に分けているが、それらの地域や地方には歴史的にも意味のある

アメリカ合衆国50州と地域区分

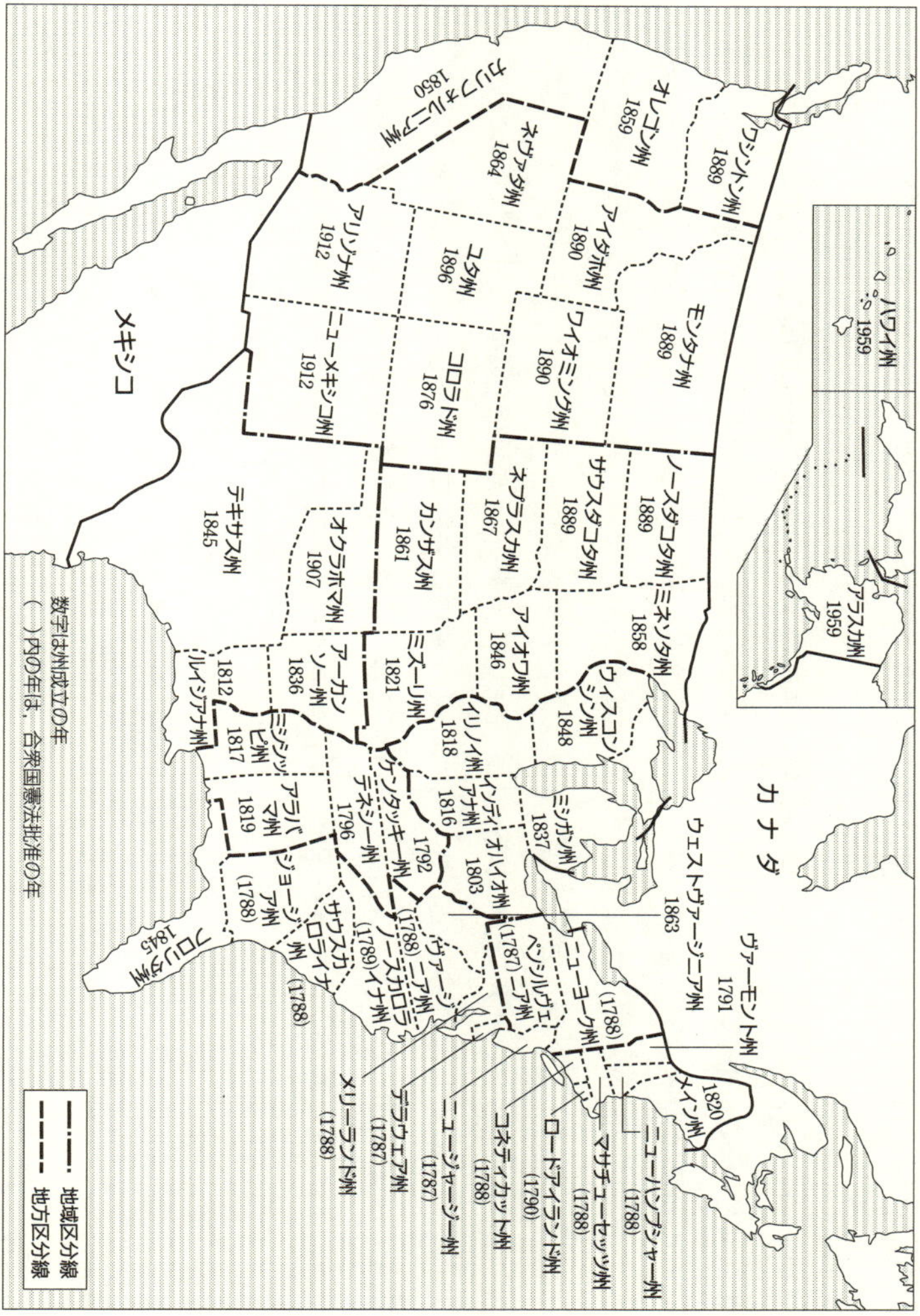

ものが多い。ここでアメリカの地域や地方の歴史的特徴をできるだけ簡潔に述べておきたい。

アメリカは大西洋岸から西へと発展し、太平洋岸に領土をえるとともに、東アジアへの関心を強めた。日本からアメリカに向かい、ハワイ・西海岸をへて東に旅するとすれば、アメリカの発展の歴史を逆にたどることになる。ハワイは十九世紀のあいだに農園主としてハワイ経済を支配するようになったアメリカ人が一八九〇年代にハワイ人の王朝を廃止し、数年後にアメリカに併合されたところで、王朝時代から日本人が移住したため日系人が多い。日系市民はパールハーバー攻撃で始まった太平洋戦争中の精神的苦衷をへて、ハワイの州昇格後は州知事、連邦議員などの要職に就いている。

太平洋岸地方は西海岸と呼ばれるが、かつてはロッキー山脈地帯とともに「極西部」と呼ばれた。アメリカの領土になったのも十九世紀半ばであり、カリフォルニアの金発見で発展したが、東のほうに住むアメリカ人からは遠い新開地とみられていた。第二次世界大戦までのアメリカはまだ北東部と中西部がアメリカの中心で、アメリカ西海岸や南部の工業化が飛躍的に進み、それらの政治的・経済的比重が増すのは第二次大戦以降のことである。カリフォルニアは日本以上の広さをもち、人口も州民総生産もアメリカ第一の州となった。情報技術産業においても映画・娯楽産業の面でも世界的影響力をもつ。かつてはアジア系移民の排斥運動の中心地であったが、過去数十年、メキシコ人移民とともにアジア諸国からの移民がとくに州の南部には多く住むようになり、カリフォルニアはもっとも文化的多様性に富む州となった。

ロッキー山脈地方はアラスカとともに現在でも人口密度がもっとも低い地方で、雄大な自然景観を誇る国立公園が多く、また先住民の保有地が多い地方でもある。南北戦争後の開拓期の歴史は、無法者と保安官あるいは先住民対開拓民という西部劇の題材を提供した。

南部ということばは地理的区分にとどまらない歴史的意味合いが強いことばである。それは南北戦争まで奴隷制度をもっていた地域、奴隷制度を擁護するために合衆国を脱退して南北戦争を戦った地域、奴隷制度廃止後も長く人種差別制度をもち、二十世紀後半に人種関係の再建を迫られた地域だからである。アメリカのなかで敗戦と被占領という歴史的経験をもつ唯一の地域であり、白人と黒人とが不平等な関係のなかでもっとも密接にかかわりながら共存してきた地域である。南部は第二次大戦後大きな変化を経験した。人種差別制度がなくなっただけでなく、人種構成も産業構造も大きく変わった。

国勢調査局の地域区分では南部に含まれるオクラホマは、一八九〇年まで東方から強制移住させられた五部族など先住民の領地とされていたところで、歴史的南部には含まれない。ただし五部族は奴隷制度を導入していたので、南北戦争では大部分が南部側についた。テキサスは奴隷制度をもち南北戦争では南部の新連邦に参加した州ではあるが、

サンアントニオのアラモ　「アラモ砦」として知られるが，元来はスペイン人がつくった防壁つきの伝道所である。

合衆国に加入する前には、アメリカ南部からの移住者がメキシコ軍と戦って独立国だったという歴史をもつ。南北戦争当時まだ州内には広い未開拓地があったところであるから、南部というより、南西部というべき性格が強い。第二次大戦後、カリフォルニア、テキサスが経済的に発展するとともに、メキシコからの移民が急増し、フロリダにはキューバから難民が多く流入し、ラテン系人口が増大したが、歴史をたどれば、それらの地方はスペイン人が最初に植民地にしたところである。南部のルイジアナ州のニューオーリーンズは、この地方がフランス領（一時はスペイン領）だった時代に拠点都市だったので、フランス文化の影響をとどめている。第二次世界大戦後、西のカリフォルニア南部から東のフロリダまで最南部の帯状の地帯の発展が注目され、「サンベルト」と呼ばれるようになったが、その発展は冷房の普及のおかげである。南部大西洋岸のヴァージニアは独立当時は一三州のなかで最大の人口と面積をもつ州であったので、初期の合衆国大統領も多くこの州からでたが、奴隷制度が足かせとなり産業発展に乗り遅れて衰退した。連邦首都ワシントンがヴァージニアとメリーランドの境に建設されたのは建国初期のヴァージニアの政治力による。ワシントンは純粋に政治都市であり、経済や文化活動の中心ではない。

中西部は五大湖周辺とミシシッピ川上流地域からなる広大な平野で、十九世紀に内陸水路や鉄道の発達とともにアメリカの穀倉地帯として発達し、工業化も進み、世紀末まではシカゴなどの都市が発展して、北東部とともにアメリカの先進地域となった。その時代にドイツ系や北欧系などの移民が多く定住した。ミズーリ州には奴隷制度があったが、南北戦争では合衆国にとどまった。

北東部のうちニューイングランドは地理的区分以上の歴史的意味をもつ地域である。ニューイングランドはピューリタンたちが最初に植民した地方であり、当初は教会と政治社会との一致が理想とされた。誰でも聖書が読めるよう学校教育が重視され、聖職者や社会の指導者を育てるために大学がつくられたので、十九世紀半ばには文化的な先進地域として、多くの文人を輩出した。現在は衰退したが、長くアメリカ漁業の中心であり、太平洋に進出して捕鯨をおこなったのもこの地方の漁民である。中部大西洋岸は植民地時代に穀倉地帯として発展し、商業都市フィラデルフィアとニューヨークとはともにコスモポリタン的雰囲気をもつ点では共通していた。独立当時はフィラデルフィアがアメリカ最大の都市であったが、十九世紀になって中西部との交通網の形成に先んじたニューヨークがアメリカ経済最大の中心地として発展し、現代世界のビジネスの中心地になった。

「アメリカ」の名の由来

「アメリカ」は元来、近世ヨーロッパ人がその存在を知るようになった西半球の大陸とその付近の島々全体に与えた名称であり、探検者アメリゴ・ヴェスプッチの名に由来する。ヨーロッパ人が「新世界」と呼んだ西半球の陸地に最初に到達したのはコロンブスであるが、彼は到達し探検した陸地がアジアの一部であると信じていた。アメリカ大陸の沿岸を広く探検して、それがアジアとは異なる大陸であると考えたのはヴェスプッチであったので、ヨーロッパの世界地図制作者たちはこの大陸に彼の名をつけたのである。

コロンブスのアメリカ「発見」ののち、アメリカにはまずスペイン、ポルトガルが進出し、やがてフランス、イギリス、オランダが進出して、それらの国によって植民地がつくられていった。それらヨーロッパの植民地のなかで、最初に独立国になったのがアメリカ合衆国であり、アメリカに生まれた独立の連邦という意味で、「ユナイテッド・ステイツ・オブ・アメリカ」と称したのである。西半球のそのほかの国々もみなアメリカの国ではあるが、最初の独立国アメリカ合衆国が「アメリカ」の名を先取りし、その国の人々が自分たちを「アメリカ人」と称したので、ほかには国の名称に「アメリカ」をいれている国はなく、たんに「アメリカ人」といえば合衆国の国民をさすようになった。

アメリカ大陸を「発見」したというのはヨーロッパ人の立場からいうことであり、この大陸および付近の島々における人類の歴史は、ベーリング海が氷結してアジアとアメリカとがつながっていた氷河期に、アジア方面から移住者がアメリカにきたときに始まっている。北欧民族のヴァイキングが十世紀末から十一世紀初めにかけてニューファンドランドに到達して一時定住していたが、彼らの経験はヨーロッパ人には記憶されなかった。コロンブスがアメリカを発見したというのはヨーロッパ中心的な表現であるから、今では「発見」というように括弧つきで用いられる。そして、より中立的な表現としてヨーロッパ人とアメリカ先住民との「遭遇」という表現が用いられることが多い。

「新世界」の国としてのアメリカ

「新世界」という表現も同じくヨーロッパ中心的な表現であるが、ヨーロッパ人からはアメリカは新しい世界の新しさを具現する国とみなされた。ドイツの文豪ゲーテは過去の拘束から自由に現在を生き未来を築ける新しい国としてアメリカを讃えた。アメリカは、独立宣言が世界にたいするメッセージであったように、新しい政治原理を発信する国として誕生し、それによって世界に影響をおよぼした。フランスの学者トクヴィルは一八三〇年代に「最初のデモクラシーの国」としてアメリカを観察・研究し、アメリカをモデルとしてデモクラシー社会の特徴を論じた。アメリカ人自身は当時は彼らの国の特徴を共和国という語で表現しており、アメリカの大統領が自国の政治や社会の性格をデモクラシーと呼ぶようになるのは、二十世紀になってからであるが、アメリカが「最初のデモクラシーの国」だったことは確かである。アメリカ人は、ヨーロッパの国々は王や皇帝が支配し、王侯貴族が特権をもつ君主国であるのにたいして、彼らの国が王も貴族もいない「自由な市民の共和制」の国であることを誇りにしたのである。

しかしアメリカという国の歴史は北アメリカ大陸に移り住むことでヨーロッパの古い伝統と決別し、「自由な市民の共和制」を発展させた人々の歴史というだけではない。アメリカの歴史においては彼らと先住民インディアンとの関係は長いあいだ重要だったし、植民地時代の初期にアフリカ人を奴隷とする奴隷制度を導入したことはその後のアメリカの歴史に大きな影響を与えることになった。新世界において一方で先住民族の存在を、他方ではアフリカ人奴隷の存在を意識することによって、植民者とその子孫たちはアメリカ人になったというのは確かであろう。近世以降の西半球の歴史は、植民者たるヨーロッパ人が彼らの主導のもとに、征服された先住民、奴隷として導入されたアフリカ人とともに形成してきたものであり、西半球の多くの国はそうした歴史の遺産をおっている。アメリカの歴史もその意味では典型的な西半球の国の歴史なのである。

アメリカ「合衆国」と「合州国」

「ユナイテッド・ステイツ・オブ・アメリカ」の正式な日本語名はアメリカ合衆国である。しかし「合衆国」と書かずに「合州国」と書く人もときにみかける。それは「ユナイテッド・ステイツ」はまさしく「連合した諸州（諸国家）」という意味であるから、「合州国」と訳すべきであるという考えからである。アメリカが連邦制をとる国であることを強調しようとすれば、「合州国」と書くほうがよいともいえる。なぜ「ユナイテッド・ステイツ」の日本語名が「合衆国」となったのであろうか。「合衆国」とは「共和国」と同義語であり、アメリカ合衆国とはアメリカ共和国という意味である。アメリカは発足当初は共同で独立を宣言した一三の共和国の連邦であったから「ユナイテッド・ステイツ」とはまさに「アメリカ連邦」という意味であり、ひとつの国家であることを示す「合州国」ということばさえ、独立当時のアメリカをいいあらわすにはあまり適当ではないといえよう。しかし一七八七年に採択され翌年制定された「ユナイテッド・ステイツ」の憲法は「われわれユナイテッド・ステイツの人民は……この憲法を制定する」という文言で始まっている。それは一団の人民が憲法を定めてユナイテッド・ステイツ全体の共和制政府を設立したことを意味する。

しかし合衆国憲法制定後もアメリカの連邦制の性格をめぐる見解の対立があり、南北戦争前には合衆国と州とのそれぞれの権限の範囲を定めるのは合衆国なのか州なのかという問題をめぐって対立があった。南部諸州はそれぞれの州には連邦の構成者としてユナイテッド・ステイツから脱退する権利があると主張したが、合衆国政府はそのような憲法解釈を認めず、この問題は南北戦争における南部の敗北によって決着をみた。

合衆国憲法は合衆国の人民から権限を与えられ人民に統治権をおよぼす全国的な政府をつくったのであるから、それ以後のアメリカを「合衆国」と呼ぶことは適当であり、「合州国」よりも妥当性がある。ステイトを「州」と訳すことはことばの本来の意味からいうと不適切であり、「邦」と訳すべきなのであるが、合衆国憲法のもとでは州には独立国とか主権国家という性格が乏しく、南北戦争後にそのことははっきりしたのであるから、その意味では、州という訳はとくに不適当とはいえない。

しかし合衆国の州とは元来邦の意味であって、アメリカが連邦制の国であることを記憶しておくことは重要である。アメリカの連邦制は人民が州憲法によって州固有の事柄の管轄権を州に与え、合衆国憲法によって合衆国（連邦）共通の事柄の管轄権を合衆国（連邦）に与え、州と連邦の二つのレヴェルで二重の共和国を構成していることを特徴とする。アメリカ人は合衆国市民であるとともに州市民であり、二重の市民権をもっている。今日では、合衆国政府はかつてはもっぱら州の管轄権とされた領域（警察、社会福祉、教育、市民生活における人間関係など）に介入するようになっているが、しかしそこに介入するのは、合衆国全般の利益という合衆国憲法本来の目的と条文の規定の解釈とによって正当化される場合に限られる。今日でも一般市民の生活にかかわる法律は主として州の法律（民法、刑法、商法）なのである。

宗教を重んじる国柄

アメリカの歴史を語るときには、植民地の始まりから今日にいたるまで、宗教がアメリカ人の生活のなかで、大きな役割をはたしてきたことに留意しなければならない。独立宣言においても「神」に相当することばは三回使われている。教会の礼拝に出席する人、神を信じると答える人の比率からみれば、アメリカは西洋諸国のなかでももっとも宗教的な国民である。なぜそうであるのかは、いくつかの理由によって説明できるであろう。アメリカの基になった植民地のなかには、自らの宗教に従って生活する社会を築こうという宗教的な動機によって建設された植民地がいくつかあったこともその一因であるが、それだけではない。

アメリカでは十八世紀には各植民地に宗教的寛容があり、独立後は諸州の憲法も合衆国憲法も信仰の自由を原則とした。そして政府は特定の教派を公定の教会とはしないという意味での政教分離の原則が連邦のレヴェルで確立し、やがて全州に広がった。しかし他方では、共和制の維持のためには人民の徳性が重要であり、信仰はその徳性の基本をなすものだという考えが広くいきわたっていた。そして信仰の自由の原則により、多様な人々の必要に応じた多様な宗教活動が展開されたことが、人々の宗教離れを防ぎ、多様な人々に帰属意識をもたせる場を提供した。アメリカはキリスト教徒、そのなかでもプロテスタントが主流をなしてきた国であるが、そのプロテスタントは多数の教派に別れており、教派の数が多いことがアメリカの特徴であった。アメリカが移民の国であり、多様な宗教的背景をもつ人々を受け入れてきたことが、アメリカの宗教的多様性をさらに助長した。

アメリカは開放された市場における競争を通じて成功をねらう競争社会であるが、宗教の面でも競争原理が作用しており、諸教派は宗教市場において信徒を獲得するために、活発な活動を展開してきた。自由な市場経済がアメリカ人の経済的活力を引き出し、急速な経済発展を可能にしたように、自由な宗教市場はアメリカの諸教派の活動を活発化させ、教会人口をふやしたのだといえよう。

日本では、アメリカはキリスト教国で一神教の国であるから、独善的で不寛容であるといわれることがある。キリスト教国アメリカにはしばしば独善的で不寛容な言動があったし、最近も不寛容な

ニューイングランドの会衆派の古い会堂
ボストン郊外ヒングァムの「オールドシップ礼拝堂」。1681年建立当時の原型をとどめる。

ウッドロー・ウィルソン
歴代大統領のなかで，もっとも敬虔なプロテスタント信仰をもち，もっとも理想主義的なことばで政治を語った政治家。

「キリスト教右翼」の活動がある。しかしプロテスタント信仰は神の前の人間の平等を信じることにより、近代のデモクラシーおよび人権の思想を生み、寛容の精神と信仰の自由の原則を育てた源泉であって、その信仰はアメリカの状況や政策を自己反省する力としても働いてきた。アメリカが危機に直面した際に、いきすぎた愛国主義や不寛容な雰囲気を生む場合があるのは、むしろアメリカという国の二つの特徴——一方でアメリカ建国の原理の普遍性を信じるナショナリズムをもち、他方で多くの移民を受け入れる多民族国家であるという特徴——によるものである。

アメリカのナショナリズム

アメリカ人は独立宣言のなかで、基本的権利における万人の平等、人民の同意に基づく統治という原理を掲げ、それに基づいてアメリカの革命の正当性を主張した。アメリカ人は多くの面でイギリスの文化を受け継いでいたし、他方では独立当時すでにある程度民族的には多様化していたから、アメリカの優れた政治原理を誇り、それをもってナショナリズムのよりどころとした。すでに述べたように、アメリカ人はヨーロッパの国々が王侯貴族が特権をもつ君主国、君主の私欲や気まぐれが戦争を引き起こす国であるのにたいして、彼らの国は自由な市民の共和国であり、市民の利益に奉仕する政府をもつ国であると考えた。ヨーロッパからの政治的孤立を標榜したアメリカの伝統的な外交原則の根底には、旧世界の国々と新世界の国アメリカとを対置して西洋世界を二分する図式があった。

二十世紀にアメリカが大きな戦争に参戦するようになると、それと似た二分法がアメリカの立場を規定するために用いられた。二つの大戦は民主主義と専制政治との戦い、民主主義と全体主義との戦いとみなされ、第二次世界大戦後の冷戦は民主主義とあらたな全体主義すなわち共産主義との戦いとみなされた。アメリカは自らが普遍的に正当な原理を代表し、正当な世界秩序を実現するために戦っていると主張することにより、国民の結束を固め、積極的な対外政策のために国民の支持を獲得した(九・一一事件後にでてきた反テロ諸国対テロ組織および「ならず者国家」という二分法もその系譜につながるものといえる)。国際危機に直面したときには、忠誠を確かめあい、パトリオティズム(愛国心)を高揚させるのが多民族国家アメリカの特色なのである。そのようなとき、星条旗が巷のいたるところにはためくのは、それが市民を国民として結びつけるパトリオティズムの象徴だからである。星条旗は愛国をふりかざす人々だけのものではない。それはアメリカが標榜する原則、自由や平等を象徴するものであるから、自由や平等や公正を求める人々の運動でも用いられる。公民権運動や先住民の権利のための運動においても用いられた。星条旗を掲げることにより、この国が誇る原理と理想とは何であったかと問いかける意味があった。

パトリオティズムが高揚するアメリカの非常時には、国内の敵とみなされる人々は迫害の対象になる。二十世紀初頭にはアメリカは欧州諸国から多数の移民を受け入れており、国内に来住後まもない多数の外国人をかかえていた。アメリカが第一次世界大戦に参戦した際、ドイツ系アメリカ人が忠誠を行為によって証明するよう社会的圧力を受け、戦争批判の言動は利敵行為として抑圧された。またロシア革命が起こり、戦後その影響が移民を通じてアメリカにはいってくることへの恐れから、共産主義者とみなされた外国人の強制送還がおこなわれ、共産主義者ではない社会主義者も迫害を受けた。第二次大戦中、アメリカ市民権をもつ二世を含む太平洋岸地方の日系人が安全保障上の理由により強制収容所にいれられた。冷戦時代初期にアメリカでは国内の敵にたいする警戒心が高まり、共産主義者およびその同調者とみられた人々の多くが要職を解かれ社会的地位を失った。

アメリカは一九六五年に西欧優先の移民割当政策を廃止し、近年は毎年一〇〇万に近い移民を人種・宗教などを問わず世界各地から受け入れてきた。過去数十年ラテンアメリカやアジアからの移民が大部分を占めた。アメリカには世界のすべての国から移民がきているといわれるほどである。アメリカは外国生まれの人々の比率が高い国であり、自らの選択によりアメリカ人になる人が多い国、国民の民族構成がしだいに変わっていく国という特色をもっている。

二〇〇一年九月十一日の同時多発テロにより、軍事・経済の中枢に新手の大規模なテロ攻撃を受けたアメリカ人は、危機意識のなかで彼らのパトリオティズムを高揚させた。このテロはアラブ系イスラム教徒の国際的テロ組織がしかけたものであったから、アメリカ国内にはアラブ系の人々やイスラム教徒にたいする敵意が生じたが、アメリカの指導層はそれらの民族宗教集団の人々に疎外感をもたせず、彼らをテロにたいする国民的結束のなかに引き入れることに意を用いた。アラブ系アメリカ人もイスラム教徒のアメリカ人も星条旗を掲げ忠誠なアメリカ人であることを示すことで、自らの生活を守ろうとした。このようにして、一般にアメリカ人は人種・民族・宗教をこえてテロ反対のナショナリズムに結集したといえる。

安全な国としてのアメリカと市民の自衛本能

アメリカは長いあいだ無料の安全保障を享受してきたというある著名なアメリカの歴史学者のことばがある。たしかにアメリカは十九世紀には強力な軍備をもつことなく発展することができたし、アメリカの本土が攻撃されたことは一八一二年戦争以来まったくなかった。日本は太平洋戦争開始にあたってハワイのパールハーバーを奇襲し、戦争当時アメリカの統治下にあったフィリピンなどを占領したが、アメリカの本土を攻撃することはまったくできなかった。

他方でアメリカ人は自らの生命や財産の安全を守るためにはまず自衛しなければならないという考え方をとってきた。開拓地あるいは開拓後まもない地域では先住民の襲撃に備えねばならず、警察力がないところでは無法者にたいしても自衛する必要があった。そしてイギリス本国との戦いを経験して、彼らは横暴な政府にたいして自らの権利を守るために市民が武器をもつ必要があることを痛感し、武器をもつことを人民の基本的な権利とみなした。そして市民が武器をもち民兵として訓練を積んでいれば、職業的な常備軍をもつことなしに、外敵の脅威にも対抗できると考えたのである。このような伝統は今日におよんでおり、アメリカでは武器を所有する市民が多く、武器の入手が容易なことが多くの殺傷事件の原因になっているにもかかわらず、武器の購入や保持の規制が強化されないのは、ひとつにはこのような自衛観念の伝統のためである。

十九世紀の大部分のあいだ、アメリカは外敵の脅威に備えて大きな軍備をもつ必要がなかった。当時の世界の諸強国はヨーロッパの国々であり、アメリカは大西洋によりヨーロッパから隔てられていた。しかも当時最大の海軍国イギリスは一八一二年戦争後はアメリカの西部への発展を妨げることがなくなったので、イギリス優位の世界秩序はアメリカにとってむしろ好都合なものになった。イギリスの海軍が優勢であるかぎり、アメリカは他国からの脅威を受ける心配がなく、しかもイギリスはアメリカの経済発展のための資本や市場を提供する役割をはたした。このようにして、アメリカは大きな軍備を維持することなしに、自国の安全を守り、さらに西部への領土拡張を達成することができた。アメリカが二つの連邦に分れて南北戦争という内戦を四年も戦うことができたのは、アメリカが他国から攻撃される心配がなかったからだといえる。そしてこの戦争中に編成された大規模な軍隊は、ひとたび戦争が終われば、ほとんど解散し、兵士は市民生活に戻った。

十九世紀末になると、アメリカはしだいに海軍を強化するようになるが、陸軍は平時にはわずかの兵力しかもたなかった。第一次世界大戦のときも第二次世界大戦のときもアメリカは参戦が迫ってから兵力を拡張することで間に合ったのである。この状況が一変したのは第二次大戦後の冷戦の時代からである。アメリカはヨーロッパや東アジアなど共産主義勢力の脅威があるところでは、その地域を防衛する軍事的役割を引き受けたために、常時強大な軍備をもつようになった。その結果アメリカの対外政策の軍事的側面がきわめて重要となり、対外政策にたいする軍の発言力が大きくなり、また軍需産業がアメリカの産業の重要部分を占めるようになったのである。

米ソ冷戦の時代に米ソ両国はそれぞれ核弾頭装備の大陸間弾道ミサイル（ＩＣＢＭ）や潜水艦搭載

の長距離ミサイル（SLBM）を開発し、それにより相手国に大量破壊的攻撃をしかけることが可能になった。米ソの安全は双方とも相手が先制攻撃をしかけてきても、相手に確実に壊滅的打撃を与えることができる反撃能力をもつことにより維持されたのである。しかし相手が理性を失って攻撃をしかけた場合には共滅しかない。そこで相手からの長距離ミサイル攻撃を途中で破壊する戦略防衛構想（SDI）の実用化が試みられたこともあった。冷戦が終わり、米ロ両核大国間の戦争の可能性はなくなり、アメリカは国土に破壊的攻撃が加えられる可能性はなくなったようにみえた。

しかし二〇〇一年にはニューヨークの世界貿易センター・ビルとワシントンの国防省に、ハイジャックした旅客機を衝突させる方法で、突如として大規模なテロ攻撃が加えられた。この事件は世界に大きな衝撃を与えたが、アメリカ人が受けた衝撃はとくに大きかった。ニューヨークの世界貿易センター・ビルの崩壊により多くの犠牲者がでたことは、アメリカ市民の自衛本能を刺激し、彼らは結束してジョージ・W・ブッシュ大統領のテロにたいする戦争を支持した。九・一一テロ事件はアメリカ人に、テロリスト組織が大量破壊兵器を入手することの危険性を、そして彼らにたいするそのような兵器の潜在的供給者としていわゆる「ならず者国家」の大量破壊兵器開発の危険性を強く意識させることになった。ブッシュ政権がアフガニスタンへの軍事行動のみならず、さらに大量破壊兵器開発の危険性をもつイラクの脅威を強調し軍事行動の必要を示唆したとき、国民の大多数がそれを支持したが、それはテロ事件によってアメリカ市民の自衛本能が刺激されたあとだったからである。

第1章　イギリス領北アメリカの発展

イギリス領北アメリカの始まり

コロンブスの探検後、スペインはカリブ海の島々（西のほうにあるインドという意味で西インド諸島と呼ばれた）を植民地にして、十六世紀前半には大陸の先住民族のアステカ帝国とインカ帝国を征服した。現在のブラジルを除く南米はスペインの領土になり、ブラジルはポルトガルの植民地になった。スペイン人は北米でもフロリダ地方に基地をつくって現在のアメリカ合衆国南部を、さらにメキシコからカリフォルニアなど合衆国南西部を探検した。現在の合衆国領土にある一番古い植民者の町はフロリダのセントオーガスティンで、一五六五年に建設された。

スペインより遅れて、オランダ、フランス、イギリスなどがカリブ海地域に進出し、そしてまだスペインが手をつけていない北米大西洋岸地方を植民地にした。北アメリカではフランスは十七世紀にセントローレンス川流域から五大湖地方に植民し、さらにミシシッピ川流域にも進出した。イギリスの海外進出も十七世紀には活発になった。イギリスの西半球への進出は四つの地域に向かった。(1)砂糖・糖蜜など熱帯の特産物を生産するカリブ海の島々、(2)定住に適した北アメリカの大西洋岸地方、(3)漁業基地としてのニューファンドランドとその周辺、(4)毛皮取引基地としてのハドソン湾地域である。新世界にイギリス人が多く移住して彼らの新しい社会をつくったのは(2)の大西洋岸地域で、この地域がやがて独立してアメリカ合衆国になるのである。

イギリス王の政府は十七世紀にはアメリカに植民地を獲得することを望んだが、その建設は当初、政府の事業あるいは王の事業としておこなわれたわけではない。北米最初のイギリスの植民地ヴァージニア建設のために出資したのはロンドンの商人たちで、王の特許状をえて会社組織で植民地経営を

ジェイムズタウン植民者たちが乗ってきた3隻の船（上）**と植民者が出会った先住民の住居**　いずれもジェイムズタウン歴史公園に復元されたものがおかれている。

試み、一六〇七年に最初の入植者の一団をヴァージニアに送った。ジェイムズタウンと名づけられた入植地は初期の食糧危機を乗りこえて存続したが、金鉱のようなすぐに大きな利益を生む産物が見つからなかったために、ヴァージニア植民地の会社経営は成り立たず、植民地は王の直轄植民地となった。その後、この植民地はタバコの栽培に成功し、ヨーロッパで喫煙が普及したことにより、植民地の発展は軌道にのることになった。

北アメリカのいくつかの植民地は宗教的動機によって建設された。ジェイムズタウンについで古いイギリス人定住地となったプリマスにきたのは、分離派、すなわちイギリス国教会から分離して自らの信仰を守ろうとした人々である。エリザベス一世によって確立されたイギリス国教会についてカトリシズムの影響から十分脱却していないと批判し、教会を清純化しようとした人々はピューリタンと呼ばれた。それらの人々のなかで国教会を離脱して自らの教会を立てようとした人々が分離派である。

分離派の一団はまずオランダに亡命したが、自らの信仰に基づく共同社会をつくるために新世界への移住を志した。彼らはヴァージニアの北辺に入植する計画だったが、実際にははるかに北のプリマスに上陸した。彼らは冬になってから到着したため、冬のあいだに最初の入植者一〇二人の半数が死んだ。その後、イギリスからの移住者がきて人口はふえたが、プリマスはそれほど発展はせず、あとから発展したピューリタンの植民地マサチューセッツに十七世紀末に統合された。プリマスへの入植は実際の歴史のなかでは小さなエピソードにすぎない。それにもかかわらずアメリカの物語的な歴史のなかで、プリマスへの入植者がとくに敬意をもって扱われてきたのは、彼らが自らの信仰に従って生活できる社会をつくるという理想をもって、家族ぐるみで移住してきた人々であること、そのために大きな犠牲をはらったこと、彼らの指導者が植民地の生活の詳細な記録を残していることによる。

北アメリカ諸植民地の建設

マサチューセッツ・ベイ植民地(一六八四年に王領植民地になるまでの正式な名称)もまた宗教的な動機によって建設されたもので、富裕なピューリタンの指導者たちが出資して会社をつくり、彼らの信仰を守って生活できる自分たちの社会を建設するために自ら植民地建設を指導した。彼らは分離派ではなく、イギリス国教会のなかでそれを改革しようとした人々で、本国の教会の人々のために模範となる「丘の上の町」(初代総督ジョン・ウィンスロップが新約聖書から引用したことば。日本語聖書では「山の上の町」)をアメリカに築こうとしたのである。彼らは王の特許状では会社の役員会を本国で開催することが義務づけられていないのを幸いに、役員たちが自ら植民地に移住し、植民会社が植民地を統治するための組織に変容していったのである。この植民地には一六三〇年の建設から一〇年間に、主として中部イングランドから約二万人の入植者があり、植民地発展の基礎がつくられた。

マサチューセッツ植民地の建設者たちは信仰を同じくする人々の共同体をつくることを志したので、彼らの教会の会員であることが、植民地政治に参加するための第一の要件であった。教会の聖職者と政治の指導者とは別の人々であったが、政治指導者は教会の有力者であり、聖職者の政治的影響力は大きかった。信仰を同じくする人々の共同体としてのマサチューセッツ植民地にはまもなくいくつかの問題が生じた。第一は、植民地には彼らと信仰（それは「会衆主義」と呼ばれるようになる）を異にする人々も来住したことである。植民地は会衆主義の教会員以外の人々の政治的権利を認めず、とくにクエーカー教徒を排斥し、来住者を厳罰に処した。第二は、信仰を同じくする人々の集団である植民地で信仰上の問題をめぐって内部対立が生じると、主流派としては寛容な態度をとれないことであった。そのため、少数派の宗教指導者はそれに従う人々とともに追放されることになった。第三は、植民地建設者たちは「回心」経験（救いに選ばれたことを明確に意識する経験）をもつ人々であり、彼らはそうした経験をもつ人々のみをもって教会の正式会員（陪餐《ばいさん》会員）とみなしたが、彼らの子供たちの世代にはそのような回心経験をもたない人々がふえたために、教会の長期的存続に支障が生じたことである。結局、回心経験をもたない親の子供も幼児洗礼を受けられること（半途契約）にして教会員の世代継承がはかられることになった。

マサチューセッツから移住した人々により周辺に四つの植民地、ロードアイランド、コネティカット、ニューヘイヴン（のちにコネティカットと合併）、ニューハンプシャーがつくられ、マサチューセッツ、プリマスとあわせて北東部の植民地はニューイングランドと呼ばれるようになった。そのうちロードアイランド植民地は異端としてマサチューセッツから追放された人々によってつくられた植民地であり、マサチューセッツでの迫害の経験から、政治と宗教とを分離し、信仰の自由を原則として政治社会を形成しようとした形成しようとしたことが独自の特徴であった。ロードアイランドとコネティカットの両植民地は住民が総督を選ぶ権利を本国政府から認められ、ジェイムズ二世時代の数年を除き、その特権を植民地時代を通じて保持した。

ニューイングランドとヴァージニアのあいだの地域には、ニューヨーク、ペンシルヴェニア、ニュージャージー、デラウェアの四つの植民地が設けられた。ニューヨークはオランダ人の植民地として建設されたが、それをイギリスが一六六〇年代に征服し、イギリス領にしたところである。ペンシルヴェニア植民地の創設者ウィリアム・ペンはクエーカー教徒で、クエーカーが迫害を受けずに安住できる植民地をつくることを志し、王に願い出て特許状をえて、領主となった。領主植民地は領主が王から領地と領民を支配する権利を与えられる封建的な制度であるが、ペンシルヴェニアは封建社会のイメージとは違う自由な社会であった。ペンは植民地の基本法を定め、住民の信仰の自由などの権利を保証し、議会政治を導入した。領主として徴収した免役租（ニューイングランド以外の王領植民地でも徴収された）も重いものではなく、土地は中小農民に広くいきわたっていた。

一方、南部ではヴァージニアの東隣にメリーランド植民地、南隣にカロライナ植民地（のちに南北二つのカロライナ植民地に分かれた）が、そして十八世紀になってその南にジョージア植民地が設けられた。そのなかではメリーランドは宗教的動機がかかわった植民地で、領主はカトリックの貴族であった。ジョージアはイギリス領北アメリカの南辺の防壁として設けられた植民地であるが、創設者には、微罪で服役中の囚人に自由を与えたいという人道主義的な目的があった。イギリスは本国では宗教的異端者とされている人々にも植民地建設の特許を与え、民間人の財力と熱意とを植民活動に積極的に利用した。こうして北米大西洋岸には一三のイギリスの植民地が南北に連なることになった。

先住民アメリカ・インディアン

新大陸アメリカに到達したコロンブスはそれをインドの一部と思い、そこで出会った住民をインディアン（スペイン語でインディオ）と呼んだので、それがあらたな大陸だとわかったあとも、先住民はアメリカ・インディアンと呼ばれてきた。インディアンは誤解から生じた名称であるから、近年のアメリカ合衆国では「最初のアメリカ人」あるいは「先住アメリカ人」「原住アメリカ人」という呼び方もされるが、先住民自身も「アメリカ・インディアン」という名称を用いることが多い。先住民は太古にはシベリア地方に住み、紀元前二万五〇〇〇年ころから氷結していたベーリング海峡を渡って、アメリカ大陸に移住し始め、大陸全土に広がった人々である。アラスカに住むエスキモー（カナダではイヌイットと呼ばれる）も先住民ではあるが、比較的新しくアメリカ大陸北氷洋沿岸に広がった民族と考えられ、通常インディアンとは区別されている。

コロンブスの到来当時の新大陸の人口がどの程度であったかについてはさまざまな説があり推定に大きな開きがあるが、代表的なアメリカ史の教科書のひとつは、現在の合衆国・カナダには七〇〇万から一二〇〇万人の先住民がいたという推定を採用している。イギリス人が入植を始める前に、先住民が白人と接触した地域では、免疫のない疫病がはやり、すでに人口が激減していた。そしてイギリス植民地および合衆国の発展とともに、先住民は疫病あるいは戦闘により、また生活環境の変化により、その数を減らし一九〇〇年の人口調査では三〇万人を下回った。

メキシコより北の地域のインディアンは文化的には地域により六つの文化圏に分けられるが（九つ

にも分けられる)、言語の数は六〇〇以上あり、多数の部族社会に分かれて生活していた。

イギリス人入植者が出会ったインディアンについていえば、北のほうの先住民は狩猟や採取に依存する程度が高く、南に住む先住民のほうがより高度の農耕文化をもっていた。最初の入植者たちにとり、先住民との友好関係は彼らの生存のために重要だった。先住民も概して白人入植者に友好的であり、彼らが限られた土地を占拠することを認め、彼らがもってきた鉄器、布地などとひきかえに、彼らが求める食糧などを提供し、未知の世界での生活に必要な知識を与えた。植民地の人口がふえ、入植のためのより広い土地を求めるとともに、先住民との紛争が生じた。武力闘争では人口のふえた植民地側が先住民を圧倒し、海岸地方に住んでいた部族は壊滅的な打撃を受けた(コラム「ポカホンタス」を参照)。イギリス人入植者は先住民捕虜を奴隷として用いたことはあったが、先住民を組織的に奴隷化する試みは成功せず、またキリスト教化して白人社会に取り込むこともうまくいかなかった。

「お前たちの先祖が大きな海を渡って上陸してきた。その数は少なかった。……やがてもっと大勢の白人がやってきた。……われわれは彼らを友人と考えて、より広い土地を与えた。……さらに彼らはたくさんの土地をほしがり、われわれの土地すべてを望んだ。……戦いが起こった。……今はお前たちの国は大きくなり、われわれには毛皮を広げる場所さえない」とセネカ族(ニューヨーク州セネカに住む)の族長は十九世紀初めに白人との関係の歴史を回顧して苦情を述べた。

スペイン人、フランス人の植民地に比べて、イギリス人の植民地は先住民との戦争を多く戦った。それは彼らの植民地の人口増加がもっとも急速で、より多くの土地を求めたからである。しかし彼ら

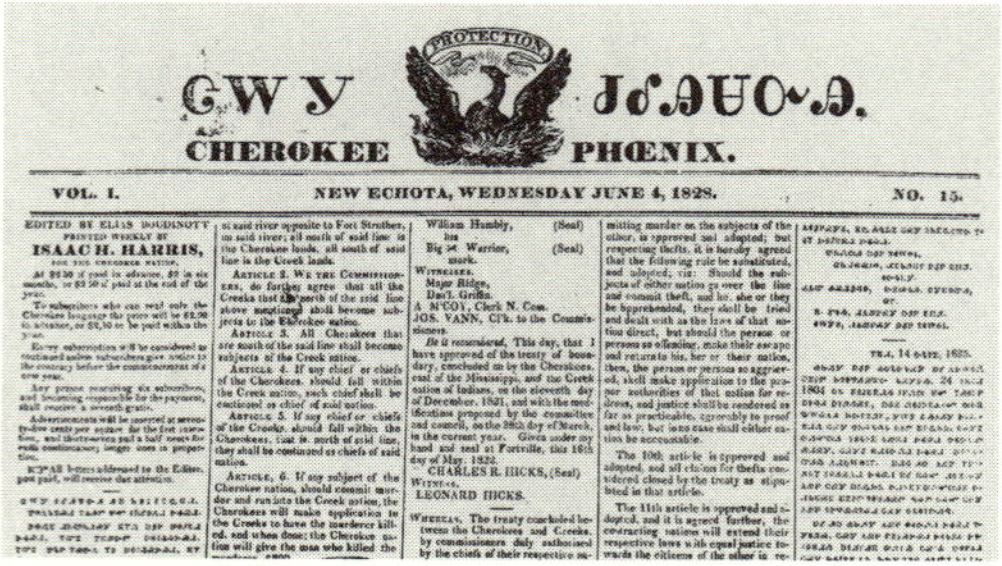
ᏣᎳᎩ PROTECTION ᏧᏂᎯᏌᏅᎯ.
CHEROKEE PHŒNIX.
VOL. I. NEW ECHOTA, WEDNESDAY JUNE 4, 1828. NO. 15.

EDITED BY ELIAS BOUDINOTT
PRINTED WEEKLY BY
ISAAC H. HARRIS,

William Hambly, (Seal)
Big Warrior, (Seal)
Major Ridge,
A. M'COY, Clerk N. Com.
JOS. VANN, Cl'k. to the Commissioners.
CHARLES R. HICKS, (Seal)
LEONARD HICKS.

The 10th article is approved and adopted, and all claims for thefts considered closed by the treaty as stipulated in that article.

The 11th article is approved and adopted, and it is agreed further, the contracting nations will extend their respective laws with equal justice towards the citizens of the other in re-

チェロキー族の新聞（1828年）

としても入植地の外にいる先住民との貿易はひとつの収入源であり、また入植地の外に友好的な部族がいることは安全保障上の利益であったから、友好関係を維持できるかぎり維持しようとした。インディアン諸部族間にも対立があったから、先住民のほうも白人同盟者をもてば有利であり、また同盟者は自分たちの領域をおかさないことが期待された。それゆえイロクォイ語系部族連合は、フランス植民地と同盟する北東部の部族が多いなかで、イギリス植民地の同盟者だった。インディアン諸部族間にも、白人植民地間にも、それぞれ対立関係があったので、先住民も白人もインディアン・白人間の同盟関係を利用しようとした。

　先住民諸部族は白人との接触を通じて金属器具や繊維製品を生活に取り入れ、程度の差はあれ、文化的に変容した。とくに合衆国の東南部となる地方に住んでいた五つの部族は多くの点で白人文化を取り入れたので、白人から「文明化したインディアン」と呼ばれた。なかでもチェロキー族は定住農業社会を発達させ、十九世紀初めには文字を発明して英語とチェロキー語を併用する新聞を発行するようになり、立憲政治を採用して独自の共和国を築いていた。

イギリス領北アメリカの発展

一三のイギリス領植民地は統治形態で類別すると、⑴会社植民地（十七世紀のあいだにすべて王領植民地になる）、⑵領主植民地（この形態はペンシルヴェニア、デラウェア、メリーランドの三植民地でのみ存続）、⑶王領植民地（一三のうち八植民地がこの形態をとるようになった）、⑷自治植民地（総督も住民が選挙する、コネティカット、ロードアイランドのみに認められた形態）の四種類があったが、⑵以下が独立のときまで存続した。しかしそのような相違はあるにせよ、どの植民地でも、植民地住民によって選挙される議会が植民地内部の公共の問題について、しだいに発言力を強めた。総督は上記の⑶の場合には王の、⑵では領主の代理人として植民地の統治にあたったが、総督の権限はどの植民地でもしだいに植民地議会により制約を受けるようになった。

北米のイギリス領植民地にとって十七世紀は基礎固めの時期、十八世紀が発展の時期であった（一七〇七年以後のイギリスはグレート・ブリテン連合王国をいう）。十八世紀にそれら植民地が急速に発展したのは、同世紀初めまでにそれら植民地がそれぞれ経済的に発展するための産業をもつようになったからである。十八世紀に経済発展を推進した主な産業は、⑴北東部植民地（ニューイングランド）では漁業（捕鯨業を含む）、林業、製造業（木材、鉄、船舶、ラム酒など）、および海運業であり、⑵中部植民地では農業（小麦と家畜）、製造業（鉄、小麦粉など）、海運業などであり、⑶南部植民地ではタバコ、米、インディゴなどの商品作物が主で、そのほか松材からつくられる木造船防水塗料も重要な産物であった。また各植民地とも先住民との交易によってえられる毛皮を輸出した。

13 植民地

ニューイングランドの漁業は南ヨーロッパ諸国や西インド諸島を主な市場としており、造船業は本国にも船舶を供給していた。(2)の農業は南ヨーロッパ諸国や西インド諸島を主な市場とし、銑鉄はイギリスにも輸出された。(3)の商品作物は国際的に価値ある輸出商品だったので、本国経由でヨーロッパ諸国に輸出された。こうした簡単な説明からもわかるように、植民地の経済発展はイギリス、ヨーロッパ、アフリカ、西インド諸島と北アメリカとを結びつける大西洋貿易の発展と連動して進行した。北東部、中部植民地で海運業がさかんになったので、北アメリカ植民地貿易は本国の商人に依存することなく、植民地人自身の手でおこなわれるようになった。海運と商業による利益は貿易都市をもつ北東部、中部植民地にとって大きな収入源であった。もちろん北米の各植民地は本国やその他のヨーロッパ諸国、西インド諸島などと貿易するばかりでなく、英領北米植民地相互間の貿易も発達しつつあった。植民地の主要な都市はすべて貿易港であり、そのなかではフィラデルフィアが最大であったが、一七七〇年の人口は三万人、ほかはニューヨークが二万五〇〇〇人、ボストンが一万六〇〇〇人、ニューポートが一万二〇〇〇人であった。南部植民地ではサウスカロライナのチャールストンが最大の都市で人口一万一〇〇〇人であり、メリーランドのボルティモアとヴァージニアのノーフォークは人口はともに六〇〇〇人程度であった。英領北アメリカの総人口は一七七五年に二五〇万人（白人二〇〇万人、黒人奴隷五〇万人）になったが、その人口は北のメイン地方から南のジョージアまで北米大西洋岸にある程度の奥行をもって広がっていたから、アメリカの都市は比較的小規模であった。

北米の英領植民地の推定人口は、十七世紀末には二五万人であったが、独立戦争が始まる一七七五年にはその約一〇倍に増加した。急速な人口増加がこれら英領北米植民地の特色であり、他方フランスはより広い地域を勢力圏にしていたが、植民者の人口は一〇万たらずであった。その違いは、イギリス人植民地の場合、自分たちの社会をつくろうという意識が強く、女性も来住する家族ぐるみの移住が多かったからで、そのことがのちに独立を可能にする急速な発展をもたらした。英領北ア

18世紀ヴァージニアの代表的プランテーション「カーターズ・グローヴ」の邸宅（上）と奴隷小屋

メリカの植民地社会は、少数のヨーロッパ人が多数の先住民を被征服民として、あるいは多数のアフリカ人を奴隷として、使役する型の植民地社会にはならなかった。植民地人が求めたのは先住民の労働力ではなく、なによりも彼らの土地であった。

しかし植民地開発のための労働力は自力による移住者だけではたりなかったから、年期契約移民制度が広く用いられた。それは渡航費のない労働者を無料で植民地に運ぶかわりに、植民地で一定の年限（通常五年程度）自由のない労働者として無料で働くことを契約させる制度である。船長は植民地の港で契約証書を希望者に売却し、契約労働移民を契約証書の買い主に引き渡した。男性のみならず多くの女性がこの方式でアメリカにきた。十八世紀には、この制度は主として北東部および中部植民地で活用され、南部植民地は主としてアフリカ人奴隷の輸入に頼るようになった。

アフリカ人労働者の導入はヴァージニア植民地建設直後の一六二一年に始まったが、当初は生涯自由をもたない労働者として扱われ、やがて彼らの数がふえるとともに、不自由身分を母親から子供へと引き継がせる奴隷制度が確立した。その制度はイギリス領全植民地に広がったが、奴隷の労働がさかんに用いられたのは南部植民地のプランテーションと呼ばれた大農場であった。しかし南部植民地でも奴隷人口が白人人口をやや上回ったのはサウスカロライナだけであった。南部植民地にも主として家族労働に依存する自営農民が大勢いたからである。

植民地社会の成熟

植民地の経済発展とともに、各植民地に富裕な上流階級が生まれ、その階級の男性は地域社会で指導権を握り、地域社会を代表して植民地議会にでて政治的経験を積んだ。彼らの勢力が強くなるとともに、各植民地における議会の権限が大きくなり、議会政治が発達した。ヴァージニアなど南部の植民地における上層階級はプランターと呼ばれた農場主で、彼らは広い土地を所有し、奴隷を使ってタバコ、米などを生産したプランテーションの所有者であった。南部には有力な商人階級は育たず、ヴァージニアのノーフォークにいたのはスコットランドから出張してきた商人であり、メリーランドのボルティモアの商人はフィラデルフィアに本拠をもつ商館に属していた。チャールストンの商人は通常プランターの兼業者であった。一方、北東部および中部植民地では富裕な商人が地主とともに上流階級を形成した。それらの植民地のうちニューヨークでは、オランダ時代から大土地所有が発達したので、大地主が上流階級の中核を形成した。北米植民地では一番古いハーヴァード大学をはじめ、エール、プリンストン、コロンビアなど今日の名門大学の基になるカレッジが設立され（独立時には九校あった）、学識ある指導層の再生産に役立っていたことも注目すべきことである。

各植民地では、かなり幅広い中流階級が形成され、中流男性もそれぞれの地域社会で選挙権を行使した。とくに地域社会の公共の問題が有権者全員参加のタウンミーティングで決められた北東部植民地では、彼らの政治参加の程度は大きかったといえる。公立学校制度は北東部植民地以外では発達していなかったが、なんらかの教育施設はあり、普通の人々のあいだでの識字率はかなり高かった（植民地の平均識字率は成年男子が五〇%、女性は二五%程度と推定されている)。植民地の主要都市では情報伝達の役割を担う新聞が刊行されており、本国との紛争が生じた植民地時代末期には、政治問題を論じる論文も数多く掲載された。またそうした論文をパンフレットのかたちで出版することもさかんにおこなわれた。独立が宣言される年に独立論を展開したトマス・ペインのパンフレット『コモンセンス』が数カ月のあいだに植民地全土で一二万部売れて、植民地の世論に大きな影響を与えたといわれる。当時の白人人口は二〇〇万人であったから、一二万部という数字は読書人口がかなり多かったことを示している。

ポカホンタス
インディアン・プリンセス

Pocahontas
(1596?〜1617)

ジェイムズタウンの入植者たちは、入植後まもなく近くの先住民と出会う。ジェイムズ川およびそれに隣接するいくつかの川の流域に住む諸部族をまとめて支配していたポーワタンは、部族をこえた領域の支配者として王と呼ぶべき存在だったが、諸部族の生活は素朴な農業と狩猟に依存していたので、王宮といえるようなものはなく、彼の住居は簡素であった。少人数の入植者たちにとって、入植地の安全を守るためにも、また新世界での生活の知恵をえるためにも、先住民との友好関係は欠かせなかった。ポーワタン王は異邦人にたいして寛大で友好的に振る舞った。少数の異邦人を川岸の小島に住まわせることに不都合はなかっ

たし、彼らのもっている道具には興味があった。

　ポーワタン王の娘ポカホンタスと入植地のジェントルマン、ジョン・ロルフとの結婚も友好関係の維持に役立った。彼女は異邦人の文化に積極的関心を示し、キリスト教を受け入れ、自ら異邦人との結婚を選んだ。ポカホンタスは夫と息子とともにイギリスに渡った。彼女はイギリスでは「レディ・レベッカ」と呼ばれ、インディアン・プリンセスとして社交界の好奇心の的になった。イギリス人には、アメリカの先住民について、未開の野蛮人というイメージと、高貴な自然人というイメージがあったが、ポカホンタスは後者のイメージでみられた。異文化への優れた適応性を発揮したポカホンタスも、ロンドンでは長く生きられなかった。ロンドンの空気はアメリカの自然のなかで生活してきた彼女にとってはあまりにも汚れていた。彼女は病気になり、ロルフはヴァージニアに彼女を連れて帰ろうとしたが、その前に病状が悪化して死んだ。ポカホンタスの結婚をポーワタン王が認知したことで、植民地と先住民との平和が保障されたが、彼女が死に、王も死んで彼女の兄弟たちの代になると、やがて戦いのときがおとずれる。

　ロルフが始めたタバコの栽培が軌道にのって、人口がふえ入植地が広がるようになると、先住民は入植者社会との友好を維持するか、土地を守るために入植者社会と対決するかの選択を迫られた。ポカホンタスの兄弟たちは対決を選んで敗北し、のちふたたび戦って王国は壊滅した。これはほかの場所でもしばしば繰り返されることになる入植者と先住民との関係の物語の始まりであった。ヴァージニアの旧家のいくつかは、やがてポカホンタスの子リチャードの子孫であると主張して、それを自慢するようになるが、王国を失ったポーワタンの民は今わずかな人数が残っているのみである。

フランクリン
代表的なアメリカ人
Benjamin Franklin
(1706~90)

アメリカの歴史上の人物から代表的アメリカ人を一人あげるとすれば、建国の英雄ワシントンでもなく、南北戦争当時の大統領リンカーンでもなく、ベンジャミン・フランクリンをあげる人が一番多いであろう。それは彼の人間としての器量の大きさのゆえに彼が代表的なアメリカ人と呼ばれるのにふさわしいからである。

フランクリンは政治家・外交家としても活動したが、彼の主たる功績は私的市民としての文化的・社会的貢献にある。彼はボストンの職人の息子として生まれたが、少年のころ単身フィラデルフィアに移り、そこで自らの才覚と努力とによって立身した人物であり、彼はその点でも機会の国アメリカを代表する資格が十分にあった。彼は独学で広く近世思想家の著作や古典的著作を読み、天性の才筆をいかして著述にまた科学的知識の探求に活動した。彼の電気にかんする実験は有名であるが、彼は創意工夫により多くの生活用具を発明している。

フランクリンは寛容であり自由な雰囲気のあるフィラデルフィアになじみ、またイギリス啓蒙思想から自由な精神を学んだが、元来はニューイングランドのピューリタニズムの影響を受けており、自由な精神とピューリタン的道徳観念とをあわせもっていた。彼は印刷出版著述業者として成功し、当時植民地では主要な出版物だった暦の出版では、歳時記のなかに多くの教訓的でユーモアもある処世訓を書き入れた『貧しいリチャードの暦』により名声をえた。彼は自己利益の追求にも抜け目なかったが、早くから市民相互の利益になるような共同事業に熱心だった。私設図書館の組織、地域消防団の組織、学校の設立などはその例である。彼はさらに活動範囲を広げ、フィラデルフィアに本部をおくアメリカ哲学協会を設立し、北米植民地全体の学問の振興と知識の普及のために貢献した。北米植民地全体の実務的また知的交流の発展のためには、アメリカ全体の通信網の整備が必要であるが、彼はそのことについても指導力を発揮し、イギリスの支持をえて北米植民地全体の郵便制度を創設し、自らその副総裁になった。彼はアメリカ独立戦争中は外交官としてフランスに赴き、フランスからの援助の獲得と同盟条約の締結に、さらにはイギリスとの講和交渉に成果をあげた。

彼はロンドンのみならず、パリでも有力政治家、文人、王侯貴族など多様な人々と交流し、人々の心をとらえ、植民地あるいはアメリカの立場を売り込むことができた。

自発的な団体をつくって公共の利益のために活動しようとする市民精神、哲学者・著述家・実業家・科学者・発明家・政治家・外交家などに発揮された多面的な才能、文化の異なるフランス上流社会に乗り込んでもアメリカ人らしさを売り物に人気をえる無類の適応力など、彼はミスター・アメリカンと呼ばれるにもっともふさわしいといえよう。

第2章　アメリカ革命と連邦共和国の形成

自由を享受していた北アメリカの英領植民地

一三の植民地は長年本国の支配からの自由を享受してきた。王の官吏の数は少なかったし、王の権力を守る軍隊は通常駐屯していなかった。秩序・治安の維持や外敵からの防衛も住民自身の武力・民兵組織に依存していた。それぞれの植民地の公共の問題については、植民地住民を代表する植民地議会の権限が強くなり、総督は議会をおさえることは困難になった。王は各植民地議会で成立した立法を審査して時々それを無効にしたので、それが、植民地人の唯一の不満の種であった。本国議会の植民地への関心は主として貿易・産業関係の立法に限られていた。重商主義と呼ばれたイギリスの貿易・産業政策は植民地にとって好都合な面があったし、「有益な怠慢」といわれたように、植民地人にとって不都合な面は厳しくは実施されなかった。植民地人は王への忠誠を表明し、イギリス帝国に属していることを誇りにしたが、それは彼らが本国のイギリス人と同じくイギリス人としての自由を与えられていると思い、王や本国から抑圧的な支配を受けているとは感じなかったからである。

十八世紀半ばまでには北アメリカの英領植民地は急速な発展をとげ、それら植民地を全体的にみれば、面積は広大、人口もかなりふえ、イギリスにとってアメリカ貿易の重要性が高まっていたから、植民地人のあいだには英領北アメリカをひとつのまとまりとして論じ、自分たちを「アメリカ人」として意識するナショナリズムの萌芽もあらわれた。つぎの世紀には本国よりも多くのイギリス人がアメリカに住むようになるだろうとフランクリンは予測し、アメリカはヨーロッパ全体を相手にできるような強力な帝国になりうると、ジョン・アダムズは予想した。イギリスが七年戦争（アメリカ大陸での英仏戦争はフレンチ・アンド・インディアン戦争と呼ばれ、ヨーロッパで七年戦争が始まるより早く一七五四年に始まっている）ではじめて数万の軍隊を本国から派遣してフランス領カナダを征服し、カナダおよびミシシッピ川までの西方領土を獲得したことは、植民地では、イギリスにとって北アメリカが重要であることを示したものと理解された。植民地人はフランスの脅威が北アメリカから一掃されたのだから、英領北アメリカの将来はますます洋々たるものであると考えた。

一方、イギリスは北アメリカに広大な領土を手にいれたのを機会に、それまで放漫だった植民地政策の立直しをはかろうとした。大きな戦争で財政が苦しくなっていたイギリスは、植民地にたいする通商の規制を強化して、植民地貿易を本国の利益にそうようにするとともに、植民地に課税してその税収を植民地統治の費用の一部にあてようとした。植民地人はそれらの政策、とくに印紙税の導入に激しく反対した。それらの政策は当時の西洋世界でおこなわれていた統治と比較すれば、抑圧とか苛

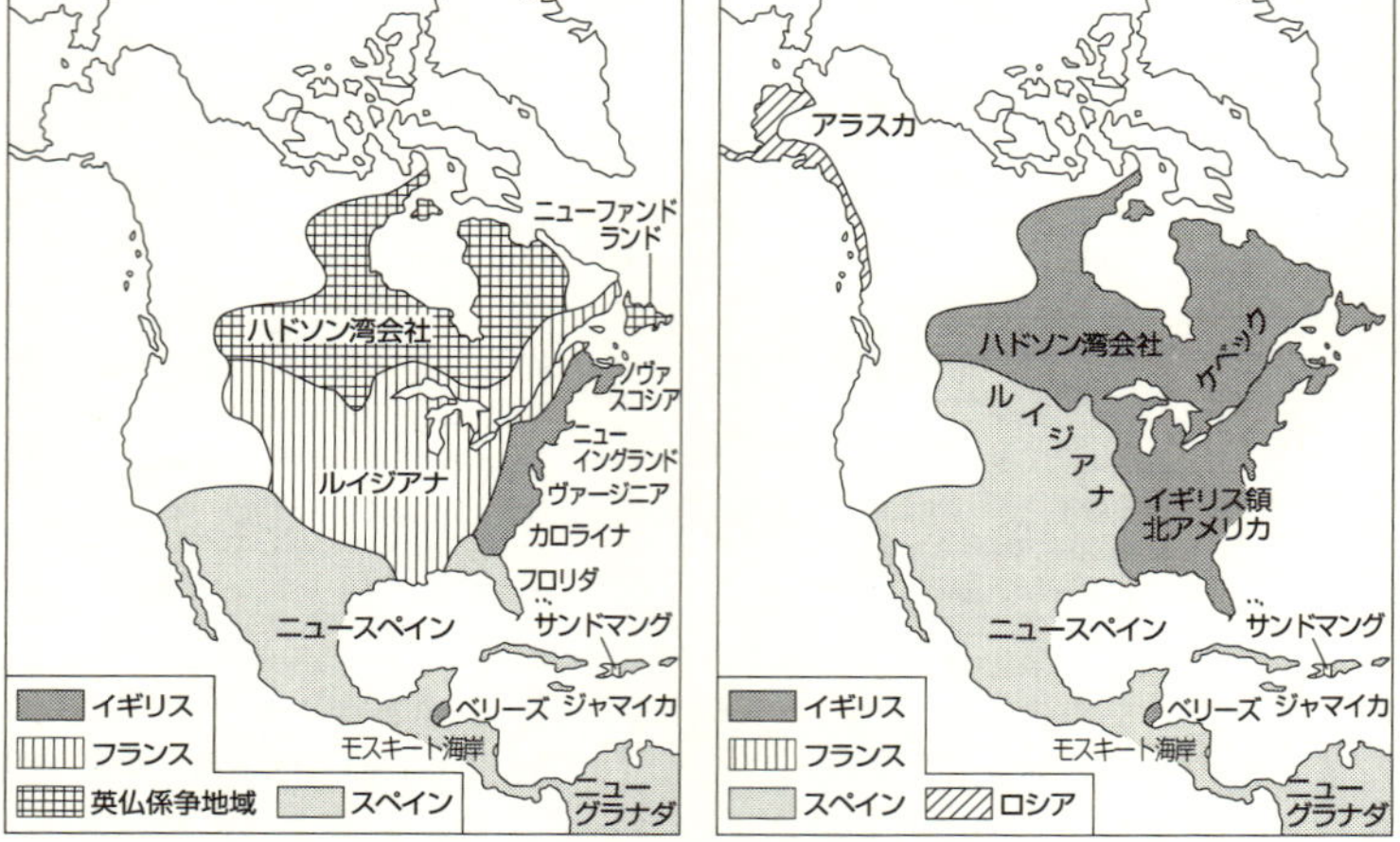

北アメリカにおけるヨーロッパ諸国の勢力圏（左：18世紀初め，右：七年戦争後）
〔出典〕Richard Hofstadter, et al., *The United States*, Prentice-Hall, 1957, pp. 48, 68 などにより作成。

酷とはいえないものであったが、それまで植民地人は本国の権力からの実質的な自由を享受してきたので、あらたな政策に強く反発したのである。

新植民地政策への植民地人の反発

植民地人は、彼らが代表を送っているのは個々の植民地議会であり、本国の議会は彼らを代表していないから、本国議会の法律により課税されることは「代表なければ課税なし」というイギリス人の憲法上の権利の侵害であると主張した。植民地人は従来から本国議会による通商規制に付随する関税の徴収を受け入れていたが、一七六四年の印紙法は通商規制とは関係ない純然たる課税政策であるとして反対した。植民地人は各植民地議会における反対決議などによる本国への働きかけ、印紙販売を実力で阻止する組織の形成、本国に圧力をかけるためのイギリス商品不買運動などにより印紙税の撤廃を求めた。植民地人の組織的な反対に直面した本国政府は、六五年に印紙法を撤回することで事態を収拾することにしたが、同時に宣言法を制定して本国の議会が帝国全体の議会であり、植民地にたいしては税法を含むあらゆる立法権を有することを主張した。

本国政府は印紙法を撤廃したが、関税のかたちで植民地に課税することを試みた。しかしそれはイギリス商品の輸入にたいする課税であったから、課税目的の関税であるとして植民地の反対にあった。本国側は譲歩して茶税以外の課税を撤回した。しかし一七七三年に本国議会が茶法を制定して、東インド会社の船が本国で関税を払うことなしにアメリカの植民地に茶を直接持ち込むことを認めると、植民地では茶税を確立するための方策だという反対の声が高まり、マサチューセッツでは反対闘争の一環としてボストン茶会事件（反対派の人々が東インド会社の茶を積んだ船を襲って茶を海中に投げ込む事件）が起こった。これにたいして、本国政府は議会の支持をえてボストンおよびマサチューセッツにたいする懲罰政策に乗り出した。ボストン港は一時閉鎖され、ボストンに軍隊が派遣され、軍の司令官が総督を兼任することになった。

マサチューセッツの人々の多くは、イギリス軍が武力を用いれば、植民地側も武力で抵抗するという態度を固めた。そのほかの植民地の指導者たちも、茶会事件はいきすぎた行動であるとしても、マサチューセッツの権利を侵害する懲罰政策を黙認すれば、ほかの植民地の人々の権利も将来危うくなると感じて、共同で反対しようとした。一七七四年秋の第一回大陸会議と呼ばれた各植民地の代表の会議では、本国の政策に反対する植民地の共同の立場が表明された。この会議の宣言には、本国と諸植民地からなる英帝国を、共通の王により結ばれた対等な諸部分から形成される連邦とみなす連邦的帝国の観念が表明されていた。この会議ではまた、当面イギリス商品消費および輸入を禁止し、さらに必要ならばイギリスへの輸出を禁止する方策を実施するための機関を各地に設けることという全植民地の盟約が結ばれた。植民地人の権利を主張して武力による抵抗も辞さない人々は自らを「パトリオット」(国・郷土を守ろうとする人々)と呼んだ。王の軍隊と戦うことを支持せず、戦争勃発後も戦争に反対し、王への忠誠をすてなかった人々は自らを「ロイヤリスト」(王に忠誠な人々)と呼んだ。「パトリオット」は文字どおりの意味は「愛国派」であるが、ここでは「革命派」と呼ぶことにする。

独立戦争と独立宣言

北アメリカの英領植民地が連合して本国と戦い、独立を達成することはけっして容易ではなく、苦難の時期もあった。しかし結果的には彼らが独立という目的を達成することができた基本的な理由としては、以下のことがあげられるであろう。第一に、植民地の経済的発展が進み、強い権利意識と政治的経験を積んだ指導階級が存在したこと、第二に、彼らの呼びかけに答えて抵抗や革命の運動に参加し、自らのなかからも指導者を生み出すことができる幅広い中流階級が存在したこと、第三に、住民が武器を保持しており、地域の自衛にあたる習慣があったこと、第四に、個々の植民地をこえた連帯を可能にする交通や通信の手段が発達しており、個々の植民地をこえた「アメリカ意識」もある程度形成されつつあったこと、第五に、イギリスと対抗関係にあるフランスからの援助がえられたことである。

一七七五年四月、ボストンにいたイギリス軍がコンコードにある革命派の武器を押収しようとしてボストンから出撃したとき、レキシントンとコンコードで革命派の民兵と衝突したことが、独立戦争の発端となった。まもなく第二回大陸会議が開かれ、植民地が連帯して武力で対抗することを決め、各植民地の民兵のほかに「大陸」軍の創設を決め、総司令官にジョージ・ワシントンを任命し、資金の調達を手配した。大陸会議はそれ以後、革命派の連邦政府の役割をはたすことになる。

アメリカの歴史では、植民地が連帯して自由を守るために本国と戦い、独立の連邦共和国を形成した一連の過程は「アメリカ革命」と呼ばれる。一七七五年から八三年まで続いた「革命戦争」はそのアメリカ革命の一部である。またアメリカ独立戦争という場合には、英米間の戦争だけでなく、フランス、スペインが参戦し、オランダも巻き込まれた国際的な戦争全体を意味する。

本国にたいして武器をとったアメリカ人は、はじめから独立を目的として掲げたわけではない。彼らは英帝国のなかでのちの自治領のような立場を確保することをねらっていたといえる。しかし戦争が長引くにつれて、トマス・ペインの著作『コモンセンス』の影響もあって独立論が高まった。ペインはときにはやや下品な表現を用いて世襲の統治者をもつ王制の不合理を雄弁に批判し、共和制のみが自由と両立すると論じるとともに、アメリカのような大陸的規模の国がイギリスのような島国に従属しているのは理にあわないと主張した。一七七六年七月、大陸会議は各植民地の意向が独立に向かってかたまってきたことを察知して、独立を決議し、トマス・ジェファソンを主たる起草者とする一三州の独立宣言を採択した。

独立宣言の「われわれはつぎのことを自明の真理であると考える」という文章で始まる部分は高校の世界史の教科書にもしばしば引用され、よく知られている。独立宣言はこの部分で、人間は基本的権利を等しく創造主（神）から与えられており、その権利がよりよく守られるように政府を組織するのであって、政府が本来の目的に反して、人民を抑圧しつづける場合には、人民はその政府に抵抗して別の政府を樹立する権利を有することを述べる。そしてつぎにイギリス王が植民地の人民にたいしておこなった圧政の数々を列挙し、最後に、植民地が連合して王の支配から独立することを宣言する。人間本来の権利に基づいて革命を正当化する思想はジョン・ロックらによって表明され、西洋世界の啓蒙思想家のあいだではよく知られていたもので、とくに新しい思想ではない。しかしそのような思想が建国を告げる文書のなかで表明されたことに独立宣言の意味があり、この思想はアメリカ革命が成功したことによって、世界に大きな影響をおよぼすことになったのである。このような理念に基づいて建設され、世界への思想的なメッセージをもって独立したことが、アメリカの特色なのである。この宣言を起草したジェファソンが奴隷所有者であっ

フィラデルフィアのインディペンデンス・ホール　ここで独立宣言が採択された。

たことはアメリカ革命の逆説であり、「自由の国」アメリカは奴隷制度をもっているという矛盾をかかえたまま発足することになったのである。

戦争は実質的に一七八二年まで続いた。七八年にフランスとの同盟条約が成立したことはアメリカにとって大きな助けとなった。フランスはそれ以前からアメリカに物資や資金を援助していたが、七八年にはアメリカの独立を確実なものにするために、イギリスと戦うことを決めたのである。その後も、戦況と国際情勢がアメリカにとって不利な時期があったが、八一年秋のヨークタウンの戦いで、イギリスの派遣軍の主力が米仏連合軍に囲まれて敗北したことが転機となった。イギリスはアメリカの独立を認めて講和する方針に転換し、八二年には英米間で講和について基本的合意が成立した。

合衆国憲法の制定

アメリカの独立は、一三の植民地が共和制をとる独立の州（「国家」の意味であるから州よりも邦と訳すのが適当である）になり、それらの州が連邦を形成するというかたちをとった。連邦の性格を定めた文書「連合規約」は連邦を「自由・独立・主権をもつ州の永久的同盟」と規定していた。「連合規約」は一七七七年に大陸会議で採択されたが、それが全州の承認をえて発効したのは八一年であり、アメリカは革命戦争の大半の時期を、事実上の連邦政府である大陸会議のもとで戦ったわけである。

連合規約発効後の大陸会議は「連合会議」と呼ばれる。連合規約の発効が遅れたのは、西方に領有権を主張できない州と主張できる州とのあいだで、西方の領土の問題をめぐり対立があったためである。

建国期の西方領土の問題

〔出典〕Richard Hofotadter, et al., *The United States*, Prentice-Hall, 1957, p. 120.

大統領就任のためニューヨークに向かうワシントン

この問題をめぐっては、ひきつづき連合会議で議論され、北西の領土を暫定的に連邦の直轄地として、そのなかで人口がふえた地方については新しい州としての資格を認めるという方式が決まり、八七年の北西部領地法によりオハイオ川より北西の領土について過渡期の統治方式が定められたこと、その領土については奴隷制度が禁止されたことは、連合規約のもとでの大きな達成であった。

連合規約では、戦争と講和、条約締結などの問題は連合会議の権限とされていたが、連合会議には課税権がなく、各州に割りあてた分担金はなかなか支払われなかったので、連合会議は戦争中の債務の支払いも困難なほどの財政危機にみまわれた。また連合会議には通商規制権がなかったので、イギリスはアメリカと通商条約を結ばず、一方的にアメリカとの通商関係を設定した。連邦の権限を強化しようとした人々は連合会議が関税を徴収できるように連合規約を改正しようとしたが、そのために必要な全州の同意がなかなかえられなかった。また通商規制権については連合会議でも諸州に提案する段取りにいたらなかった。

そのため、連邦を強化しようとする人々は、一七八六年に、諸州の代表からなる全国的な会議を開いて連邦強化案をまとめることを提案し、翌年その会議が開かれた際には、連合規約の改正ではなく、新しい合衆国憲法を採択して諸州の人民に承認を求めることにし、九つの州の憲法批准会議が承認すれば憲法が発効することを定めた。この憲法は八八年発効し、八九年にはこの憲法に基づく合衆国政府がワシントンを大統領として発足した。この憲法は合衆国政府（連邦政府）に連邦共通の問題について対処できるように十分な権限を与えると同時に、政府の諸機関間に相互の抑制と均衡の仕組みを設けて、この政府が人民の権利を侵害することを予防しようとした。この憲法には新政府発足直後に、諸州の憲法批准会議の意見に基づいて、人民の権利を保障する諸条項が追加された。その後この憲法はいくつかの修正条項を加えただけで、今日まで存続している。この憲法は世界の国々で用いられて

アメリカの人口（単位：1,000 人）

調査年	人口
1790年	3,930
1800	5,308
1810	7,240
1820	9,638
1830	12,866
1840	17,069
1850	23,192
1860	31,443
1870	39,818
1880	50,156
1890	62,948
1900	75,995
1910	91,972
1920	105,711
1930	122,755
1940	131,669
1950	150,697
1960	179,823
1970	203,212
1980	226,546
1990	248,710
2000	281,422
2010	308,746

〔参照史料〕Susan B. Carter, et al. eds., *Historical Statistics of the United States, Millennial Edition* (2006), Vol.1, 1-26. 2010年 はU.S. Census Bureau の人口発表による。植民地時代から1780年までの人口は1650年５万人，1700年25万人，1750年117万人，1760年159万人，1770年215万人，1780年278万人と推定される（*Time Almanac 2004*, p. 175.）。

いる成文憲法のなかでもっとも古いものであるが、憲法という国家の基本法を制定して、それに基づいて政治をおこなうこと自体、独立とともに諸州で州憲法を制定したアメリカ革命に始まり、それから世界に広まったものなのである。

ジェファソン

独立宣言の起草者

Thomas Jefferson
(1743~1826)

トマス・ジェファソンが起草した独立宣言には「すべての人間は創造主によって平等につくられ、一定の譲り渡すことのできない権利を与えられており、その権利のなかには生命、自由、幸福の追求が含まれている」と書かれている。この原理は奴隷制度を否定するものである。しかし、独立宣言が人間の権利の平等という原理によって直接主張しようとしたのは、イギリス人とアメリカ人とは平等だということだったと指摘する学者もいる。独立宣言をそれに先立つ十数年間、植民地人が主張してきたことの延長線上においてみれば、独立に際して同じ趣旨を普遍的な文言でいいなおしたものだということは妥当である。それは、南部諸州の代表からこの文言について異論がでなかったことの説明になるであろう。

しかしジェファソンは人間の基本的権利における平等を一般的原理としても自明の真理であると考えていたと思われる。彼は生涯、恩情的な奴隷所有者にとどまったが、原理的には奴隷制度の反対者であり、やがては廃止されるべきものと考えていた。彼が独立宣言と同じ時期に書いたヴァージニア憲法私案には、漸進的な奴隷制度廃止のための規定がはいっていた。彼は一七七四年の著作では「不幸にも導入された奴隷制度を廃止しようとすることは、これら植民地における大きな念願である」と述べ、奴隷の輸入の禁止や奴隷輸入への重い課税が王の拒否権によって阻止されたと王に非難の矛先を向けていた。そして彼は独立宣言の第一次草案のなかでも、王の悪行のひとつとして「彼は人間性それ自体にたいして残酷な戦争をおこなった。彼は人間性のもっとも神聖な権利である生命と自由との権利を侵害し、彼にたいして攻撃をしかけたことのない遠方の人々を奴隷としてほかの半球に運び、あるいはまた彼らを輸送の途中で死にいたらしめた」ことをあげていたが、これは南部の代表の意向で削除された。ジェファソンは奴隷制度という害悪についての責任をイギリス王におわせ、アメリカの白人の責任を免除しようとする傾向を示した。彼は奴隷制度についての罪の意識を、王を悪者に仕立てることで、軽減しようとしたのであろう。

ジェファソンが起草した独立宣言の理論的な面は、ロックの『統治二論』にならっているといわれる。彼がロックの文言「生命、自由、財産」の「財産」のかわりに「幸福の追求」という表現を用いたのは興味深いが、それは彼の同志ジョージ・メイソンが執筆したヴァージニア権利宣言草案を彼が参照して、そのなかの「幸福と安全とを追求し獲得する」という文言を参考にしたからであると思われる。

なお福澤諭吉が『西洋事情』という一八六六年の広く読まれた著作で、独立宣言をはじめて英語から日本語に翻訳して紹介し、民権運動家など明治初期の多くの人々に影響をおよぼしたことをつけ加えたい。

建国の父としてのワシントン

George Washington
(1732〜99)

新しい国を建てたアメリカ人には、建国の父として国民的敬意の対象にできる人物が必要であった。そして彼らはまさにそれにふさわしい人物を独立戦争の軍司令官ワシントンにみいだしたのである。

ワシントンは八年にわたる独立戦争のあいだ、終始革命軍を率いた。彼の名将としての資質は苦難の時期には隠忍自重《いんにんじちょう》して勝利の時期を待ったことにあらわれていた。それによって彼は国民的英雄となることができた。彼のさらなる偉大さは、弱体で実行力のない大陸会議に不満をいだきながら、辞任することもなく、独裁的権力を求めることもなく、ひたすら職務をまっとうしようとした彼の責任感にあった。軍の力で政治を動かそうとした一部の将校や政治家の策謀を自らの権威をもっておさえ、軍は統治機関から委ねられた任務をはたすのみという原則を守った彼の手際と見識は立派であった。そして彼は共和国の父となるのにふさわしい威厳ある偉丈夫の風格を備えていた。

共和制で安定した連邦国家を築けるかという疑問はアメリカ人のあいだにもあったから、彼が王あるいは独裁者になることを望めば、それを支持する人々はかなりいたであろう。しかし彼はそのような野心をもたず、そしてアメリカ人の気質が共和主義的であることを意識していた。

一七八七年に連邦体制を再検討するフィラデルフィアの会合に集まり、合衆国憲法を作定した政治家たちは、彼らの会議と彼らの憲法を権威づけるために、すでに国民的英雄であるワシントンの参加を望み、彼をこの会議の議長にした。彼は議長職に専念し、議論されている問題には発言をひかえたが、この憲法が発効すれば、合衆国大統領の地位が自分にまわってくることは予想したであろう。誰もが初代大統領になるのはワシントンをおいてほかにいないと考えた。彼は権力を求めず、むしろ権力が彼を求めたのである。

　ワシントンは初代大統領となり、あらたな合衆国憲法体制に彼のカリスマによって正統性を与え、その安定に貢献した。彼はその地位にとどまろうとすれば、終身再選されつづけたであろう。しかし彼は二期八年で引退することを決め、これは長く不文律として守られた。役割は九九年の死によって終わらなかった。彼はますます英雄にまつりあげられ、建国の父として国民的統合の維持に貢献するのである。彼はヴァージニアの大農園主だったから、当然奴隷所有者だった。彼が奴隷制度について述べたことばは少ない。彼は遺言によって奴隷を解放した。

　一八六〇年にサンフランシスコを訪問した福澤諭吉はワシントンの子孫についてたずねたが、誰も知らなかったので、共和国とはそういうものかと改めて感心したという（ワシントンには実子はなく、マーサ夫人の連れ子も若死した。子孫から著名人はでていない）。

ワシントンの代表的肖像画
画家はジョン・ヴァンダリン。

第3章　西部の発展と南北戦争

十八世紀から十九世紀へ

十八世紀のアメリカには、生まれが良く、資産・学識・人徳などを備えていることが政治指導者の要件であるという観念があった。建国時代の指導者たち、ワシントン、ジェファソン、ジョン・アダムズ、アレグザンダー・ハミルトン、ジェイムズ・マディソンといった人々はこうした要件にかなう人々であった。ワシントン以外は大学卒業者で、学識においても傑出していた。ワシントンの場合、生まれと資産にめぐまれ、そして彼の人徳が学識の不足を補ってあまりあると思われた。ハミルトンは西インド諸島出身の庶子だったとしても、ニューヨーク社会では有力な名家の女婿であった。

しかし十九世紀には新しい型の政治指導者が登場する。一八二九年に大統領になるアンドルー・ジャクソンは西部の新しい州テネシーの政治家で、孤児で教育はほとんど受けたことがなく、自分の力で資産と地位を築いた人（セルフメイドマン）であった。十九世紀アメリカを代表する政治家リンカ

リンカーンが少年期を過ごしたロッグ・キャビン

ーンも同様にセルフメイドマンであり、彼が西部の丸太小屋（ロッグ・キャビン）育ちであることはよく知られている。十八世紀のアメリカもフランクリンのようなセルフメイドマンの著名人を輩出したが、彼は独学で古典から自然科学にいたる博識を身につけた希有《けう》な才能をもつ知識人であった。十九世紀には生まれも学識も政治指導者には不必要なものとなり、それらは政治的成功のためには資産であるよりは負の資産であるとさえみなされるようになった。

　このような変化は十九世紀初めに始まった政治の大衆化、そしてそれをうながした急速な西部への発展、それにともなう競争社会の原理の成立と連動するものであった。十八世紀のアメリカの発展は急速であったが、さらに躍動的な十九世紀のアメリカに比べれば、ゆるやかな変化の時代であった。十八世紀は水流、馬力、人力など自然の動力に頼る時代であったが、十九世紀は機械と蒸気機関とに頼る時代、それによって交通革命と産業革命が展開する時代となった。急速な変化のなかで、人々はそれぞれの分に応じた働きによって社会に貢献するという十八世紀の観念はうすれ、競争のなかで機会をつかみ成功をめざすという観念が十九世紀のアメリカ人の行動原理となった。そして身分や階級の壁が厚いヨーロッパの国々に比べ、アメリカは「階級のない社会」であり、勤勉で能力ある者に成功を授ける「機会の国」であるという観念がアメリカ人のナショナリズムのよりどころとなるのである。十九世紀後半に多く登場する大実業家たちも、そうした行動原理に基づいて成功者となったセルフメイドマンであった。

十九世紀の躍動的な発展は、第一に領土の急速な拡大にあらわれた。アメリカは独立戦争の講和条約でミシシッピ川にいたる広大な土地を領土とすることができたが、十九世紀にはいると、一八〇三年にナポレオン時代のフランスからミシシッピ川以西のルイジアナ地方を購入して領土を倍増したのを始まりに、十九世紀の前半に太平洋に達する領土を獲得し、六七年にはさらにアラスカをロシアから買った。これらの領土はメキシコとの戦争の結果獲得したカリフォルニア、ニューメキシコ地方を別とすれば、すべてあまり面倒がない外交交渉で獲得したもので、メキシコとの戦争も負ける心配のない戦争であった。四〇年代のアメリカでは、アメリカの政治制度を北米大陸に広げることはアメリカ人の「明白な運命」だという主張がさかんであった。

アメリカ人は拡大した領土に急速に定住地を広げていった。開拓地と未開拓地との境であるフロンティア・ラインは、すでに南北戦争前にミシシッピ川をこえて西に進出した。世紀半ばにカリフォルニアで金が発見され、「ゴールド・ラッシュ」が生じたことでまず太平洋岸地方が急速に発展し、それにより太平洋岸地方とミシシッピ川とのあいだの地方の開発がうながされた。十九世紀前半の急速な西部の発展期に、新開地の人々の宗教的必要に応えて西部での伝道に力をいれた教派はメソディストとバプティストで、それにより両者はやがてアメリカ最大の教派になった。西部の開拓地からはアメリカ生まれの教派として、初期キリスト教の簡素な教会と敬虔《けいけん》な信仰に戻ろうとする「ディサイプルズ」が生まれた。また西部の発展の影響で経済的に没落した北東部農村からは、モルモン教団の通

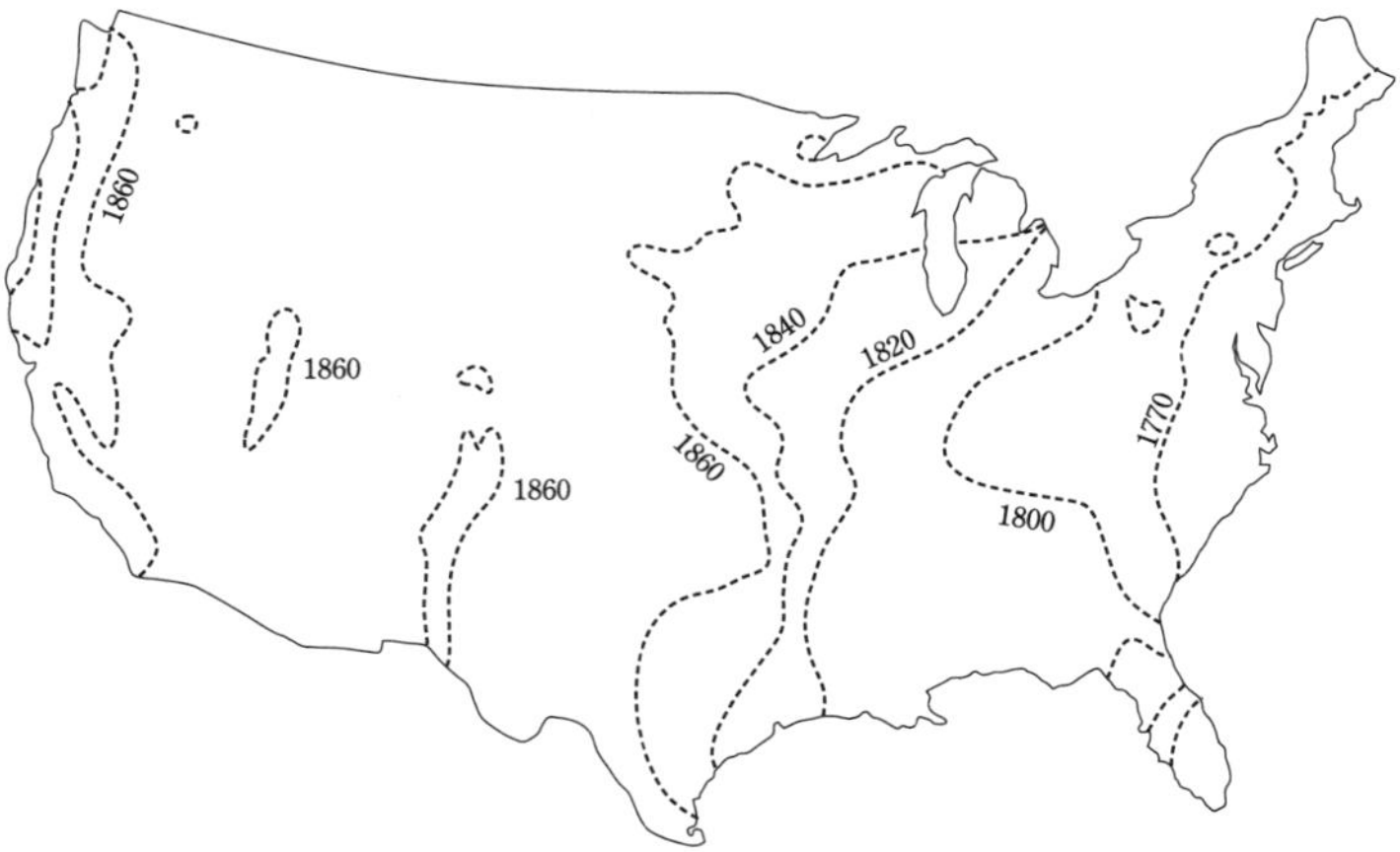

大陸領土の拡大とフロンティアの前進（1770〜1860 年）
〔出典〕*Hammond's American History Atlas*（1961), A9, A16–17, A19, A25 などにより作成。

称で知られる新教派（新約旧約両聖書に加えて「モルモンの書」を聖典とした）が生まれ、このグループはニューヨーク北部からイリノイ州をへて、まだアメリカ領になっていなかったユタに移住した。

フロンティアの急速な前進は蒸気船の実用化、運河の建設、鉄道の発達といった交通革命によって促進された。ロバート・フルトンが一八〇七年にハドソン川で蒸気船をはしらせてから、それは数年後にはミシシッピ水系や五大湖の二つの湖の交通に導入された。ミシシッピ水系は西部にとって重要な交通路であったが、さらにハドソン川とエリー湖とを結んだエリー運河やボルティモア、フィラデルフィア、ニューヨークの諸都市を起点とする鉄道の発達によって、アパラチア山脈をこえて東部と西部とが結びつけられていった。そしてこうした交通革命は産業革命すなわち機械による生産の導入とあいまって、資本主義的な工業生産を急速に発展させるのである。

十九世紀前半は女性たちが向上心を高め、権利の意識を強め、エリザベス・ケイディ・スタントンらの女性運動家が活動を始めた時代である。一八三〇年代にはオハイオ州のオバリン大学が女性に門戸を開き、女子短期大学もつくられ始めた（四年制女子大学は五〇年代以降）。四八年にはニューヨーク州セネカフォールズで女性会議が開かれ、男性と平等な権利を要求する宣言が発表された。このころから結婚した女性は財産を所有できないという制度もしだいに多くの州で改められるようになった。

トクヴィルの見たアメリカ

このような発展が始まっていた一八三〇年代のアメリカをおとずれて、アメリカをデモクラシーの社会の典型として観察しその特徴を論じる名著『アメリカのデモクラシー』を著したのは、フランス小貴族出身の青年アレクシス・トクヴィルであった。彼は人々が新しい活動の場を求めて頻繁に移動し、個々人の富の浮沈が繰り返されるこの国の社会の躍動性に驚くが、富が人々のあいだに広くいきわたっていることに変わりはなく、それゆえにアメリカには変動とともに安定があると考えた。「諸階級の平等」すなわち特権階級が存在しないことが、トクヴィルが見たアメリカ社会の第一の特徴であった。彼は「諸階級の平等」を特徴とする社会では、平準化された多数者が唯一の権威となり、その結果デモクラシーの政治は多数者の横暴を生み、個人の自由を抑圧するようになる危険を恐れた。彼はアメリカで平等とともに自由が存在している理由を、連邦制および地方自治の制度により権力が分散していること、市民が自由に結社をつくる市民活動が盛んであること、法律家たちが貴族にかわる権威をもち、法治主義の原則が守られていることに求めた。

トクヴィルは貴族を欠くデモクラシー社会は文化的には平凡な中庸に陥ると予想したが、彼がアメリカ論の執筆に没頭していたころ、アメリカの文芸はニューイングランドを中心に興隆し始めた。南北戦争前数十年間に活動した代表的な思想家といえば、まずラルフ・ウォルド・エマソンとヘンリー・デイヴィッド・ソローがあげられる。当時ボストンではかつてのピューリタン信仰にかわり啓蒙思想と結びついたユニテリアン信仰（三位一体の教理をとらず、キリストの神性を認めないことが特徴）が有力になっていたが、エマソンはユニテリアン教会の知性主義、形式主義をきらい、人間は自らのうちに霊的な要素をもっているから、個々人は自らの感性により神の導きに従うことができると主張した。彼は個人主義者、理想主義者であり、その意味でデモクラシーの思想家であった。エマソンも彼の友人ソローも、逃亡奴隷法制定後は奴隷制度の問題を身近に感じて、奴隷制度廃止論者となり、とくにソローは奴隷制度を擁する国がキリスト教国といえるかと激しく自国を批判した。他方、南部の知識人は奴隷制度を擁護することに懸命になった。

トクヴィルは、インディアンについては白人への隷属を拒否しつつ滅亡に向かうと予測し、白人と黒人との関係については、奴隷制度が廃止された諸州のほうにむしろ強い人種的偏見がみられることを観察した。彼は北部での奴隷制度廃止は黒人のためではなく白人のためのものだったと述べ、他方、多数の黒人をかかえる南部では、奴隷制度を廃止したとしても「白人はどのようにして黒人から解放されるのか」という問題があるために容易に奴隷制度を廃止できないのだと論じていた。

南部の奴隷制社会

自由を含む人間の権利の平等という原理を掲げたアメリカ革命の有力な指導者たちには、ワシントン、ジェファソンら多くの奴隷所有者が含まれていた。独立宣言にいう基本的権利の平等という主張は、直接的には、本国のイギリス人も植民地のイギリス人も権利は同じだということをいおうとしたのだとしても、この自由の原則と奴隷制度とがまったく矛盾することは、革命の多くの指導者によって意識されていた。北部諸州は奴隷制度の漸進的廃止を決め、また南部の州でも多くの奴隷が解放された。独立当初の北西部領土では、連合会議の決議により奴隷制度は禁止された。そして一八〇八年には奴隷輸入は全国で禁止された。

しかし奴隷の数が多かった南部諸州では奴隷制度は残り、南部が西に向かって発展するとともに、奴隷制度も西方に広がったのである。アメリカ革命当時は奴隷制度はやがてなくなるであろうし、それは望ましいことだという意見が南部指導層のなかにもあったが、十九世紀前半にはデラウェアからテキサスにいたる広い奴隷制地域が形成された。南北戦争直前には、奴隷州（奴隷制度をもつ州）は一五を数えた。これら一五州の人口は一八六〇年には一二二〇万人で、そのうち白人は八〇〇万人、黒人が四二〇万人で、そのなかに奴隷でない自由黒人が二五万人いた。これら諸州のなかで、白人より奴隷のほうが多かったのはミシシッピとサウスカロライナの二州だけである。奴隷所有者の半数は奴隷を一人ないし四人所有する者で、奴隷五〇人以上を所有していた大プランターは一万人、中小プランターというべき一〇人以上五〇人以下の所有者は一〇万人であった。

コトン・ジン

アメリカ革命当時の希望的予想に反して、奴隷制度が十九世紀に西方に急速に拡大したのは、イギリスなどでの綿工業の発展にともなう原綿需要の増大、内陸地産の綿の収穫を容易にした綿繰り機（コトン・ジン）の発明が主原因である。綿が南部の第一の主要産物になると、亜熱帯の農場の労働力として黒人奴隷労働の需要が高まり、南部では奴隷制度は維持すべきもので、道徳的にも悪ではないという考えが支配的になった。文明社会に慣れていない多数の黒人を文明社会で生活させるには奴隷の身分において監督し保護しなければならないと南部の白人は主張した。

奴隷の輸入が十九世紀初頭に禁止されたにもかかわらず、奴隷人口は十九世紀前半に主として自然増（奴隷である母から生まれた子は奴隷身分を受け継ぐ）により四倍にふえた。自然増が多かったことは、西半球のほかの地域の奴隷制度と異なるこの時期のアメリカ南部奴隷制度の特色で、そのために、奴隷輸入の禁止にもかかわらず、南部の発展にあわせて奴隷制度が発展できたのである。奴隷の財産としての価値はよく認識され、制度の非倫理性についての非難も意識されていたから、西半球のほかの地域の奴隷に比べれば、この時期の南部の奴隷は物的にはよく処遇されたといえるであろう。しかし財産価値が高く、また奴隷身分が人種と結びつけて正当化されたために、合衆国南部の奴隷は西半球のほかの地域に比べ、所有者によって解放される可能性が少なかった。奴隷たちの自由への願望はおさえがたく、奴隷の反乱は数例しかなかったとはいえ、逃亡を企てた奴隷は多く、それを助ける秘密組織（「地下鉄道」と呼ばれた）もあったので、南部の白人たちは逃亡を防ぐために自警団を組織し、北部に逃亡した奴隷を取り戻すことを望んだ。彼らの運動により、一八五〇年には逃亡者送還について北部諸州の協力を義務づける逃亡奴隷法が制定された。

南北戦争

奴隷制度が地域的に拡大し、南部が奴隷制度擁護論にかたまっていくとともに、北部ではその拡大に歯止めをかけるべきだという意見が増大した。アメリカの連邦政治はそれまで奴隷制度の問題を州の問題として連邦政治の争点からはずし、また一八二〇年以来、自由州と奴隷州との数の均衡を保つことで、連邦の統一を維持してきた。しかし四〇年代末までには奴隷制度の問題を連邦政治から排除しておくことは困難になった。奴隷制度廃止運動は北部でも少数者の運動であったが、奴隷制度のこれ以上の拡大に反対する立場は四〇年代末までに有力になった。既存の州の奴隷制度に連邦の管轄権がおよばないとしても、まだ州になっていない領土においてそれを禁止することは連邦の管轄権の範囲だと考えられたからである。それは合衆国における奴隷制度の正統性を否認する意味をもっていたから、南部側はそれには強く反発した。そして南部側は北部の発展が南部のそれより急速に進み始め、しだいに連邦政治での南北の均衡が失われつつあり、また北部が奴隷制度に敵対的になりつつあることを恐れ、奴隷州は合衆国から脱退し別の連邦を形成すべきだという意見が強まった。脱退論者は合衆国という連邦は州の合意によって形成されたものであるから、連邦維持が不都合になれば州はいつでも脱退する権利があると主張した。

一八五〇年に前年からの「ゴールド・ラッシュ」で人口が増加したカリフォルニアが自由州として連邦に加わることを申し出たとき、南北関係は緊張し、ようやく一連の妥協的合意により、連邦の分裂は回避された。五〇年代に、北部の民主党指導者たちは、まだ州になっていない合衆国領土における奴隷制度の問題をそれぞれの地域の住民の選択に任せることで、南北の対立を緩和しようとしたが、北部有権者の支持は少なく、奴隷制度の拡大への反対を第一の主張とする政党、共和党が結成されて急速に勢力を伸ばした。南部出身の最高裁判所首席判事ロージャー・トーニーは奴隷制度の正統性を

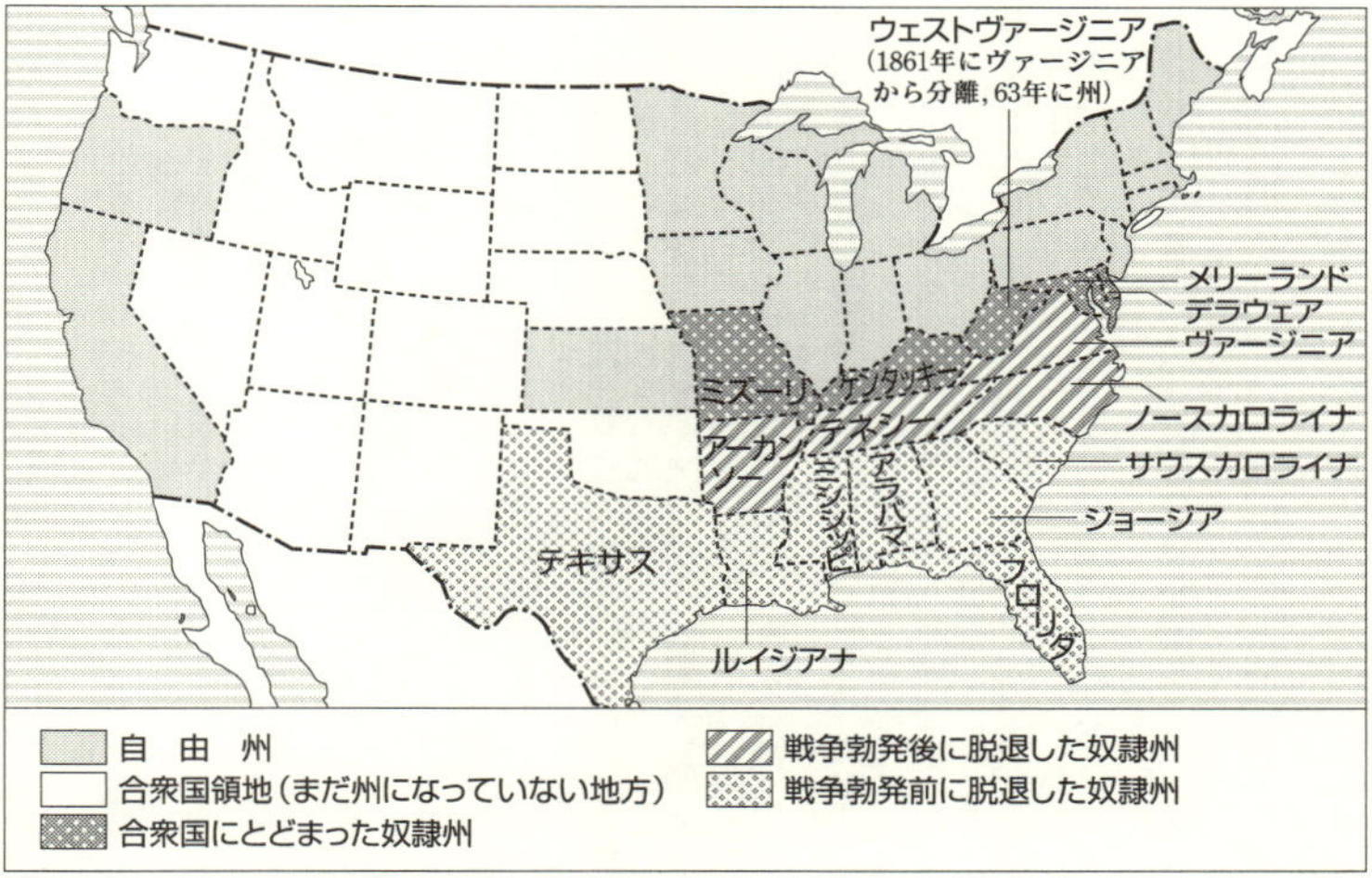

南北戦争勃発時の奴隷州と自由州

南北戦争中，北部軍の攻撃で廃墟と化したチャールストン

確立しようとして、五七年に連邦には奴隷財産の所有を禁止する権限はないという判決（ドレッド・スコット事件判決）をくだしたが、その衝撃的判決は全国政党としての民主党を分裂させ、共和党の大統領候補の当選を導いた。他方、五九年に、奴隷制度廃止運動の戦闘的な活動家ジョン・ブラウンが奴隷の蜂起をうながすためにヴァージニア州ハーパーズ・フェリーの陸軍兵器工場を襲った事件は南部の白人に衝撃を与えた。

一八六〇年の選挙で共和党の大統領候補エイブラハム・リンカーンが当選すると、それを機にまずサウスカロライナなど七州が脱退を決め、アメリカ連合国（南部連邦）を形成した。大統領に当選したリンカーンは奴隷制度の新しい地域への拡大を認めることで脱退州と妥協すべきだという意見を斥けた。彼は既存の奴隷州の奴隷制度を廃止することは当面不可能であるが、その拡大を阻止しなければ自由の国の面目が立たないと考えていたからである。一八六一年四月、サウスカロライナの軍は合衆国に忠誠を維持していた要塞への食糧補給を防ぐために、その要塞への攻撃を開始し、南北戦争（これは日本での呼び名であり、合衆国史では「内戦」と呼ぶ。日本での名称は南部側の名称「諸州間の戦争」に近い）が始まった。それまで脱退をみあわせていたヴァージニアなど四州も南部連邦に加わったが、北部と境を接し、奴隷の数も少ない四州とヴァージニア北西部分は合衆国にとどまった。

戦争は四年続き、多くの激戦があり、双方あわせて戦死者、戦病死者はおよそ六〇万人に達した。戦争が長引くにつれ、人口でも生産力でもまさる北部、すなわち合衆国側が優勢になった。戦争末期には北軍は南部の多くの地域を制圧した。リンカーンは軍の最高司令官としての大統領の戦時権限で一八六三年一月反乱州の奴隷の解放を宣言し、その後六五年の憲法改正により奴隷制度は全面的に廃止された。リンカーンは危機に際して大統領となり、南北戦争の勝利と奴隷制度の廃止とを導いたが、南北戦争終結の時期に暗殺され、戦後の再建を指導することはできなかった。暗殺の前、再選後の大統領就任式に臨んだリンカーンは、この戦争の意義を反省してつぎのように述べた。「もし神の意志が、奴隷の二五〇年にわたるむくいられざる苦役によって蓄積されたすべての富が絶滅されるまで、また鞭によって流された血の一滴一滴にたいして、剣によって流される血の償いがなされるまで、この戦争が続くことにあるとしても、……われわれは「主の裁きは真実であって、ことごとく正しい」といわなければならない」。

敗北した南部の白人も奴隷制度の廃止を受け入れた。しかし奴隷から解放されたアフリカ系の人々（黒人）を平等な市民として受け入れる用意はなかった。その点では北部の白人も概して進歩的というわけではなかったが、黒人の数は少なかったから、制度的に差別する必要を感じなかった。連邦政治を支配していた共和党は、急進派の指導のもとに、合衆国憲法の修正により、市民としての権利における人種差別を禁止し、さらに黒人の参政権を保証し、南部諸州に合衆国軍隊をおいて、それらの規定を守らせようとした。それは「再建」政策と呼ばれた。

しかし戦後、時がたつにつれ、北部の人々はそうした政策への関心を失い、一八七七年以降、連邦政府は南部の人種関係は南部人に任せるという方針をとった。南北戦争後、南部の黒人は自由をえたが、彼らの大多数は自立した生活の手段をもてなかったので、小作人あるいは労働者として農場に戻った。経済的に大多数の黒人が最下層にあることは変わりがなかった。しかし黒人は参政権を与えられ、一時は連邦政府の保護もあって、何人かの黒人（前から「自由黒人」だった人々が多い）は政治の要職についた。連邦議会の議員、州の副知事、州議会の議員、州最高裁判所の判事などである。七七年以後は、黒人がそのような要職に就くことはほとんどなくなったが、しばらくは比較的穏和な人種関係が存在した。しかし九〇年代から二十世紀初頭にかけて、連邦裁判所が平等の意味を狭く解釈する傾向に助けられて、各地で法律や条例に基づく厳しい差別体制がつくられるのである。

西部開発と先住民の運命

十九世紀半ばまでに開拓されたアメリカの東半分は一部にプレーリー（丈の高い植物の生えた草原）があり、すでにインディアンが焼畑として使ったところもあったが、大体は森林地帯で、開拓は森林を切り開きながらおこなわれた。未開拓地に最初にはいったアメリカ人は毛皮獣獲りや毛皮商人であるが、森林を農地に変えたのは開拓農民であり、彼らは開拓した土地を農民やプランターに売ってさらに西の土地にいく場合が多かった。

森林地帯の西のミシシッピ川流域にはプレーリー地帯があり、そこは開拓が容易で適度の雨量があったので、南北戦争前後に、農業地帯として急速に発展した。しかしその西、西経一〇〇度あたりからロッキー山脈までは、雨量が少なく短い草しかはえない大平原が広がっていた。南北戦争後のフロンティアはこの地域からロッキー山脈へと伸びていった。大平原はまず牛の放牧地となり、放牧業者とカウボーイとがはいりこんだ。テキサスのカウボーイが草原にそって牛の群れを北上させ、鉄道がきているカンザスのウィチタやダッジシティで牛を売却する「ロング・ドライブ」は一八七〇年代にさかんであった。八〇年代以後この地帯もしだいに農地化したが、この地域の農業はしばしば旱魃《かんばつ》になやまされた。

ロッキー山脈とそれに連なる高原地帯に、一八六〇年代、七〇年代に発達したのは金銀などの鉱山町であるが、それとともに、この地帯を横断して、大陸横断鉄道の建設が進み、鉄道建設関係者が集まる町がつくられた。十九世紀半ばのカリフォルニアの金の発見で太平洋岸地域はにわかに人口がふえたが、やがてこの地域には農業や林業が発達した。十九世紀の西部の開発は無計画に急速におこなわれたので、乱開発で資源が浪費され、自然が破壊され、いくつかの動植物が絶滅し、あるいは絶滅に瀕した。大平原をうめつくすほどいたといわれるバッファローも今ではかろうじて動物園に姿をとどめるだけである。自然保護、資源保存という考えがでてくるのは二十世紀初頭になってからである。

アメリカ史における西部の発展は、一面ではインディアン諸部族の生活領域が狭められ、彼らの生活が破壊されていく過程であった。植民地時代以来、白人アメリカ人は先住諸部族と争いを繰り返した。膨張する彼らの社会はつぎつぎと先住民からあらたな土地を求めたからである。もちろん両者はつねに戦っていたわけではない。双方とも交易には関心があったので、戦いの合間には不安定な平和があった。先住民諸部族はイギリス植民地の膨張に対抗するためにフランスと同盟し、アメリカ独立戦争ではイギリス側につき、その後もアメリカの膨張に対抗するためにイギリスに援助を求めた。しかしイギリスは一八一二年戦争でアメリカとふたたび戦ったあと、アメリカの西方への進出を妨げることを断念し、インディアンを助けることをやめた。この戦争後は、先住民諸部族は白人アメリカ人の西方への進出をもはや阻むことはできなかった。合衆国政府との条約により彼らのものと認められた地方に定住して農耕生活に従事していた南部の五部族も、あらたな農地を求める白人の圧力により、二〇年代、三〇年代にはミシシッピ川以西への移住を強制された。

北アメリカの先住民は多かれ少なかれ、白人のもたらしたものを生活に取り入れたが、白人の道具や家畜を活用して著しい文化変容をとげた部族もあった。前に述べたチェロキー族はその目立った例である。大平原の諸部族もスペイン人の馬を取り入れてあらたな狩猟文化を発展させた。しかしチェロキーは一八三〇年代に連邦政府のインディアン強制移住政策によって彼らの土地を追われ（「涙の旅路」）、平原インディアンも鉄道建設が迫ると、連邦から指定された保留地への後退をよぎなくされた。七〇年代以降のインディアン戦争はすでに力を失っていた諸部族が絶望的な反抗を試みたものである。

このころになると、白人アメリカ人のあいだにはより人道的なインディアン政策をとるべきだという主張がでてきた。しかしその結果とられた政策はインディアンの生活の白人化を推進するもので、彼らの保留地の土地の部族所有をやめさせ、それを個人所有に分割し、自営農民化した人々にはやがて市民権を与えるという政策であった。しかし部族の共有という長い伝統をすぐに放棄させようとする政策は成果をあげなかった。

ストー夫人と『アンクル・トムの小屋』

Harriet Elizabeth Beecher Stowe（*1811～96*）

『アンクル・トムの小屋』の著者ハリエット・エリザベス・ビーチャー・ストーをホワイトハウスにむかえたリンカーンは「このかたがこの大きな戦争を引き起こした小さなご婦人です」と彼女を紹介したといわれる。一八五〇年代に北部で奴隷制度反対の世論が高まるのは時代の流れだったが、彼女の奴隷制度批判の小説がその流れをおおいに促進したことは確かであった。

ハリエットはコネティカット州に生まれ、オハイオ州シンシナティのレイン神学校の校長になった父とともにシンシナティに住み、その神学校の教師ストーと結婚してストー姓を名乗った。彼女は文才にめぐまれていたが、小説を書き始めたのは、メイン州の学校に教職をえた夫とともに、五〇年にニューイングランドに戻ってからである。その年に北部に逃れた奴隷を逮捕し南部に送還することを定めた逃亡奴隷法が制定されたことが、直接のきっかけになって、ストーは奴隷制度を批判する小説を雑誌に連載し始め、それを一冊にまとめた『アンクル・トムの小屋』を五二年に刊行した。

ストーは奴隷制度や奴隷の生活を直接観察したことはほとんどなかった。しかしシンシナティ在住当時、彼女の家にはもとは奴隷だった召使いの女性がおり、オハイオ川を隔てた対岸のケンタッキー州を訪れたこともあり、奴隷制度は身近な存在だった。

この小説のヒーロー、トムは「アンクル・トム」と主人の子供にも慕われる人柄で敬虔な信仰をもつ奴隷であるが、負債に苦しむ最初の主人によって仲買人に売られ、一時は良心ある紳士的主人の屋敷で暮らす。しかし彼の死後ふたたび売られ、残酷な新しい主人によって虐待され、逃亡を勧めた女奴隷たちの行き先を語ることを拒んで主人に殺される。奴隷の境遇にあってキリスト教信仰に忠実に生きようとし、死に臨んでも凶悪な主人のために祈る——そのような奴隷トムの物語は多くの読者の心に訴えた。この小説は刊行の年に三〇万部を売り、その後も売れつづけ、イギリスなど外国でも広く読まれた。

『アンクル・トムの小屋』の宣伝ポスター

ストーは奴隷制度を非人間的、反キリスト教的な悪として描いたが、南部の白人に道徳的非難の矛先を向けたわけではない。彼女が描いた凶悪な暴君は北部出身者とされていた。ピューリタニズムを受け継ぐ敬虔な信仰の持ち主だった彼女は北部のアメリカ人を含めた人間の罪深さを感じていたのだといえよう。なおこの小説には、トムの最初の主人による売却を恐れて自分の娘とともに逃亡し、途中で出会った夫とともにカナダに逃れて自由の身となり、やがてリベリアに旅立つイライザの物語がある。ストーは黒人が自由をえてアフリカに国をつくることに関心をもっていた。

二十世紀に黒人たちが自らの権利のために戦うようになると、アンクル・トムは白人がつくりだした白人好みの黒人像とみなされ、一時は白人に協力的な黒人指導者の蔑称として用いられた。

リンカーン
聖人化された大統領
Abraham Lincoln
(1809〜65)

　ケンタッキーに生まれ、開拓農民だった父とともにインディアナにいき、さらに西のイリノイに移り住んで、弁護士・政治家として立身し、大統領になったリンカーンの生涯は、十九世紀のアメリカ西部の発展と重ね合わさっていた。そして彼は大統領として十九世紀アメリカの最大の問題、奴隷制度をめぐる南北の対立に対処する役割をおうことになった。

　リンカーンは貧しい開拓農民の子として育った。彼は母親および継母から読み書きをならったが、正規の教育は受けていない。イリノイのニューセイラムで郵便局長として働くかたわら独学で法律を学び、弁護士の資格をとり、弁護士・政治家の道を歩み始めたのである。彼はまさに典型的な西部のセルフメイドマンであった。それゆえ「リンカーンは自分で建てた丸太小屋で生まれた」というジョークがあったほどである。

　彼は天性の演説家、文章家であった。彼の演説は扇動型の演説ではなく、説得的で文章として整い、簡潔ななかに事柄の核心をつく名文句が組み込まれていた。ゲティズバーグの激戦に倒れた兵士たちをとむらう演説のなかで、彼はアメリカの政治の理念を「人民の、人民による、人民のための政治」という長く記憶される簡潔なことばで表現した。彼は熱心に教会にかようクリスチャンではなかったが、少年のころから親しんだ聖書は彼の教養と倫理観念の基本であった。それゆえ彼は大きな責任をおうようになると信仰を深め、著名なゲッティスバーグ演説を経て第二次就任演説の境地に達することができたのである。

　リンカーンが再選後の大統領就任演説をおこな

ってまもなく、南北戦争は終幕をむかえた。そして彼は夫人とともにワシントンで観劇中、南部派の俳優に狙撃され、まもなく絶命した。リンカーンは暗殺という悲劇的な死によって、奴隷制度の廃止と合衆国の再統一のために一身を捧げた指導者として、アメリカ国民史における代表的聖人にまつりあげられることになった。共和党は南北戦争後、政権を維持するために、リンカーンの業を受け継ぐ党であることを有権者に訴えた。

リンカーンはアメリカの偉人として英雄化され、彼の生涯は伝説化されたが、他方では、彼を非英雄化する試みも多くおこなわれている。リンカーンは、公民権運動が高まった時代には、奴隷解放についても人種平等についても、消極的に対応した指導者であって、同時代のアメリカ白人の偏見と差別意識をこえていなかったのだという批判を受けることになった。他方では反対に、彼は南部と妥協せず、戦争の道を選んだために、長い激しい戦争を引き起こし、多数の人命を犠牲にしたことを批判する見方もある。

リンカーンは合衆国の統一の維持を自らの使命と感じるとともに、自由の国を標榜する合衆国の指導者として奴隷制度の正統性を認めるような無原則な妥協はできないという信念をもっており、これは共和党の立場でもあった。南北戦争の長期化は彼に奴隷解放宣言の機会を与え、奴隷制度廃止に向けた動きを可能にしたが、戦争が双方に多くの犠牲者をだしたことに彼は苦悩した。戦争の勝利が確かになっていた一八六五年の第二次就任演説が異色の就任演説になったのは、そのためである。この演説にはゴッドが五回、神をあらわすほかのことばが二回用いられており、これほど神への言及が多い就任演説はほかに類例がない。彼は長い激しい内戦の意味について、神の意志はなんであるのかに思いめぐらしつつ、内省的に語ったのである。

第4章　移民の流入増大と多様化

移民の国としてのアメリカ

独立当時アメリカはすでにさまざまな民族が住む国で、とくにペンシルヴェニアでは住民の三分の一がドイツ系であるといわれた。しかし全体では、まだ広義のイギリス系（イングランド系、スコットランド系、およびスコットランド系北アイルランド人であり、アングロサクソン系と総称されることが多い）が白人人口の八〇％を占めていた。独立国となったアメリカは移民を広く海外から受け入れる政策をとり、移民には通常一定の居住期間をへればアメリカ市民としての資格を認める方針をとった。アメリカは能力があり、仕事ができる移民にたいしては、それにみあう機会と報酬とを与えた。アメリカで頭角をあらわして、活躍した人々は多い。大実業家となった「鉄鋼王」アンドルー・カーネギー（スコットランド移民）、「新聞王」として知られるジョゼフ・ピューリッツァー（ハンガリー移民）、「労働運動の父」と呼ばれるサミュエル・ゴンパーズ（ユダヤ系イングランド移民）はとくに著名である。資本主義発展期のアメリカでは「鉄鋼王」も「労働運動の父」も「新聞王」も移民であった。アメリカは移民に活躍の場を与え、彼らの労働力と才能とを利用して、発展の活力としたのである。カーネギーは一八八六年に『アメリカ民主主義の勝利』を著し、貧しい移民少年に実業家として成功する機会を与えてくれたアメリカの民主主義を讃えつつ、それをアメリカに献じた。

十九世紀の初めから一九二〇年代末までにアメリカに入国した移民は三八〇〇万人、その過半数がアメリカにとどまった。二〇年代の移民制限によって、移民受入数は三〇年代には大幅に減少したが、第二次世界大戦後、五〇年代からふたたび増大した。三〇年代から二十世紀末までの移民は、近年の増加により、二八〇〇万人を数える。これほど多数の移民がきた国はほかにない。移民の出身国はかつてはほとんどヨーロッパ諸国であったが、今日では世界全域におよんでいる。その結果、アメリカはじつに多様な民族的背景をもつ人たちの国となった。

ヨーロッパからの移民の流入

十九世紀を通じてイギリスからの移民はかなり多いが、同世紀半ばには、ドイツとアイルランドからの移民が増加して移民の大部分を占めた。ドイツからの移民は資金や技能をもつ者が多く、農民あるいは職人として生活を始めることができた。ドイツはヨーロッパでも文化や教育面の先進地域であったから、ドイツ人移民は軽蔑されず、彼らは英語をならうとともに、ドイツ語を維持した。

一方、飢饉の苦しみから逃れようとしたアイルランド系移民はきわめて貧しい人々で、到着した港町で働かなければならなかった。彼らが貧しかったこと、アイルランド人がイギリスで被征服民として低くみられていたこと、カトリックだったことなどのために、アメリカでも低くみられ差別された。アイルランド系の人々は軽蔑や差別にたえつつ、やがて自分たちが多数住む大都市、ボストンやニューヨークの市政を握り、それをてこに経済的・社会的地位を改善していった。ジョン・F・ケネディ大統領を生んだケネディ家四代の系譜は彼らのアメリカ社会における上昇の典型的な例といえる。彼の曾祖父は貧しい樽作り職人で移民船で知り合った女性と結婚しボストンに住み着いたが、若くして死んだ。残された彼の妻は子供たちをかかえて彼らの養育に奮闘した。彼女の息子（大統領の祖父）は酒屋として経済的基盤をつくり、アイルランド系市民を地盤としてボストン市の政界の有力者になった。彼は息子ジョゼフ（大統領の父）が上流社会との関係をつくり、活動の場を広げられるように、ニューイングランドの上流家庭の子弟が学ぶハーヴァード大学に入学させた。ジョゼフは先物取引などで才覚を発揮して巨利をえて、ローズヴェルト大統領の後援者として連邦政界にも影響力をもち、

カーネギー

ゴンパーズ

ケネディ家系図（K はケネディの略）

パトリック・ケネディ ＝ ブリジッド・マーフィ
（樽職人）

　パトリック・ジョゼフ・K ＝ メアリ・オーガスタ・ヒッキー
（酒店経営・地方政治家）

　　ジョゼフ・パトリック・K ＝ ローズ・エリザベス・フィッツジェラルド
　　（実業家，駐英大使）

- ジョゼフ・パトリック・K・Jr（第二次世界大戦に従軍中，事故死）
- ジョン・フィッツジェラルド・K（大統領，在任中の 1963 年暗殺）
  （夫人ジャクリーヌ・ブーヴィエとのあいだに生まれた JFK, Jr. は才気があり政界入りも期待されたが自家用機の事故で死去）
- ローズマリー・K
- キャサリン・K
- ユーニス・メアリ・K
  （サージェント・シュライバーと結婚，その娘マリアはオーストリア生まれの俳優アーノルド・シュワルツェネッガーと結婚，彼のカリフォルニア州知事当選を助けた）
- パトリシア・K
- ロバート・フランシス・K（司法長官，上院議員，1968 年選挙運動中暗殺）
- ジーン・アン・K
- エドワード・ムーア・K（上院議員，民主党の長老として活躍，2009 年逝去）

証券取引委員会の委員長に就任し、のちには駐英大使を務めた。彼は息子のなかから大統領がでることを望み、長男ジョゼフ・Pの死後は次男のジョン・Fにその望みを託したのである（ケネディ家系図参照）。

一八八〇年代まで、アメリカへの主要な移民はドイツ、イギリス、アイルランド、スカンディナヴィアなど西欧・北欧からの移民で、アイルランド人を除けば、チュートン民族系統であり、大部分がプロテスタントだった。九〇年代になると、移民の数が増加しただけでなく、イタリアと東欧からの移民がにわかにふえた。彼らは民族的にはラテン系、スラヴ系、ユダヤ系であり、宗教的にはカトリック、ユダヤ教徒が主で、東方正教徒もいた。

イタリア人移民は字を読めない貧しい者が多かったため、同じ時期にきた西欧・北欧の移民たちより一段低くみられ、賃金でも差別された。イタリア人のほかポーランド人移民も大勢きたので、二十世紀にはアメリカのカトリックの人口が大幅に増加することになる。

イタリア人移民のなかには出稼ぎ移民がかなりいたが、東欧からきたユダヤ人は迫害を逃れてきた人々であったから、ほとんどがアメリカに永住した。ユダヤ系の人々はそれ以前から、スペインやドイツから移民していたが、ユダヤ系人口が増大したのは、十九世紀末に東欧からの移民がきてからである。ユダヤ人にたいする偏見や差別はアメリカにもあったが、彼らの職業追求の妨げにはならなかった。彼らは家族的結束が強く、教育熱心であったから、しだいに収入の多い職業に進出した。

アメリカニゼーションと文化の多様化

アメリカはイギリスの植民地として発展し、イギリス系の人々の独立運動によって建てられた国であるから、イギリス系の人々が長くアメリカ人の本流〈白人〈W〉のなかでもアングロサクソン系〈A

移民の流入

（単位：1,000 人）

期間	人数
1820～2010	76,575
1820～　30	152
31～　40	599
41～　50	1,713
51～　60	2,598
61～　70	2,315
71～　80	2,812
81～　90	5,247
91～1900	3,688
1901～　10	8,795
11～　20	5,736
21～　30	4,107
31～　40	528
41～　50	1,035
51～　60	2,515
61～　70	3,322
71～　80	4,493
81～　90	7,338
91～2000	9,081
2001～　10	10,501

〔参照資料〕*New York Times Almanac 2011*, p. 308 ; U. S. Dept. of Homeland Security, *2010 Yearbook of Immigration Statistics*, 2011, p. 12.

20世紀初頭の主要移民集団（1899〜1924年）

民族集団	移民数	帰国率推定	定着移民数推定	定着移民総数に占める割合
イタリア人	3,820,986	45.6%	2,078,616	16.9%
ユダヤ人	1,837,855	4.3	1,758,827	14.3
ドイツ人	1,316,614	13.7	1,136,238	9.2
ポーランド人	1,483,374	33.0	993,860	7.6
スカンディナヴィア人	956,308	15.4	809,036	6.6
イギリス人	983,982	20.2	785,217	6.4
アイルランド人	808,762	8.9	736,782	6.0
イギリス系カナダ人	567,941	17.8	466,847	3.8
スロヴァキア人	536,911	36.5	340,938	2.8
メキシコ人	447,065	24.1	339,322	2.8

〔参照資料〕Thomas J. Archdeacon, *Becoming American*（The Free Press, New York, 1983）, pp.118–119の表による。

S〉で、しかもプロテスタント〈P〉であるという人々がアメリカ人の本流として良い地位を占めてきたので、彼らはWASPと呼ばれる）をもって任じ、あとからきた移民にたいして、彼らのアングロアメリカ文化を受け入れてアメリカ人としての意識をもつようになることを求めた。移民やその子供たちも、アメリカで社会的に上昇する機会をえようとして、英語を身につけ、イギリス系アメリカ人の主要な価値観や生活様式を受け入れることにつとめた。このようにして、アメリカ人の国民意識が形成された。

アメリカが戦争する場合、アメリカではしばしば、外国生まれの移民の忠誠心に不安がもたれ、敵国となった国からの移民とその子孫の忠誠心が疑われた。第一次世界大戦の際には、ドイツ系市民はさまざまな迫害を受け、愛国心の証明を強要された。それまでドイツ語を保持していたドイツ系の市民たちは、このときの苦い経験から、日常語を英語にかぎるなど自分たちをあらためてアメリカ化することにつとめた。第二次世界大戦の際、太平洋岸地方の日系人たちが強制収容されたことも彼らの忠誠心にたいする不信感によるものである。そうした猜疑心の対象になり困難に直面する反面、戦争はまた、アメリカ社会では本流のアメリカ人でないとみられてきた民族集団の人々にとって、進んで戦場に赴くなど、積極的に戦争に協力することで、市民としての立場を確立する機会となった。日系市民の青年が軍務につき、ヨーロッパの戦場で奮戦したことで、日系市民は善良な市民、忠誠なアメリカ人として社会に受け入れられるようになった。

多様な文化的背景をもつ移民を受け入れてきたアメリカでは、彼らに英語を学ばせ、アメリカという国の優れた伝統を教え、アメリカに忠誠心をもつ市民にしていくことを重視し、それを「アメリカニゼーション」と呼んだ。公立学校は移民青少年に英語を学ばせ市民教育を授けてアメリカ人意識をもたせる機関としての役割をはたしたが、移民を対象に成人教育も発達した。プロテスタントの運動として展開された節酒・禁酒運動も、移民たちに勤労倫理を教える狙いがあった。

アメリカは多民族国家といっても、アングロアメリカ文化が基本をなしている国であった。それは移民の受入れの過程で、国民の構成が多民族化したので、その間、アングロアメリカ文化という中心文化に、さまざまな移民民族集団が同化を求められ、同化したからである。しかし移民集団がアングロアメリカ文化に全面的に同化したわけではない。彼らはアングロアメリカ文化に適応しそれを摂取する一方で、彼らが持ち込んだ文化の一部を保持し、それをアメリカ文化の一部にしたこともまた事実である。さまざまな移民集団の持ち込んだ食文化がアメリカの食文化を豊かにしたのは、その例である。移民集団により多様化されたアメリカ文化のもっとも重要な面は宗教であった。多くの教派に分れていたとはいえ、プロテスタントが支配的だったアメリカの宗教は、カトリック、ユダヤ教徒その他の人々の来住により多様化した。移民たちにとって、同郷人の聖職者がいる教会は礼拝の場であるとともに社交の場、助け合いの場でもあった。それゆえ、彼らは移住前の信仰を維持し、彼らの教会を熱心に支持した。宗教的背景を異にする移民たちの増大は、プロテスタントのあいだに彼ら自身の信仰を活性化させようとする運動を呼び起こした。

プロテスタント中心のアメリカを維持したいという願望から、プロテスタントのあいだでは、その他の信仰をもつ移民たちを望ましくない人々として迫害したり排斥したりする運動も生じた。しかし露骨な排斥運動によっては、すでに多宗教社会となったアメリカにおいて、国民的統合をはかることはできないことは明らかであったから、彼らの主張がそのまま大多数のプロテスタント系アメリカ人に採用されることはなかった。ただし十九世紀末から二十世紀初頭にかけて展開された移民制限運動には、プロテスタントではない移民の流入をおさえたいというプロテスタント系アメリカ人の願望が含まれていたことは確かである。

ヨーロッパ移民の制限とアジア移民の禁止

十九世紀末には、未開拓の広大な西部の土地がなくなり、他方で移民が急増し、旧来の移民とは民族・宗教を異にする移民がふえたために、アメリカ人のあいだにはいつまでも移民を無限に受け入れられないという意見が出始めた。

二十世紀初めまで、アメリカには移民の制限はほとんどなかった。あとに述べるように、中国人移民は禁止されていたが、そのほかの制限としては、一八八二年に心身障害者の、九一年に伝染病感染者の入国が禁止されただけであった。実質的な制限を求める人々は識字テスト（英語または移民の用いる母言語）により字を読めない移民を禁止することを要求した。一九一七年には議会は大統領の反対を押しきって識字テストの導入を決めた。

第一次世界大戦後ふたたびヨーロッパからの移民が急増することを恐れた議会は、一九二一年に暫定的な移民制限法を、二四年には長期的な移民制限法を成立させた。二四年の移民法は割当移民法と呼ばれ、移民受入数を年間一五万人程度とし、当初は一八九〇年の在米外国人数を基礎にして受入人数をヨーロッパ各国に配分し、数年後には一九二〇年のアメリカ人の民族構成に比例して、移民数を各国に割りあてるものであった。この法律の基本理念は、今後も一定数の移民を受け入れるが、それによってアメリカ人の民族構成が変わることは避けるという考えであった。つまりそれはアングロサクソン民族および民族的にそれに近い移民、地域的には西欧からの移民、宗教的にはプロテスタントである移民を主として受け入れることであった。そのような移民受入政策は、アメリカが元来そのような人々によってつくられた国なのであるから、妥当なものであるとして正当化された。しかしそのような基本方針の背後には、プロテスタント系アメリカ人の宗教的偏見があったし、またアングロサクソン民族ないしはそれに近い西欧の諸民族が優秀な民族であるという観念があったのである。

移民の妻として入国する日本人女性たち　1919年に日本政府により規制されたが，写真交換だけで入籍し渡航する「写真妻」も多かった。

しかしアジアからの移民は東欧南欧からの移民よりさらに異質なグループとみなされたので、彼らについては、制限ではなく禁止を求める運動が発展した。十九世紀後半にアメリカは、大陸横断鉄道建設のため中国からの労働移民をいれたが、低賃金で働く中国人は、白人労働者からは彼らの賃金を引き下げる者として迫害を受けるようになった。議会は一八八二年に中国人移民の受入れを一〇年間禁止した。以後中国人移民の禁止期間は更新され、一九〇六年には恒久的に禁止された。

二十世紀になって日本からの移民が増加し、カリフォルニア州などで日本人移民排斥運動が高まった。それらの州では「アメリカ市民になれない外国人」の土地所有を、さらには農業のための借地をも禁止した。当時の帰化法では帰化できる外国人は白人とアフリカ人と規定しており、最高裁判所もアジア人は白人ではなく、したがって帰化できないという主張を支持した。日本は移民を自主規制することで排斥運動の沈静化をねらったが、一九二四年の移民法で「アメリカ市民になれない外国人」の移民は全面的に禁止された。

合衆国憲法修正第一四条は、アメリカに生まれ、あるいはアメリカに帰化した者はアメリカおよび居住する州の市民であることを規定している。これは直接的には、アフリカ系の人々に市民としての平等な権利を保障するために設けられた条項であるが、移民にも関連するものであった。移民は帰化すれば市民としての資格とそれにともなう権利とを与えられた。アジア系移民は帰化を認められなかったが、アメリカで生まれた彼らの子供はこの規定により、生まれたときから市民としての資格をもつことができた。

先住インディアン諸部族は当初「国内従属国」とみなされ、一八六八年までアメリカ政府は条約によって諸部族との関係を規定した。八七年のドーズ法では自営農民化したインディアン保留地住民は合衆国市民の資格を与えられたが、全インディアンにその資格が与えられたのは一九二四年である。

アフリカ系市民の差別

白人から黒人（「カラード」あるいは「ニグロ」）と呼ばれていたアフリカ系の人々は、今日では正式には「アフリカ系アメリカ人」と呼ばれる。一九六〇年代にはアフリカ系の人々は「ブラック」「ブラック・アメリカン」と自ら呼ぶようになったが、八〇年代には「アフリカ系アメリカ人」というようになった。しかし「白人」に対応する名称として「黒人（ブラック）」も一般的に用いられている。

憲法修正第一四条の規定にもかかわらず、十九世紀末から二十世紀初頭にかけて、南部諸州ではアフリカ系市民を差別するあらたな体制が発達したことは前章で言及した。南部の白人たちは州法や自治体の条例により、あらゆる公共的な場所、すなわち学校、鉄道、ホテル、劇場などを白人用施設と黒人用施設とに分け、白人専用の施設から黒人を締め出した。さらにさまざまな方法、たとえば、投票税、識字テストなどの採用により、黒人市民の政治参加の権利を事実上剝奪しようとした。このように人種差別体制が強化されたのは、より貧しく、より不寛容な白人が政治的発言力を強めたこと、そして従来黒人に比較的寛大だった上層の白人も白人のあいだの階級的協調をはかるために、貧困白人の不満を黒人に向けようとしたことの結果であった。

この時期のもっとも著名な黒人指導者は、黒人の経済的上昇の手段として教育に力をいれたブッカー・T・ワシントンである。幼少時代をヴァージニア州の農場の奴隷として過ごした彼は、戦後ヴァージニア州ハンプトンにつくられた黒人のための師範学校（現在は大学）に学び、一八八三年にアラバマ州タスキーギに黒人のための学校（現在は大学）の設立が計画されたとき、その校長となった。ワシントンは黒人青年子女に生活の支えになる技能をもたせること、勤勉節約そして貯蓄の精神を吹き込むことを教育方針として、タスキーギを師範・実業学校として発展させた。

一八九五年に南北戦争後の南部の経済復興と発展を誇示するための綿生産州博覧会がアトランタで開催されたとき、ワシントンは黒人市民の代表として開会式典で演説する機会を与えられた。その演説のなかで彼は法律上のすべての権利をもつことは大切であるが、それより大切なことは、これらの権利を行使できる態勢を整えること、つまり「労働を尊び、頭脳と技術を職業にいかすことを学ぶこと」であると説いた。彼は白人市民にたいしては、黒人たちがよい働き手になることを助けてくれれば、彼らは白人市民のよき協力者となり、両人種の協力により南部の経済発展はさらに進展すると訴えた。ワシントンのこの演説は、おだやかな人種関係の発展を望む南部の白人上流階級や北部の慈善事業家たちから歓迎され、彼の教育活動はアメリカの著名な慈善団体や大実業家から援助を受けて発展した。しかし南部の比較的貧しい白人たちはワシントンのひかえめな要望を受け入れる用意はなく、彼らの圧力のもとで、十九世紀末には職業における人種差別も強化されていった。

それゆえ当時の黒人知識人ウィリアム・デュボイスはワシントンの方針に反対し、完全な権利を主張して戦うべきだと主張した。しかし少数の黒人知識人と大多数の黒人とのあいだには大きな隔たりがあり、黒人の権利のための大きな運動を組織することはできなかった。彼はアメリカ人という意識と黒人という意識とが自分の心のなかで格闘していると述べたことがあった。アメリカ人として差別なく受け入れられたいという心持ちがある一方、その願望が拒否されたと感じたときには、自分は黒人だという意識が強くでてくるのであった。彼は人種差別撤廃のために白人活動家が中心になって組織された市民権擁護団体「全国黒人向上協会」の機関誌部長として活躍したが、アメリカをこえた黒人の世界連帯にも関心をもち、やがてアメリカ国内の黒人の民族的自治を支持して協会から離れた。

一九二〇年代に、アメリカを拒否し、アフリカに帰ろうと呼びかけて注目されたのは、ジャマイカからの黒人移民マーカス・ガーヴェイであった。独特の着想力をもっていた彼は自ら未来のアフリカ共和国の臨時大統領を名乗り、その国旗や国歌を制定し、文武百官を任命し、アフリカ軍団や黒十字看護婦団を組織して、休日にはニューヨークではなやかなパレードをおこない、幻のアフリカ共和国をきらびやかに演出してみせた。アフリカに帰ることが実際には不可能であり、アフリカ共和国は夢にしかすぎなかったとしても、第一次大戦中に北部の都市に移住し、そこもまた約束の地ではないことを痛感した黒人たちの心に、ガーヴェイのこのような運動は訴えるものがあった。彼は海運事業に失敗し、税法違反で逮捕され、刑務所から出所後はロンドンに去った。デュボイスは当時、彼を「虹を売る男」と批判したが、デュボイス自身は第二次大戦後共産党員として迫害され、ガーナに移住してそこで死んだ。結局彼はアフリカに帰ろうというガーヴェイの呼びかけに応えたのである。

エリス島移民博物館

ニューヨーク市のマンハッタンの南端とニュージャージー州のジャージーシティー側とから、ハドソン川の河口にあるエリス島とリバティー島に向かう観光船がでている。リバティー島はフランス人からおくられた有名な「自由の（女神）像」がある島であるが、エリス島も国立公園局のもとで、自由の像史跡公園の一部として管理されている。エリス島は一八九二年から一九二〇年代まで移民の入国審査場があったところで、二四年の割当移民法により、ヨーロッパからの移民が大幅に制限されるまで、約一六〇〇万人の移民がこの島に設けられた審査場をとおって入国した。現在のアメリカ人で、この審査場をとおってアメリカにはいった移民を祖先にもつ人は一億人以上、国民の四〇％を占めると推定されている。自由の像には旧世界の不幸な人々を迎え入れるというメッセージがこめられているから、そのすぐ近くの島に移民の入国審査場があったことは適当な組合せだったといえる。

六〇年代に、多くのアメリカ人の祖先がかつてとおった場所として、国民的に記念すべき史跡であることが認識され、連邦予算とともに民間の寄付が集められて、建物の修復と博物館化が進められ、九〇年からは博物館として一般に公開されている。この博物館の水際の外壁には、ここをとおって入国した人々の名前がきざまれている。

本文で述べたように、一八八二年以降、いくつかの法律により、心身障害者や伝染病患者、犯罪者などの入国が禁止されたので、移民の入国に際して、その検査をおこなう場所が必要になった。ニューヨークは最大の移民受入港だったので、ある程度の広さをもった施設が必要になり、それまで、軍がニューヨーク防衛のための砲台をおいたり弾薬の貯蔵庫として使っていたエリス島に、入国審査場が設置されることになった。審査がおこなわれるのであるから、審査の結果、入国不可となり送還される場合もあり、その数は審査を受けた者の二%以下ではあったが、約二五万人が送還されたという。

一等船客の入国審査は船内でおこなわれたが、そのほかの乗客はフェリーで荷物とともにエリス島に送られ、ここで入国審査を受けた。審査官は階段を見張ることで、歩行困難な者を見分けようとし、医師が一人一人の健康状態を調べ、病気がある者、精神状態に異常があると疑われた者は施設内の病院にいれられ、送還される者もあった。船中で発病し、この施設の病院で死んだ不幸な移民も三五〇〇人に達したという。健康の検査と旅券の検査によって、問題ないとされれば、入国を認められ、フェリーでニューヨークかニュージャージーに送られ、移民としてアメリカの土を踏むことができた。

エリス島の入国審査場で階段を昇る移民たち
(1908年，社会派カメラマン，ルイス・ハインの作品)

働き手として家族を支える男性がいることが入国の条件だったので、女性だけ、母親と子供だけの移民は、父親、夫、あるいは婚約者がむかえにくるまで、入国を許されなかった。また母親が妊娠していて、審査場の病院で産まれた子供も数百人いたという。エリス島にあった病院や宿泊施設は、復元の対象外の場所として荒廃していたが、それらについても近年復元が決まったので、いずれは公開されるであろう。入国審査場のような施設が国民的史跡として復元され、移民博物館になっているところに移民の国アメリカの特徴があらわれている。

ユダヤ系アメリカ人

固有の宗教をもつ民族

ユダヤ系アメリカ人はエスニック・グループとしてユニークな存在である。彼らのアイデンティティはユダヤ教という固有の宗教と結びついている。ユダヤ人とは民族的ユダヤ人を意味し、またユダヤ教徒を意味する。ユダヤ教から離れたとしても民族的にはユダヤ系であるが（たとえば著名なジャーナリストだったウォルター・リップマン）、元来はユダヤ人でなくてもユダヤ教に改宗すれば宗教的にはユダヤ人である。ユダヤ人はキリスト教世界で長いあいだ差別されてきた。アメリカにも彼らにたいするさまざまな差別や偏見はあったが、彼らは市民権を与えられ、経済的に成功する機会にめぐまれた。

ユダヤ人はすでに植民地時代初期からアメリカにいた。植民地時代にきたのは、スペインで迫害されたユダヤ人で、彼らはまずオランダやイギリスに逃れ、それからアメリカにきた。十九世紀にドイツからの移民がふえると、ドイツのユダヤ人も移民するようになった。ユダヤ系移民はアメリカ各地で商人として活動し、貧しい者は行商人や小商店主となり、成功すると仲買業、大型小売業、さらには投資銀行業などで財をなした。一八九〇年にはユダヤ系アメリカ人は人数では目立たない存在だったが、経済的に成功して財をなしたユダヤ人は少なくなかった。九〇年の統計では、ユダヤ系アメリカ人の一五％は銀行家、仲買人、卸売業者であったという。

しかしそのころには東欧からのユダヤ系移民が急増しつつあり、アメリカのユダヤ人社会は、前からアメリカに住んでいたユダヤ系市民とは経済的にも文化的にも著しく異なるユダヤ人移民を多数かかえることになった。

アメリカ市民となるアインシュタイン博士夫妻

前からアメリカにいるユダヤ人はアメリカ化した改革派ユダヤ教徒であり、経済的には中産階級化していたが、貧しい東欧からのユダヤ系移民はニューヨークなど北東部の都市に集中して住み、劣悪な居住環境のなかで生活した。彼らはイディッシュ語（ドイツ語にヘブライ語や東欧の諸言語がまじった言語）を話し、宗教的には古風な正統派ユダヤ教徒であった。富裕なユダヤ系市民は異質な同胞の大量到来に当惑したが、新来者たちへの援助を惜しまなかった。彼らが恐れたのは、東欧からのユダヤ人移民の大量到来によりキリスト教徒のアメリカ人のあいだに反ユダヤ主義的感情が高まることであった。一八八〇年ころから一九二〇年代にかけて、ユダヤ人排斥の動きが目立った。それゆえ、すでにアメリカ化していたユダヤ系市民は新しい同胞のすみやかなアメリカ化を助けようとした。新しい移民たちも帰るべきところをもたなかったから、この国に受容されるよう懸命に働き、小売業、衣料品産業、さらには映画産業に進出し始めた。東欧からの移民を制限した二四年の割当移民法以後、ユダヤ系移民は激減したが、三〇年代にはドイツからナチスによる迫害を避けてアメリカに亡命するユダヤ人がふえた。そのなかにはアルバート・アインシュタインをはじめ多数の優れた自然科学や人文社会科学の学者たちが含まれており、彼らの来住はアメリカにおける学術の発展に著しく貢献した。

ユダヤ系アメリカ人の地位は第二次世界大戦後さらに上昇した。それまで存在していた彼らにたいする社交上の差別や職業上の差別はなくなった。ナチス・ドイツから亡命したユダヤ人少年だったヘンリー・キッシンジャーが国務長官・大統領補佐官としてアメリカ外交の立役者になったのも、彼らの成功の一例である。彼らは人口に占める比率は三%程度であろうが、学歴が高く収入も多い人々が多く、法律家、医者、学者、芸術家、メディア関係者の世界では大きな勢力を有し、人口比率より大きい社会的発言力をもつ。

ユダヤ系アメリカ人はアメリカ社会に完全な市民として受け入れられることを求めつつ、他方では白人社会一般のなかに吸収されてユダヤ系としてのアイデンティティを失うことを恐れ、ユダヤ教信仰とユダヤ文化とを保持しようと努力してきた。「民族のるつぼ」論に反対して文化的多元主義を唱えたのはユダヤ系知識人ホレス・カレンであった。しかし近年はユダヤ系アメリカ人で非ユダヤ教徒と結婚する人々の比率がしだいに増大しており、ユダヤ教から離れる人がふえている。

第5章　産業社会の形成

先進工業国への発展

十九世紀末までにはアメリカはイギリスをぬいて世界第一の工業国になった。十九世紀、とくに南北戦争後、工業が急速に発展したのは、内陸交通の発達と人口増加とにより、国内に巨大な市場が形成されたためである。鉄道の発達はそれ自体工業製品の需要をふやしたが、鉄道は輸送網を発達させることで、全国をひとつの大市場にすることに貢献した。十九世紀から二十世紀初頭までの工業化の促進に、鉄道がはたした役割は非常に大きい。アメリカの人口の急速な増加は、十九世紀末近くまで続いたアメリカ人の早婚多産傾向による自然増加に加え、移民の流入が増加したことによるものであった。人口の自然増加はアメリカ社会の都市化が進むとともに、二十世紀には目立って減少する。世界第一の農業国としての地位を保持し、ますます農業生産をふやしながら、世界第一の工業国になったことがこの国の特色である。アメリカでは二十世紀初頭まで農業人口が増加しつづけたので、農村から工業都市に労働力が供給されることは少なく、外国からの移民の流入が、発展する工業や鉱業のための労働力の主な供給源になった。

農業人口が減少し始めるのは一九一七年からで、四〇年代以降著しく減少した。アメリカは今日でも世界第一の農産物輸出国であるが、農業人口は全人口の一・一%以下である。農業の生産性の向上により、少数の農業人口で大きな収穫が可能になったのである。アメリカでは農業がさかんであったので、十九世紀のアメリカの工業は製粉業、綿工業、皮革加工業、食肉加工業など、農産物を原料とするものが多く、また農民を顧客とする農業機械工業が重要な工業として発展した。石炭、石油、鉄鉱石など地下資源にめぐまれていたことも、工業の発展に好都合であった。工業化のための資本は、十八世紀から商業資本が発達していたことや、多くの富裕な農民層が存在していたことから、国内で調達しやすく、またイギリスなどヨーロッパの資金が公債、社債、株式投資のかたちでアメリカに流入し、社会資本の充実や鉱工業の発展を助けた。

南北戦争後の産業発展期に、連邦政府は産業発展を推進する実業家に国有地の払い下げ、国内市場の保護などの便宜を提供したが、彼らの活動を規制することはほとんどなかった。実業家たちが大きな国内市場で自由に企業活動をおこなう環境があったことは、急速な産業発展を可能にした基本的な条件といえる。

南北戦争後の三〇年ほどのあいだは、アメリカ人の才能はなによりも国内資源の開発と産業の発展に向けられた。この時期のアメリカはマーク・トウェイン（サミュエル・クレメンス）やウォルト・ホイットマンのような才能ある作家や詩人を輩出したが、その数は少なく、政治家は概して凡庸であり、この時代はなによりも企業家や発明家の時代であった。トウェインは事業欲・物欲にかられる南北戦争後のアメリカの風潮を描いた小説に「ギルデッド・エイジ（金メッキ時代）」という題をつけたが、このことばはこの戦争後三〇年ほどの時代の呼び名としてしばしば用いられる。

一八九三年シカゴで開催された万国博覧会はアメリカ人にとってアメリカの産業文明の成果を世界に誇示する機会であった。この博覧会に展示された巨大な発電機を見た文明批評家ヘンリー・アダムズは、自らが生み出した巨大なエネルギーを制御できる能力を、人間がもっているだろうかという不安をいだいたが、彼のような悲観論者はアメリカでは例外的だったであろう。産業社会の発展はさまざまな社会問題を生み出していたが、それはアメリカ人一般の楽観を妨げるものではなかった。

十九世紀の実業家と二十世紀の実業家

十九世紀後半には、トマス・エディソンやグラハム・ベルのような、さまざまな技術革新をもたらした何人もの発明家が輩出し（一〇一頁表参照）、そしてそれらの技術革新を利用して大規模な企業活動を展開した大実業家が多数あらわれた。そのなかでも鉄鋼王カーネギー、石油精製業のジョン・D・ロックフェラー、農業機械のサイラス・H・マコーミック、鉄道業のコーネリアス・ヴァンダービルトらは有名である。この時期の大実業家には、貧しい家に生まれ、少年のころから働き始め、優れた起業の才によって華々しい成功者となった人々が多い。

1893年シカゴ万博の夜景　明るい照明など電気の利用が自慢のひとつだった。

大企業を興してアメリカ経済の支配者となった人々は、巨大な富を手にいれると、学術・芸術の振興などの文化事業や病院設立などの社会事業をおこなうことによって、社会に貢献しようとした。彼らはそのような慈善を大規模におこなうことで上流階級としての役割をはたし、巨大な富の所有者である新しい上流階級としての正統性を主張しようとしたのであろう。カーネギーは、実業家が自分のものになった資産について、社会の富の管理を委託されているのだと考え、その大部分を慈善事業を通じて社会に還元すべきだと述べた。多年芸術の殿堂として知られてきたニューヨークのカーネギー・ホールは彼の文化事業の遺産のひとつである。ロックフェラーの寄付でシカゴ大学が発足し、コーネル、ジョンズ・ホプキンズ、スタンフォードなど今日評価の高い大学が、それぞれ富豪の寄付で設立された。世界で超一流の水準を誇るアメリカの大学、研究機関、美術館、芸術団体は公的な資金にも依存しているが、その発展は多分に富裕階級の寄付によって支えられてきたのである。やがて富豪の一族は財団を設立して、慈善事業を組織的におこなうようになる。

カーネギーは学術の助成のために寄付をしたが、実業家に大学教育が必要だとは考えていなかった。

19世紀アメリカにおける主要な発明

年	事　項
1807	ロバート・フルトンが最初の蒸気船でハドソン川を航行
1830	ピーター・クーパーがアメリカ最初の蒸気機関車を建造
1831	サイラス・H・マコーミックが刈取り機を発明
1835	サミュエル・コルトが拳銃を作成
1843	チャールス・サーバーがタイプライターを発明（実用的タイプライターの製造は1867年以降）
1844	サミュエル・モールスにより電信が実用化
1846	エリアス・ハウが裁縫機を発明，のちにアイザック・シンガーが改良
1860	オリヴァー・F・ウィンチェスターがライフルを改良
1862	リチャード・J・ガトリングが機関銃を発明
1864	ジョージ・M・プルマンが寝台車を製造
1872	ジョン・W・ハイアットがセルロイドを商品化
1872	エドモンド・D・バーバーが計算機を発明
1874	スティーヴン・D・フィールドが市街電車を製造
1875	ウィリアム・A・アンソニーが発電機を発明
1876	アレグザンダー・G・ベルが電話を発明
1877	トマス・A・エディソンが蓄音機を発明
1879	エディソンが電球を発明
1879	ジェイムズ・リッティが金銭登録機を発明
1880	ジョージ・イーストマンがカメラ用フィルムを発明
1893	エディソンが映写機を発明
1893	デュリア兄弟が試作自動車で走行（アメリカでは最初，ヨーロッパでも開発進展）

彼の時代は発明家も実業家もたたきあげの時代だった。実業家たちが大学を積極的に利用し、大学も産業社会の必要に対応しようとするのは、世紀の変わり目のころからである。大学は工学部の充実に力をいれ、経営学部を設立し、さらに大学院レヴェルでの専門教育をおこなうようになった。二十世紀には大学・財団・企業の研究部門が協力して、産業社会の発展に役立つ研究を推進する体制ができていった。

二十世紀には大企業は創立者の家族が経営を離れて、株主となり、所有と経営とが分離して、経営の専門教育を受けた人々が経営者になる。この所有と経営の分離は経営者革命と呼ばれる。二十世紀になっても、ヘンリー・フォードのようなたたきあげの技術者が大実業家になった例はあるが、彼はむしろめざましい例外というべきであろう。

十九世紀の工業は鉄鋼業、製材業、皮革加工業、石油精製業のような材料・燃料産業や製粉、食肉加工のような食糧産業が主であったが、二十世紀には鉄鋼業、石油精製業に加えて自動車、電化製品などの耐久消費財の生産が発展した。アメリカ資本主義は平均的アメリカ人を顧客として彼らの日常生活に便利な消費財を彼らの購入できる価格で提供することによって、資本主義経済を民主主義と結びつけることになる。フォードは大量生産方式に基づく大衆車「モデルT」の開発によって、自動車の大衆化に先鞭をつけ、その他のメーカーも追従して、一九二〇年代には家庭の自動車所有は飛躍的に普及した。十九世紀に鉄道がアメリカ経済の発展の牽引車であったように、二十世紀には自動車がその他の産業、石油精製業、土建業、鉄鋼業、タイヤ産業や、ガソリン販売店などの流通業に刺激を与え、経済発展を牽引した。また自動車の普及によってアメリカ人はあらたな行動の自由を獲得し、日常生活は大きく変化したのである。

移民が供給した労働力

前に述べたように、工業発展期のアメリカの労働力は多分に移民によって供給された。一九一〇年にはアメリカの鉄鋼労働者の七〇%が外国生まれで、同じ時期のシカゴの食肉加工業の労働者の八五%が外国生まれであった。労働時間は一日一〇時間、週に五五時間から六〇時間が普通であった。アメリカの事業家は移民の大量流入により労働力に不自由しなかったが、移民労働者は能率的な働き手ではなかった。ヨーロッパの農村からでてきた人々がまったく異なった環境のなかですぐに能率的に働けるわけはなかった。アメリカで節酒・禁酒運動が発達したのは、移民労働者が憂さ晴らしのために深酒をして翌日仕事を休むのをやめさせて、彼らを規律ある労働者にするためであった。

この時期のアメリカで、労働者の組織化が進まなかった最大の理由は、労働者の多数が移民で、しかも多様な民族的背景をもっていたことにある。このような状況のなかで、イギリスから移住してきた葉巻工場の労働者であったサミュエル・ゴンパーズは熟練労働者を職能別に組織し、その労働条件の改善のために戦うことが労働組合の生き残る道だと考え、そうした方針で十九世紀末から二十世紀初頭にかけてアメリカ労働総同盟（ＡＦＬ）を指導した。彼は労働組合は自由企業と競争の原理を基礎とするアメリカの社会理念に敵対することを避けるべきであり、その点で社会主義を支持することはひかえるべきだと考え、もっぱら組合員の生活条件の改善を目的とした。ＡＦＬのこうした方針に反対し、資本主義に敵対する思想をもって、アメリカ社会の底辺の労働者を組織しようとした世界産業労働者団（ＩＷＷ）のような組織もあったが、それは第一次世界大戦中、アメリカ参戦後も戦争を非難しつづけたため弾圧され、崩壊に向かった。

アメリカの労働者の組織化は一九三〇年代に進展し、職能別組合主義をとってきたＡＦＬから別れて産業別組合主義をとる産業別組織会議（ＣＩＯ）が成立した。三〇年代後半から六〇年代にかけて、労働組合の全盛時代があり、その時期には政治的影響力も大きかった。上記の二つの労働組織は五五年に合同してＡＦＬ－ＣＩＯと呼ばれるようになった。しかしその後、アメリカの産業構造の変化とともに、労働組合の強い産業分野が衰退したため、労働組合は今日では、全盛期のような社会的・政治的影響力をもたない。

都市化と都市文化の開花

十九世紀半ばにはアメリカはまだ都市人口が少ない国であったが、工業化の進展とともに都市化も進んだ。一八五〇年には六つしかなかった人口一〇万をこえる都市は、一九〇〇年には三九を数え、人口の一九％を占めた。この五〇年間に多くの都市は急成長した。この間アメリカ第一の大都市の地位を維持したニューヨークの人口は七倍、第二の大都市にのしあがったシカゴでは人口三万から一七〇万に膨張した。急速に膨張した都市に流入した人口の大部分は移民であった。一九〇〇年にシカゴ

ニューヨーク「野心の都市」（アルフレッド・スティーグリッツ撮影，1910年）

ニューヨーク「安アパートの裏庭」（ジェイコブ・リース撮影，1880年代）

の人口の四分の三は外国生まれで、ニューヨークの外国生まれの割合はさらに高かったという。これらの移民たちは民族ごとに集まって住み、「イタリア人街」「ユダヤ人街」などを形成した。

大都市の中心のビジネス・商業地区に隣接して、富裕者や中流階級の住宅街があったが、そこから遠くないところに、工場地帯や貧しい移民労働者の住む街があった。これらのなかには衛生状態が悪い建物に貧しい移民が密集しているスラム（貧困者の居住区）があり、都市の富裕者の邸宅と著しい対照をなしていた。しかし移民の街にも活気があった。同じ民族集団のなかでも早くきた者、才覚ある者は生活が向上しており、移民にはいずれよりよい生活ができるという希望があったからである。自動車が普及すると、中流階級はしだいにより広々とした郊外に住居を求めるようになり、郊外化が進んだ。以前には近いところに住んでいた中流階級と下層階級とは地理的にも行政的にも離れて住むようになった。しばらくは郊外にでた中流階級も仕事と買い物、娯楽などのためには都心部にきたから、都心部の活気が衰えることはなかった。しかし第二次世界大戦後、中流階級の郊外脱出が一層進み、やがてショッピング・センターもビジネス・オフィスも郊外へ移るようになると、都市の中心部の衰微が目立つようになる。

二十世紀になって、ビジネスが近代化するにつれて、都市に住み、都会的感覚をもつ、教育程度の高いホワイトカラー層がふえた。一九二〇年代には、女性を雇用するホワイトカラーの仕事がふえ、中流階級の若い女性も結婚までにせよ仕事に就くことが多くなり、彼女らはそれによって前にはなかった自由をえた。それとともに女性の服装のスタイルにも変化が生じた。若い人々の性風俗は六〇年代に大きな変化をむかえるが、二〇年代も変化の時代であった。

一九二〇年代には、若い都市の中流階級を顧客ないしは支持者として都会的な文化が発達した。既成の道徳への反逆や旧来の理想への失望を描いた二〇年代のアメリカ文学（F・スコット・フィッツジェラルド、アーネスト・ヘミングウェイ、シンクレア・ルイスらの作家たちやH・L・メンケンのような評論家たちに代表される）の隆盛もこの階層やその予備軍というべき学生たちを読者としていた。黒人起源のジャズ音楽が白人都会人に広まるのもこの時代である。また都会人を顧客として大衆娯楽が産業として発達した。プロスポーツの人気が高まり、大勢の観客を引きつけ、映画が技術的進歩もあって大衆芸術として発達した。二〇年代、三〇年代にロサンジェルスのハリウッドは映画産業の中心地となり、映画は数々のスターと名作を生んで、アメリカ大衆文化を世界に広めるようになる。

一九二〇年代が自動車や電化製品などの消費財の大量生産と大量消費の時代を開いたことは、生産と消費とを結びつける広告業の隆盛を導いた。会衆派の聖職者の息子ブルース・バートンは良い商品が普及することは人々を物的にも精神的にも豊かにすると考え、禁欲的な倫理をもっていた人々に消費の美徳を納得させるための広告文を書いた。彼によればイエス・キリストは人類最大のセールスマンともいえるのであった。

しかしはなやかで都会的な文化の発達は、質実剛健な農村の人々からはしばしばアメリカ社会の退廃とみられた。宗教的にはプロテスタントで民族的にはアングロサクソン系であるような農村の人々からすれば、都市は異教徒の移民の街であり、退廃した文化の中心であった。一九二〇年代にはとくに都市と農村との文化摩擦が目立った。憲法改正による全国的な禁酒の実施は第一次世界大戦参戦後の雰囲気が引金になったものであるが、二〇年代には禁酒をめぐる対立は都市と農村という対立を反映していた。農村の人々が禁酒の継続に執着したのは、禁酒が憲法に規定されていれば、自分たちの生活様式の正統性が維持されていると感じることができたからである。

資本主義社会の改革と福祉国家の形成

十九世紀のあいだ、アメリカの西部開発と経済発展とは無計画に進行した。連邦も州もそれぞれ国内開発と経済発展のための政策をとったことは確かである。前述のように、連邦政府は保護関税や公有地の払い下げなどにより経済発展をうながしたが、連邦政府が総合的開発計画を立てて政策的に行動したわけではなく、議会がさまざまな業界の意向をとりいれた関税政策をまとめ、企業家の働きかけに応じて公有地を払い下げたりしたにすぎない。

イギリスの生物学者チャールズ・ダーウィンが進化論を発表し、自然界における「適者生存」の法則を述べたことに影響され、南北戦争後のアメリカの学界では、産業社会の進歩のためには「適者生存」を保証する自由な競争に任せる「自由放任主義」の政策が最善であるとする「社会ダーウィン主義」が唱えられた。しかしアメリカの学者や知識人がダーウィン思想から受けた知的衝撃は「自由放任主義」の肯定にとどまるものではなかった。「社会ダーウィン主義」はまた、進化する人間社会においては、思想も時代とともに変化すべきものであり、新しい社会状況には新しい問題に対応する新しい観念が必要だという考えを強めることに役立った。十九世紀末から二十世紀初頭にかけて「プラグマティズム」の哲学者たちが登場した。その一人ウィリアム・ジェイムズは、ある観念はそれに従って行動したとき、よい結果をもたらすなら、それは真理であると述べ、暫定的で実際的な真理観を提唱し、またジョン・デューイは個人が環境に適応しつつそれを変えていく道具としての観念の役割を強調した。彼らの影響もあって、二十世紀初頭には、あらたな産業社会における個人と社会の関係を分析し、社会の改革を提唱するような社会科学の学者たちが登場し、以下に述べる革新主義運動の一翼を担い、のちにはニューディール改革に協力したのである。

銀行資本家の巨頭J・ピアモント・モーガンは産業社会に秩序をもたらす必要を認識し、そのために指導力を発揮しようとしたが、彼が試みたのは、企業の独占あるいは寡占《かせん》を促進することによる秩序作りであった。しかしこのような私的な経済権力の集積は民主政治と競争社会の原理とにとって重大な問題であったから、二十世紀初頭には、公権力による公共の利益の擁護をめざした経済秩序の形成と維持が試みられるのである。大規模になった企業が公共の利益に反する行動をとることを、いかにして防ぐかが、その際の最大の関心事であった。二十世紀初頭に登場した革新主義と呼ばれる改革の目的は多様であるが、その中心目的は以上のようにまとめられるであろう。その改革は当初、都市や州の政治を舞台としておこなわれ、さらに全国的なレヴェルでの秩序形成の必要に応えて、連邦政治を舞台に展開される。都市や州の政治舞台での改革は、公益企業の規制、税負担の公平化、労働条件の規制などであり、連邦政治では反トラスト（独占禁止）政策、鉄道運賃の規制、薬品・食品の品質の監督、自然資源保護政策、連邦準備制度（他の国の中央銀行に相当する制度で一二の連邦準備銀行をワシントンの理事会が統括する）の創設、累進所得税の導入などである。これらは企業活動の規制により、公共の利益にそう経済秩序を形成しようとするものであるが、それらのなかには労働者の労働条件の規制のように社会的に立場の弱い人々の利益を守ることを目的としたものもあった。

先述の諸改革のほか、ボス政治の排撃が唱えられて、政治過程への有権者の参加を拡大しようとする改革もおこなわれた。都市や州の政治に人民投票（一定数の有権者が要求する場合には議案の可否を一般有権者の投票によって決める）、人民発議（一定数の有権者が発議した提案の可否を一般有権者の投票で立法化する）、リコール（選挙された行政担当者を一定数の有権者が要求すれば一般有権者の投票により任期途中で罷免《ひめん》できる）といった直接民主制の方策が導入され、また公職をめざす政党の候補者の決定を政党幹部に任せず、その政党を支持する有権者自身の投票によっておこなうプライマリー（予備選挙）がさまざまな公職の選挙に導入された。ボス政治の排撃が唱えられたのは、都市や州の政治を牛耳る有力な政治家が特定企業や利益集団と結託して、公衆の犠牲において、利益を分け合っていると思われたからである。このように政治過程への有権者の参加が拡大した結果、公職の候補者たちは選挙民にいかにして支持を訴えるか、いかにして多数の有権者に好感を与えるかという選挙戦略に工夫を凝らすようになる。

資本主義の発展期に社会主義政党が発達しなかったことはアメリカの歴史的特色のひとつである。第2章で述べたように、十九世紀には、アメリカは階級がない社会であり、機会の国であると主張し、それを誇りとすることがアメリカ人のナショナリズムとなった。そのような信念の存在のゆえに、社会主義には敵対的な雰囲気がアメリカにはあった。貧富の差が著しくなり、成功への道が狭められたと思われた世紀の変わり目には、アメリカでは現状批判と改革運動とがさかんになったが、社会主義運動は大きな勢力にはならなかった。この時期以来、アメリカで独占禁止政策が発展し、それがアメリカの経済政策の特徴になったことは、「機会の国」「競争社会」というアメリカの特徴を守らねばならないという考えが強く働いたからである。企業が一般消費者のためによりよい商品をより安く提供するために競争することが最善だと考えられたのは、また前述のようにアメリカの新興の大企業がきそって一般消費者のための商品の大量生産に力をいれていたからでもあった。

革新主義は一九二〇年代には衰えたが、二〇年代に好況を謳歌したアメリカ経済が二九年の株式大暴落を契機に深刻な不景気に突入すると、三三年から、あらたな改革の時代が始まる。経済の崩壊ともいうべき深刻な不景気のなかでも、社会党や共産党には国民の期待を引きつける力はなかった。経済の再建と改革とは民主党のフランクリン・D・ローズヴェルト大統領のもとで進められた。彼のニューディール政策は、最初は困窮者の救済と景気の復興に主力を注ぐが、その間にも不況のきっかけや深刻化の引金になった証券取引制度や銀行制度の改革（証券会社と商業銀行との兼業禁止、銀行預金の一定額までの保障など）がおこなわれた。さらに三〇年代半ば以後は高額所得者への課税の強化、社会保障制度の発足、労働組合の権利の保護と労働基準の設定、小作農民の自営農民化の援助、低所得都市居住者のための住宅建設などの政策が進められた。これらは所得格差のある程度の圧縮、社会的弱者の生活の保護と向上に貢献した。しかし三八年にはそれまで改革派（リベラル）に圧倒されていた保守派が勢力を回復し、ニューディールの社会改革の前進は終わった。ニューディールは困窮者に救済策をとり、経済の混乱を収拾して、多くの国民に安心感を与えたが、景気の復興には成功しなかった。それは消費の創出によって不景気を脱するという方法が成果をあげかけていたときに、政府が財政赤字の増大をきらって緊縮政策をとり、その結果三七年にふたたび深刻な不況を招来したからであった。アメリカが好景気をむかえるのは、第二次世界大戦に突入してからである。

ニューディール以来、連邦政府は経済運営についての役割を拡大した。それ以来、公共の利益の擁護のために企業活動を規制すること、景気変動による国民生活への悪影響を最小限に防ぐこと、社会保障と福祉を提供することは政府の責任であると考えられるようになった。その意味で、ニューディールはアメリカ政治経済史における重要な転機であったといえる。一九八〇年代以降、「小さい政府」(政府の業務と経費を減らすこと)の理念が支持されるようになり、公共の利益の実現を企業活動の規制よりも競争の活発化に委ね、福祉政策の拡充より市民の自助努力の必要が強調されるようになった。これはニューディール以来の「大きい政府」傾向を押し戻そうとするものであるが、適切な経済運営をおこない景気の維持につとめることや、適当な社会保障や社会福祉のプログラムをもつことは、それ以後も政府の役割とされている。

ピューリッツァー
アメリカの新聞を変えた男

Joseph Pulitzer
(1847〜1911)

南北戦争末期の一八六四年、十七歳でハンガリーから単身アメリカにきた英語もよく話せない青年ピューリッツァーは、十九世紀末までにことばを武器とする新聞界でアメリカ最大の実力者となった。アメリカの電波メディア以前のマスメディアの先駆者として彼を取り上げる。

彼は北軍を除隊後ミズーリ州セントルイスにいき、まずドイツ系移民のためのドイツ語新聞の記者として働き、政党人(最初は共和党員、のちに民主党員)としても活動した。やがて新聞業に専念し、同地の新聞『セントルイス・ポスト・ディスパッチ』の社主として、それを発行部数の多いもうかる新聞に育てた。八三年に彼はニューヨークに進出し『ニューヨーク・ワールド』を買収して、発行部数七五万の新聞に発展させた。彼は扇情的報道と民主的なさまざまな改革の提唱とを結びつける編集方針をとり、新聞記事を面白く読ませるだけでなく、漫画などの娯楽も提供するやり方を導入して成功をおさめた。

彼は発行部数をふやさなければ、民主主義社会の新聞として影響力をもてないし、広告収入もふえない、多く売るためには扇情的報道と面白い読み物性が必要だと考えた。九〇年代後半に彼の模倣者ウィリアム・ランドルフ・ハーストが『ニューヨーク・ジャーナル』を買収してニューヨーク新聞市場の激しい争奪戦をしかけた。とくに九八年のスペインとの戦争の際には、戦争熱をあおりたてる報道をおこない、『ワールド』側も扇情主義の度合を高めて対抗した。扇情的な報道を「イエロー・ジャーナリズム」と呼ぶが、それはピューリッツァーが彼の新聞の売り物として日曜版をつくり、それに「イエロー・キッド」という連載漫画を載せていたことからできたことばである。

ピューリッツァーは扇情的な報道で読者をふやす方法に頼りすぎたが、彼の精神の基本には民主政治の発展を願う心があった。商業主義と使命感とをあわせもって、日刊大衆新聞の時代を開いた新聞人といえよう。彼の遺贈により、コロンビア大学にアメリカ最初の「スクール・オブ・ジャーナリズム」が設けられ、大学でのジャーナリスト養成が始まった。前年に活躍したジャーナリストや良い作品を書いた文筆家におくられるピューリッツァー賞もコロンビア大学への遺贈金の一部を基金として運営されている。

アメリカの新聞は伝統的に地方新聞であり、全国新聞中心の日本とは新聞事情が異なる。しかしピューリッツァーやハーストが始めた、同じ社主が異なった土地あるいは同じ土地で複数の新聞を発行する資本の系列化傾向は、しだいに進んできた。一九九〇年には各地の主要新聞を発行する会社は一四社となり、発行部数の八二%がいずれかの系列に属するようになった。『ニューヨーク・タイムズ』は全国記事、国際記事が詳しく、『ワシントン・ポスト』はワシントン政治の動向について最強の情報源なので、それらに関心がある人々には全国的に読まれるが、基本的には地方紙である。アメリカの印刷ニュース・メディアとしては『タイム』『ニューズウィーク』『USニューズ』などの週刊誌が充実していたので、全国記事や国際記事については、それらに頼る人が多かった。アメリカの印刷メディアはテレビの発達期にはそれと共存して衰えなかったが、近年パソコンや携帯電話でオンライン・ニュースを読む人がふえ、新聞、ニュース週刊誌の購読者は目立って減少し、経営困難に直面している。

フォードと自動車の大衆化

Henry Ford
(1863~1947)

二十世紀初頭から第二次世界大戦までのアメリカに登場した代表的実業家として、ヘンリー・フォードをあげることには誰しも異論がないであろう。彼は職人から会社を興して実業家となり、アメリカに自動車時代を招来した人物であった。彼はデトロイトに近いディアボーン（今も世界企業フォード社の本部はここにおかれている）の農民の息子に生まれ、職人としていろいろな仕事を手がけてから、内燃機関の製造に成功して自動車を製造する会社を興し、一度は失敗したものの、一九〇三年フォード自動車会社を設立して、やがて自動車の製造に革命的な変化をもたらす。

彼がめざしたのは自動車を金持の贅沢品から普

通の人々がもつことのできる通行の道具に変えることであった。そのために彼は自動車を徹底的に部品化して、部品の製造と組立作業を単純化し、整然とした流れ作業で組立をおこない大量生産を可能にした。彼はこのような製造方式により、丈夫で廉価で実用的な乗用車「モデルＴ」を〇八年に市場に送り出した。この車の大量生産・大量販売が軌道にのると、彼は順次販売価格をさげた。〇八年には販売台数一万台で、販売価格は八五〇ドルだったが、一六年には価格を三六〇ドルにさげて販売台数は七三万台に達した。彼は「モデルＴ」の成功とともに、彼の工場で働く工員が「モデルＴ」を買いやすいように、彼らの賃金を当時としては破格の日給五ドルに引き上げた。

「モデルT」の乗用車

　フォードは「モデルＴ」を一〇〇〇万台以上売り、その成功によって大衆車市場で長く優位を維持したが、二〇年代半ばをすぎると、フォード社の成功に刺激されたジェネラル・モーターズ社などのほかの自動車会社がより洗練された外見をもつ比較的低廉な乗用車を市場にだすようになった。フォードは「モデルＴ」を改善の必要のない完成された大衆車とみなしていたが、ようやく「モデルＴ」の人気が落ちて他社の車に市場を奪われ始めたことを認め、二七年には一時工場を閉鎖して翌年から新型車「モデルＡ」の製造に切り替えた。フォードの会社はその後も大手自動車会社のひとつとしては残ったが、かつてのような乗用車市場における支配的地位を取り戻すことはできなかった。

　フォードは「モデルＴ」によって庶民の英雄になった。彼が小農民の家に生まれ、職人から身を起こして大実業家になったという成功物語も、彼の英雄化には好都合だった。そして彼が質実剛健、勤勉努力、創意工夫、慈善博愛というアメリカ的な美徳を備えた人物であったことも彼の英雄伝説の形成を助けた。

フォードは低価格の自動車を売り出すことによって自動車を万人の乗物にし、また彼の工場で働く労働者に当時の水準では高い賃金を払うことで、資本主義を民主主義と結びつける役割をはたしたといえる。しかし他方では、彼は遅れてきた十九世紀的企業家という面ももっていた。彼は彼自身の方針により工場の規律を保とうとし、彼の工場の労働者が労働組合に参加することをきらい、あらゆる手段を用いて彼の工場の労働者の組織化を妨害した。三五年の全国労働関係法制定後も彼は組合と交渉することに抵抗した。彼がついに自動車労働連合（UAW）と契約を結んだのは四一年になってからである。彼は大企業になったフォード社を彼を家長とする独裁的同族経営のもとにおいたために、経営の近代化に遅れをとり、彼の晩年には会社の力を弱める結果になった。彼はまたユダヤ人にたいする古い偏見をもっており、二〇年代には地元の新聞を通じて反ユダヤ宣伝をしたこともあった。

第6章　二つの世界大戦とアメリカ

アメリカ外交の伝統

アメリカ人は長いあいだ、ヨーロッパを中心とする国際政治に積極的に関与しようとはしなかった。自由な市民の共和国であるアメリカは、君主制の国々からなるヨーロッパの国際政治にかかわるべきではないと考えたのである。「新世界」の国アメリカは旧世界の争いや混乱にかかわりあうことなく、模範としての影響力をおよぼすべきなのであった。これが十九世紀にアメリカ外交の伝統となった孤立主義の思想である。十九世紀のあいだアメリカは、ヨーロッパの国際政治への関わり合いを避けながら、西半球における自国の発展に専念した。アメリカはラテンアメリカ諸国が独立してからは、ヨーロッパ中心の国際政治からの西半球の自立性の維持を、もうひとつのアメリカの外交原則「モンロー・ドクトリン」として掲げた。

ヨーロッパ諸国の西半球への関心は限られており、これらの国々が大西洋をこえて軍事力を展開する力も限られていた。西半球にはアメリカを脅かすような独立国はなかった。それゆえアメリカは、自国の安全も領土の拡張も、またモンロー・ドクトリンの擁護も、容易に達成することができた。アメリカはそれらの目的のために大きな軍備をもつ必要がなかった。独立戦争後、アメリカは常備軍をほとんど解体し、南北戦争のとき大量に動員された兵士たちも戦後は市民生活に戻った。アメリカは領土拡大のためにメキシコ戦争（これは負ける心配のない戦争であった）以外戦争をする必要がなかっただけでなく、面倒な外交交渉もなしに広い領土を獲得できたのである。十九世紀末になるまで、アメリカにとって、外国との交際はあまり重要ではなかった。

ヨーロッパの主要国のあいだでは相互に「大使」の称号をもつ外交使節を交換するのが習慣になっていたが、アメリカは長いあいだその下のランクの外交使節である「公使」しか海外に派遣していなかった。アメリカは君主国によって構成されるヨーロッパとは一線を画し、その国際政治には関与しない方針をとっていたから、アメリカが派遣し外国から受け入れる外交使節は公使で十分であると考えたのである。十九世紀半ばには、日本に艦隊を派遣して開国を求めるなど、アメリカ外交がアジアで比較的活発な時期があったが、まもなく南北戦争が始まり、アメリカ人の関心は内向きになった。南北戦争が終わってからも、アメリカ人の精力と関心とは広大な大陸領土を開発して産業を興すことに向けられた。南北戦争後アメリカは大工業国に発展したが、アメリカの工業は国内の資源を用い、大きな国内需要に刺激されつつ発展したために、アメリカは海外への輸出拡大よりは国内市場の保護に関心があった。アメリカはその経済力からすれば、一八八〇年代には世界政治において活発に行動してもよい立場にあったが、活発な外交を展開することにまだ関心をもっていなかった。

大国アメリカの登場

しかし一八九〇年代にはアメリカの対外態度に変化が生じ、アメリカ外交はにわかに活発化した。九三年にアメリカはヨーロッパの主要国とは相互に大使を交換することにした。それは自国が世界の大国だという意識がでてきたことの表れであった。十九世紀末には国際政治に関心をもつ人々がふえ、アメリカは西半球とアジア太平洋地域に勢力を拡張すべきだと主張する文筆家や政治家が登場した。十九世紀末から二十世紀初めにかけての国際関係史で「帝国主義の時代」と呼ばれる時代には、アメリカはモンロー・ドクトリンの名のもとに、ヨーロッパ諸国にたいして西半球の問題についてはアメリカの意向を尊重せよと主張するようになった。アメリカはとくに中米・カリブ海地域を自国にとって戦略的に重要な地域とみなし、この地域の秩序の維持にあたった。十九世紀末のスペインとの戦争もキューバの問題をめぐって起こったもので、この戦争はこの地域へのアメリカの進出を加速した。ただし、アメリカはこの地域に領土を広げる意志は少なかった。

中米・カリブ海地域でも、太平洋方面でも、アメリカが領土や租借地として獲得したのは、商船の寄港地、海軍の基地、運河地帯であり、西部の土地のようなアメリカ人のための生活空間ではなかった。アメリカ人は先住民人口の多い広い遠方の土地を領土にすることを好まなかった。スペインとの戦争の結果、アメリカはフィリピンを領土にしたが、国内にかなりの反対論があり、現地では独立派

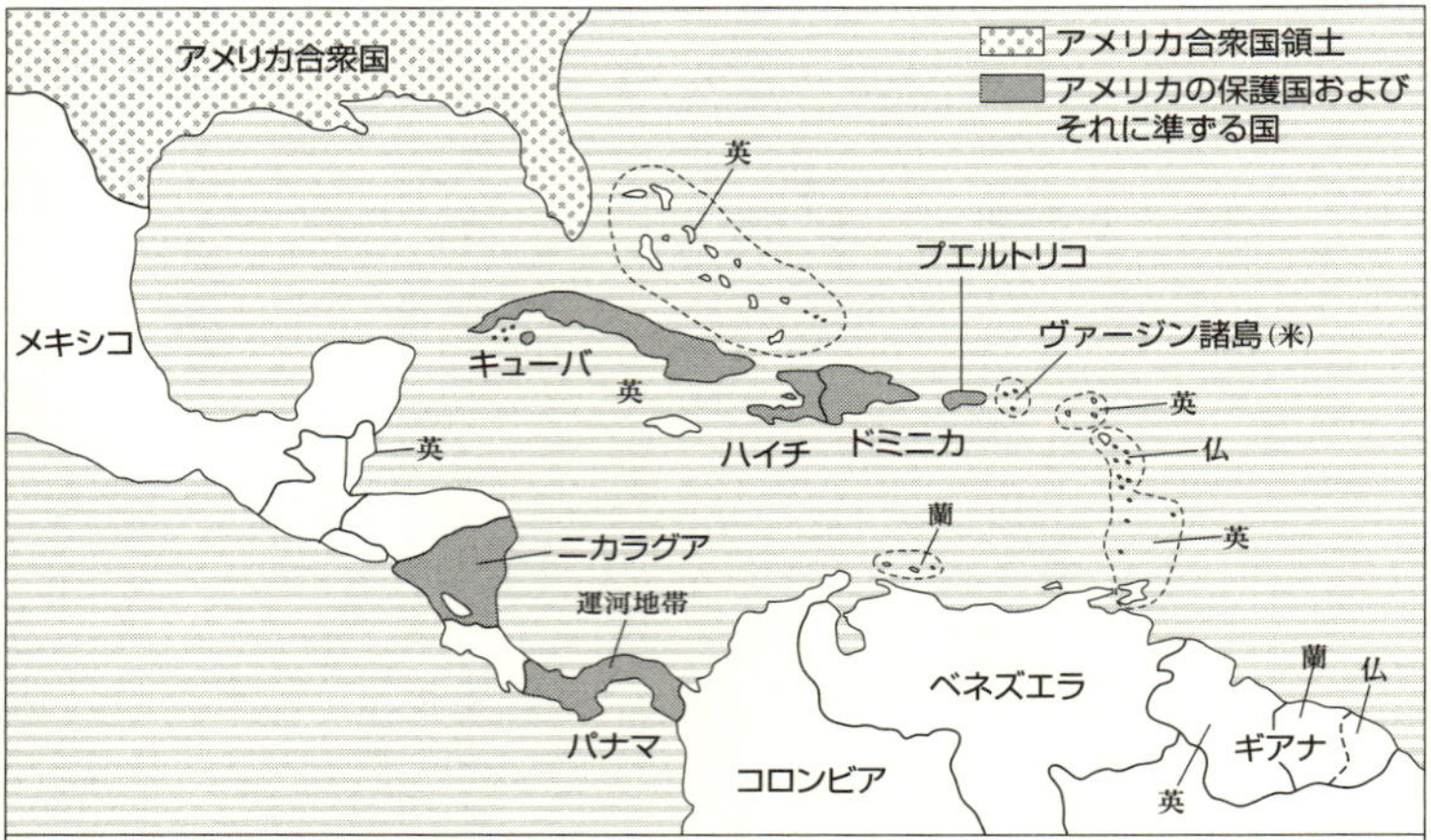

キューバ　1898～1902 占領，1902 独占承認，ただし保護国，1906～09 武力干渉，1934 干渉権放棄

プエルトリコ　1898 スペインより取得

ドミニカ　1905～34 税関管理，1916～24 武力干渉，41 干渉権放棄

ハイチ　1915～34 武力干渉，1915～41 税関管理

パナマ　1903 独立承認，ただし保護国，1939 干渉権放棄

パナマ運河地帯　1903 パナマとの条約により永久租借権取得

ニカラグア　1911～33 税関管理，1909～12，1916～25，1927～33 武力干渉

ヴァージン諸島　1917 デンマークより購入

メキシコ　1914 米軍ベラクルスを一時占拠，1916～17 米軍ビリャ捕捉のため越境して行動

アメリカのカリブ海地域の支配（第二次世界大戦勃発まで）

の反乱が起こったのでそれを恒久的に領有せず将来独立させるという方針がとられたのである。

アジアにおけるアメリカ人の関心はアメリカの商品や宗教の市場としての関心であったが、十九世紀末に欧州諸国や日本が中国に進出するようになると、アメリカは中国が政治的に分割され、アメリカの経済的機会が失われることを恐れ、中国をめぐる国際政治に大国のひとつとして参加するようになった。アメリカは中国における経済的機会の均等、中国領土の保全という原則を唱え、それらの原則を国際的な合意にすることにつとめた。それが門戸開放政策である。このようにアメリカの対外政策には、政策を原則のかたちで表明し、アメリカの利益を原則の実現に結びつけるという特徴があった。

ポーツマス講和会議の開催を斡旋したセオドア・ローズヴェルト大統領（中央）と日露の代表

世紀転換期には、アメリカはこのような対外政策を展開するとともに、海軍を強化していった。このころを転機として指導力のある大統領が登場して、政治指導者としての大統領の役割が増大する。二十世紀初頭の大統領セオドア・ローズヴェルトは世界情勢全般に強い関心をもち、そのような関心に基づいてアメリカの対外政策を組み立てようとしたはじめての大統領である。彼は当時のアメリカの政治家のなかでは例外的に世界の大国間の力関係についてよく知っており、アメリカもまた大国のあいだの勢力均衡の維持のために行動する必要があると思っていた。そのような認識に基づいて彼は日露戦争の調停に乗り出し、またモロッコ問題をめぐるドイツとフランスとの紛争を解決するための国際会議を提唱し実現した。けれども、彼の関心はアメリカの指導層一般に共有されていたとはいいがたく、彼のつぎの大統領ウィリアム・ハワード・タフトも、また第一次世界大戦前のウィルソン大統領も、中米・カリブ海地域と中国では活発な外交を展開したが、それらをヨーロッパを含めた世界政治全体の文脈のなかでみるという視点はもっていなかった。

第一次世界大戦とアメリカ

ナポレオン戦争から第一次世界大戦までの一〇〇年間、アメリカがヨーロッパの問題にかかわりあわずにすんだのは、ヨーロッパが比較的平和で、大きな戦争が起こらなかったからである。旧世界にたいするアメリカの孤立不介入の政策はヨーロッパの相対的平和によって支えられていた。しかしヨーロッパで大きな戦争が起これば、アメリカが局外者としてとどまることはむずかしかった。一九一七年にドイツが無制限潜水艦戦争を開始すると、アメリカはついに参戦国となった。

ウィルソン大統領は、たんにドイツに勝つだけでなく、国際秩序の改革を進め、アメリカが戦後の平和の保証者になるべきだと考えるようになった。ウィルソンは「民主主義にとって世界を安全なものにする」ことを戦争目的として掲げ、民主的政治体制の奨励、諸国民の自決権の尊重、開放的国際経済体制の推進、紛争の平和的解決のための国際組織の結成などを主要項目とする、新しい国際秩序の構想を表明した。彼は従来のヨーロッパの勢力均衡システムは第一次大戦の勃発により破綻したのだから、たんにそれを回復するだけでは平和の保障にはならないと考え、国際協調システムをつくらなければならないと考えたのである。「これからは勢力均衡ではなくて平和のための共同体をつくっていかなくてはならない」とウィルソンは言明した。その共同体の具現化が国際連盟であり、その国際連盟にアメリカが参加することが、彼の考えでは国際秩序のために不可欠なことであった。

ウィルソンの新国際秩序構想は国際的に多くの進歩的な人々の共感を呼び、そのような国際的な支持とアメリカの国力とを背景に、彼は戦争末期から講和会議の時期にかけて大きな指導力を発揮することができた。それにもかかわらず、ウィルソンが安定した国際秩序の再建に失敗した主要な原因は二つある。それらの原因は相互に関連するもので、いずれも根源はアメリカにあった。ひとつは彼がアメリカを国際連盟にいれることに失敗したことである。彼は一九二〇年の選挙で民主党が勝つことを期待し、共和党主流派がつけた批准に際しての留保条件を受け入れることを拒んだ。それにより、アメリカが連盟規約を批准する機会は失われた。アメリカが国際連盟にはいらないということはアメリカがいざというとき、ヨーロッパの平和の保証者の役割を

第一次大戦中，男性にかわって働いた女性鉄道労働者

はたさないことを予想させる。それは戦後の国際平和を不安定なものにした。

二つ目は戦後の国際経済再建のための有効な具体策を欠いていたことである。ウィルソンの政府はアメリカ国内においても戦時経済から平時の経済への移行を円滑におこなう政策をもっていなかった。そのため、経済が混乱し国民の不評をかって、民主党は一九二〇年の選挙で政権を失うことになる。したがってウィルソンが戦争で荒廃したヨーロッパの復興を促進し、国際経済を再建する計画をもっていなかったのは当然ともいえる。そのような計画は、敗戦国の経済復興を阻害しないような賠償問題の調整、戦時中アメリカが与えた政府借款の返済の減免、アメリカの政府借款の供与の継続、民間資金の海外投資の奨励、アメリカ市場を開放する低関税政策などを含むべきものであった。しかしそれらの政策は、たとえ政府が実行しようとしたとしても、国民の世論や議会の賛成はえられなかったであろう。ウィルソンは少なくとも低関税政策だけは維持するつもりであったが、共和党が政権を握ると、議会は関税を引き上げ、貿易政策を伝統的な保護主義に戻した。

戦間期のアメリカ外交

一九二〇年の選挙に勝ち、政権についた共和党の政府指導者たちはけっして孤立主義者ではなく、国際連盟にも条件付で加盟するのがよいと考えたが、議会の共和党には頑固な反対派の勢力があったので、国際連盟には参加しないという方針を決めた。彼らは国際経済秩序の形成にも関心があったが、参戦後ドイツと戦う国々に与えた政府借款の返済を減免することを好まなかったので、ヨーロッパの経済問題に関与することに消極的な態度をとった。ドイツの賠償問題をめぐって独仏関係がこじれ、ヨーロッパの政治経済が混迷の度を増したときに、ようやくアメリカ政府は、財政専門家の国際的委員会を組織して賠償問題を調整することを提案した。その提案がいかされて、賠償支払いについての合意が成立したので、二〇年代後半には、アメリカの資金がヨーロッパに流れるようになり、ヨーロッパの経済復興が進み、政治的雰囲気も改善に向かった。

共和党の政府は海軍の軍備縮小と東アジア太平洋地域の新秩序の形成についてはより早く行動し、一九二一年から二二年にかけてワシントン会議を主催し、海軍軍縮条約などの諸条約をまとめた。海軍軍縮については、孤立主義者も国際連盟の外で解決すべき問題としてこの会議での交渉を歓迎したし、東アジア太平洋地域は従来からアメリカがかかわりあった地域であるから、この地域にかんする従来のアメリカの原則を国際条約にすることには孤立主義者も反対しなかった。また二八年の不戦条約（アメリカではケロッグ・ブリアン条約と呼ばれた）はアメリカがフランスとともに世界諸国に呼びかけて締結したものであるが、戦争を国策の手段としないことを約束する多数国間の条約は、アメリカにはとくに負担を課すものではないから、孤立主義者が反対する理由はなかった。

一九二〇年代後半は国際関係の相対的な安定期であった。この時期にはアメリカ人はアメリカ経済の好景気に満足し、アメリカの将来にも世界の将来にも楽観的であった。彼らは、国際連盟の発足からケロッグ・ブリアン条約までの二〇年代の国際政治の流れをみて、人類は大きな戦争を経験して、平和的に国際問題を処理していく時代にはいりつつあると思い、国際協調派はアメリカは国際連盟には参加していないが、軍縮や戦争放棄のための諸条約などの推進を通じて国際平和に貢献していると考えて満足した。

アメリカ人の楽観を打ちくだいたのは、一九二九年秋の株式市場暴落が引金になった深刻な経済不況である。アメリカの経済活動は縮小し、倒産者、失業者が続出した。アメリカの不況は国際経済の潤滑油だったアメリカからの資金の流れをとめ、世界の国々の経済と政治とに深刻な打撃をおよぼした。ドイツが賠償の支払いをやめると、アメリカに戦時借款の返済義務をおっているヨーロッパの諸国も債務の支払いをしなくなった。日本は三一年に満州事変を起こし、それ以来軍部の発言力が強い権威主義的な政治体制に移行していった。ドイツでは議会制民主主義が危機に陥り、三三年にはナチスの独裁体制が成立した。三〇年代は世界における民主主義の後退期であった。

このような状況のなかでアメリカの世論は強固な孤立主義、孤立主義と結びついた平和主義に傾いた。経済不況が始まると議会はすぐ史上最高といわれる保護関税を採用した。共和党のフーヴァー大統領は国際協調による経済の悪化の阻止、回復の促進を望んだが、孤立主義的な世論に制約されて十分な国際的指導力は発揮できなかった。また国内政策として大胆な経済回復策も不況に苦しむ人々の救済策も打ち出さなかったので、彼は三二年の選挙に敗北する。三三年に大統領に就任した民主党のフランクリン・D・ローズヴェルトはニューディールと呼ぶ一連の経済危機対策を打ち出した。彼は当面世界のことはかまわず、とにかくアメリカ一国だけで経済復興をはかろうと考えた。世界諸国もそれぞれの政策によって経済を立て直そうとしていた。ただしローズヴェルト政権は三四年になると二国間協定によって相互の関税を引き下げる互恵通商政策をとり始めた。この政策の推進者には、互恵通商協定により貿易が拡大すれば、それは経済発展につながり平和的関係が発展するという期待があった。アメリカがこの時期に互恵通商協定を結んだ国々は、主として西半球のラテンアメリカ諸国である。ヨーロッパの国際情勢が不穏になるにつれて、アメリカはヨーロッパ情勢に関与することを避けつつ、西半球諸国との友好につとめ、第二次世界大戦が始まってからはアメリカの指導のもとに西半球諸国の結束を強化しようとした。

一九三五年から三七年にかけて議会でつくられた中立法は、海外の戦争はどのようなものであれ、それに巻き込まれないことがアメリカの利益だという考え方に基づいていた。一国平和主義ともいうべき考え方である。国際情勢の危機が深まると、ローズヴェルト大統領は侵略的な国々の行動を抑制するためにほかの国と協力することが望ましいと考えたが、そのような政策について国民に支持を求めることにはきわめて慎重であった。アメリカの世論が世界情勢に危機意識をいだき、政府がイギリスへの援助や協力を促進するようになるのは、四〇年六月にフランスが敗北し、ヨーロッパ大陸を支配するドイツと戦うのはイギリスだけという状況になってからである。

二十世紀初頭、ライト兄弟が最初の飛行機を作成してから航空機の実用が進み、戦間期には商業航空も次第に発展したが、航空機の軍用化がとくに促進され、第二次世界大戦では航空機が重要な役割をはたした。アメリカ参戦のきっかけとなった日本のパールハーバー奇襲も航空母艦の艦載機によるものであった。大戦中アメリカは強力な航空兵力をつくりあげ、連合国の勝利に貢献した。

第二次世界大戦と戦後秩序構想

一九四一年にはアメリカは、イギリスとの協力を強化していった。その年の八月にはローズヴェルト大統領とイギリスのチャーチル首相との共同声明「大西洋憲章」も発表された。これは戦後に再建されるべき世界秩序の原則についての共同声明であるが、その声明ではナチス・ドイツは共同の敵であることが明示されていた。大西洋憲章は英米共通の立場を表明することでイギリス国民を鼓舞する狙いがあったが、またこれはドイツと同盟を結んでいる日本にたいする警告の意味もあった。当時アメリカは日本がフランス領インドシナ南部に軍隊を送ったことにたいして、石油の全面禁輸など厳しい制裁措置をとっていた。日本は石油のような重要資源をアメリカに依存しながら、中国での戦争を戦い、アメリカに敵対的なドイツとの同盟を結んで、東南アジア進出をうかがっていた。日本もアメリカも戦争を望んだわけではないが、緊張緩和のために相手を満足させるような大きな譲歩や政策転換をする意志はなかったため、四一年秋の日米交渉は不成立に終わった。

その年の秋には大西洋ではアメリカ海軍とドイツの潜水艦とが何回か交戦したが、まだ、ローズヴェルトは国民に参戦を提議することをさしひかえていた。アメリカの逡巡に止めをさしたのは十二月の日本のパールハーバー奇襲であった。ドイツもアメリカに宣戦したので、アメリカは第二次世界大戦に総力をあげて参戦することになった。アメリカ人は、孤立主義が平和を維持する方法ではなかったことを痛感し、今度は戦後世界秩序の形成と維持のために積極的役割をはたさなければならないという考えで一致した。国際連合の設立とアメリカの加盟とは世論の圧倒的な支持を受けた。ローズヴエルトは国際秩序は力なくしては守られないことを痛感していたから、当初は世界平和のために必要なのは大国の協調であり、多数の小国をいれた世界的組織をつくっても国際秩序の維持には役立たないと思っていた。彼の大国中心的な考えは、国連憲章が国際の平和と安全にかんする問題の決定権を安全保障理事会に委ねたことに反映している。彼は大国の合意なしには国際組織は機能できないと考えていたから、主要連合国が常任理事国として拒否権をもつことは適当だと考え、またアメリカがいざという場合拒否権を使えるのであれば、国際連盟の場合のような加盟への国内の不安はなくなると期待したのである。

ヤルタ会談の三巨頭　中央がローズヴェルト大統領。彼は帰国後まもなく静養先で死去した。

ローズヴェルトは大国協調を前提とする国連システムに期待をかけたとしても、戦後ソ連との協調的関係を維持できることをそれほど楽観していたわけではない。しかし協調的関係が維持できなければ、平和な国際秩序はできないわけであるから、彼としてはソ連との協調を可能にするような信頼関係を築こうと努力したのである。

戦後秩序の準備という点で、第二次大戦の場合の特徴は、第一に、戦争中にアメリカの主導によって戦後秩序の構想が練られ、戦争が終わる前に国際的な合意をえてその構想が具体化したこと、第二に、戦後の国際経済秩序について考慮がはらわれたことである。一九四四年に国際通貨基金（アメリカのドルを基軸通貨として各国の通貨相互の為替レートを固定するための仕組み）と国際復興開発銀行という二つの機関の設立（「ブレトンウッズ体制」）が決まり、国連憲章草案の大枠がつくられた。そして翌四五年には国連の設立総会が開かれた。また連合国の活動の一環として、戦争の被害を受けた地域の人々を救済する基金も設けられた。アメリカは主要な枢軸国、ドイツと日本にたいしては完全な勝利をおさめたあと、しばらくこれらの国を連合国の占領下において、徹底的に非軍事化、民主化をおこなう方針であったが、完全に敗北して賠償支払い能力のない敵国から巨額の賠償を取り立てることは考えなかった。それらの国はアメリカが経済援助をしなければ賠償を払えないから、結局アメリカがドイツから被害を受けた国に賠償を払うようなものだということを、アメリカ人が理解していたからである。

人種平等原則の国際的承認

第二次世界大戦ではアメリカはドイツだけでなく日本をも相手として戦った。この戦争中アメリカでは、日本との戦争でアジアの人々を味方にするためには、アジア諸国の独立願望を支持すべきであり、また国内の人種差別とくにアジア人にたいする差別をやめなければならないという意見が高まった。政府はまず一九四三年に同盟国である中国系の人々の帰化（市民資格取得）を認め、中国に移民を割りあて、アジア人差別の撤廃に着手した。戦後五二年には全アジア人一般の帰化を認め、アジア諸国に移民を割りあてた。日本人を含むアジア人の移民を全面的に禁止した二四年の移民法のいわゆる排日条項はこれにより撤廃された。ただし西欧諸国偏重の移民枠割当制度は六五年の法改正まで存続した。

南北戦争後、合衆国憲法修正により人種差別が禁止されたにもかかわらず、第二次大戦前のアメリカは、まだ非白人市民にたいする人種差別が厳然として実在する国であった。北部では法的な差別はなかったが、南部の諸州では、州法や地方の条例により制度として黒人市民の差別が存在していた。しかし二十世紀になって北部の都市に移住したアフリカ系アメリカ人市民は、北部でしだいに政治的発言力をもつようになった。とくに第二次大戦のように国民の総力を結集する必要がある非常時には、国民の一〇%を占めるアフリカ系市民の戦争への積極的な協力が求められる。戦時中、連邦政府はしだいに黒人の権利にも配慮するようになり、有識者のあいだには人種差別の撤廃を促進する必要があるという考えが強まった。性的平等については、女性の参政権は、第一次世界大戦をへて一九二〇年に実現していたが、第二次大戦の場合、戦争を契機に女性の権利がとくに伸長したわけではなかった。この大戦中の女性の社会的進出は一時的なものとみなされ、性的分業は差別ではないという通念は変わらなかった。米軍は陸海軍あわせて三〇万人の女性を受け入れたが、これも緊急的措置とされた。軍における女性の地位がしだいに正式に認められるようになるのは一九四七年以降で、少将以上の地位に女性が就くのは七〇年代である。

国連憲章には、その前文に「基本的人権と人間の尊厳および価値と男女の……同権とにかんする信念」を改めて確認することが述べられ、そして第一条では「人種・性・言語または宗教による差別なく、すべての者のために人権および基本的自由を尊重するように」国際協力をおこなうことが、国連の目的のひとつとしてあげられている。第一次大戦後のパリ講和会議で、日本が国際連盟規約に人種平等の原則をいれることを主張したとき、ウィルソン大統領はそれを支持しなかったことが想起される。それから二十数年をへてアメリカも変わり、人種差別撤廃論が強くなっていた。国連憲章の作成にあたったアメリカの代表がこのような文言を憲章に書き込み、そしてこのような文言を含む国連憲章がアメリカの上院でも受け入れられたのは、今述べたような変化がアメリカ国内で進展していたからである。

さらに一九四八年にはアメリカのエリナー・ローズヴェルト（ローズヴェルト大統領の夫人）らの委員が起草した世界人権宣言が国連総会で採択された。しかしアメリカの南部諸州にはいぜんとして人種差別制度があった。南部の保守的な指導者は、国連憲章には、各国の主権に基づく国内管轄権を尊重するという規定があり、世界人権宣言は宣言であって拘束力のある条約ではなかったから、とくに反対はしなかったが、国内での人種差別撤廃に向けての動きには警戒心を強めた。また世界人権宣言に基づいて国際条約を作成するという段階になると、南部の保守派は強く反対したから、アメリカは国際人権規約の制定には指導的役割をはたすことができなかった。

アリゾナ号メモリアル

ハワイのオワフ島ワイキキ海岸からやや西に離れたところに海軍基地パールハーバーがある。ここは太平洋戦争の開戦に際して日本の機動部隊から飛び立った爆撃機が集中的に攻撃し、集結していたアメリカ太平洋艦隊の戦艦の多くを大破あるいは沈没させた場所である。そのとき沈んだ戦艦アリゾナ号を土台として、その上にこのときの日本軍の攻撃による犠牲者を記念するアリゾナ号メモリアルがつくられている。このメモリアルにパールハーバー攻撃五十周年（一九九一年）の当日ジョージ・ブッシュ大統領がおとずれ、パールハーバー内で犠牲者を悼む記念式典がおこなわれた。大統領は式典の演説で五十年前のできごとのゆえに海軍を志願したと自らの戦時経験を語る一方、アメリカが敢然として全体主義勢力と戦った結果として、戦後の日本やドイツが民主主義国として再生し、アメリカの友邦になったことを強調した。

日本がかつてパールハーバーに奇襲攻撃をしかけた侵略者であることはアメリカ人の国民的な記憶に残っている。九・一一テロ事件が起こったとき、アメリカでは、これは二十一世紀のパールハーバーであるといわれた。そのような歴史の記憶は日米関係が悪くなった場合には、日本にたいする不信感や敵意の源泉になりうるものである。アメリカからみれば、日本によるパールハーバー攻撃は東南アジア侵攻とともに、中国における戦争に始まった日本軍国主義の侵略行動の帰結であり、開戦通告前の奇襲は卑劣な行為である。他方、日本人には日本がアメリカを侵略したという意識はあまりない。日本のほうがアメリカに比べれば弱者だったという意識があるから、圧迫されて仕方なく戦争したのだという心持ちがある。

また日本人には、アメリカは敗北寸前だった日

パールハーバーのアリゾナ号メモリアル

本にたいして原爆を使用し、多くの一般人を殺傷したのは不必要に非人道的な行為だという心持ちがある。アメリカにも原爆の使用は非人道的な行為だったと考えている人は大勢いるが、国民感情としては非人道的な行為だったことを認めるのには抵抗があり、そのため政治指導者は戦争を早く終結させるために必要な行動だったと主張する。一九九四年にワシントンのスミソニアン博物館のひとつである航空宇宙博物館が、広島に原爆を投下した爆撃機エノラゲイ号を展示するにあたって、原爆投下の結果民間人に多くの死傷者がでたことを写真で示し、原爆投下の歴史的意味を参観者に問いかける展示を用意したときには、旧従軍兵士たちの団体が軍人の愛国的行為の正当性に疑問を投げかける展示計画には反対であるという声をあげ、上院でも政府の助成によって運営されている博物館が特定の歴史観による展示をおこなうべきではないという非難決議をおこなったので、展示方式の大幅修正を迫られたことがあった。

日米両国の関係を考えるときには、第二次世界大戦の歴史の記憶にかんして日米両国民のあいだにこのようなずれがあることに留意すべきであり、双方が両国民の共有する民主主義と人道主義の理念に照らして、より大局的な視点から大戦を回顧する必要がある。

エリナー・ローズヴェルト

良心的アメリカの代弁者

Eleanor Roosevelt
(1884〜1962)

フランクリン・D・ローズヴェルト大統領の夫人エリナー・ローズヴェルトはそれまでの大統領夫人に期待されていたホワイトハウスの女主人としての役割をこえて政治的に活動した新しい型の大統領夫人であり、大統領死去後は元老格の民主党員として国連を舞台とする外交などに活躍した。

フランクリン・D・ローズヴェルトは一九二〇年代にポリオにかかり、懸命のリハビリにより政治活動にはあまり支障がない程度に回復したとはいえ、歩行は困難で車椅子に乗らなければならない身体障害者だった。大統領は全国的に普及したラジオを通じて、演説によりまた座談風に国民に語りかけることで、国民に親近感をもたせたが、国内の諸地方をめぐって遊説することはできなかった。エリナー夫人は夫にかわって各地に赴いて演説し、多くの有権者と交流し、大統領の政策への支持を求め、また彼らの声を大統領に伝えた。第二次世界大戦中は米軍将兵の慰問のために海外にでかけたこともあった。

エリナーはアメリカの諸問題に自分の意見をもっており、その立場は社会正義の実現を願う上流階級の進歩派・人道主義者というべきものであった。彼女は改革派の女性団体、青年団体、黒人の公民権擁護団体とのつながりをもち、大統領の支持層の左派的部分を固める役割をはたした。大統領は南部白人の支持を必要としていたので、黒人市民の権利のためにはほとんどなにもしなかったが、彼らは大統領夫人が黒人の権利のために公然と発言をすることに元気づけられ、大統領の支持者となった。エリナーは自分自身の意見を述べる新聞コラムをもち、コラムニストとして時事問題に発言した。彼女は大統領夫人としての立場を意識しつつ活動したが、大統領から独立した発言者という立場を自分のために設定したのである。

エリナーは公的には大統領のよき協力者という役割を演じたが、私的には双方に問題があり、二人の夫婦関係は冷えていた。フランクリンは他の女性と不倫な関係を結んだが、エリナーは国民には彼が必要だと思い、公の場では彼を支えつづけた。当時のジャーナリズムは大統領の私生活をあばくことはしなかった。

エリナーはフランクリンの死後、トルーマン大統領により国連代表の一人に任命され、国連の人権問題委員会の委員長として世界人権宣言のとりまとめと国連総会における採択とに尽力した。この文書には人道主義者で市民的権利の擁護者だった彼女の信念が反映されている。彼女はアメリカにはまだこの世界人権宣言に反する人種差別がおこなわれていることを意識していたから、このような宣言の採択が人種平等への動きを活気づけ、差別主義者を追いつめていく圧力となることを望んでいたのであろう。彼女は民主党系の進歩派の組織「民主的行動のためのアメリカ人」（ＡＤＡ）の設立にかかわり、国内ではさらなる改革のための啓蒙活動をおこなった。

彼女が上院議員になろうとすれば難なく当選したであろうし、彼女が望むならば四八年の選挙で副大統領候補になることもできたであろう。しかし彼女はそれを望まず、非公式の外交使節として世界諸国、とくに新興の途上国を訪問した。五三年には日本をおとずれている。アメリカの良心を具現するような彼女の信条と人柄とにより、彼女はアメリカと訪問国との親善に貢献した。

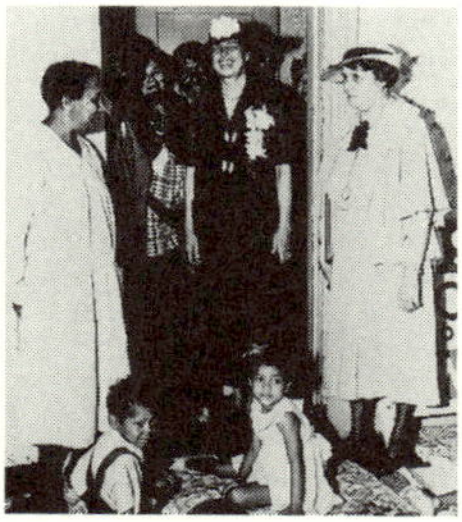

施設の慰問なども積極的におこなったエリナー

第7章　冷戦時代のアメリカ

米ソ冷戦と「アメリカの平和」

第二次世界大戦後の国際関係の特色は、戦後まもなく主要戦勝国米ソのあいだに冷戦と呼ばれる対立関係が発展し、それが長期にわたり国際関係の基本的前提となったことである。米ソ両国の政治経済体制およびそれを支える思想の相違、そして両国の歴史的相互不信と戦前の疎遠な関係などの諸条件があったために、両国が大戦中の協力関係を戦後も継続していくことはむずかしかった。戦後秩序にかんする戦争中の合意については、双方の認識にずれがあったが、そのずれが戦後の現実のなかではっきりしてくると、両者の相互不信を増幅し、相互不信がさらに対立を深めることになった。

ソ連側は東欧に自らの勢力圏をつくることは自国の安全のために必要であり、戦勝国として当然の権利であると考えたであろう。しかしそれはアメリカ側からみれば、ソ連も同意したはずの諸国民の政治的自決権の尊重という戦後国際秩序の基本原則に反する勢力拡張の行動であった。アメリカの指導者たちはアメリカが対抗力を用いなければ、ソ連がさらに勢力を拡張するであろうと考え、その勢力拡張を封じる必要を感じるようになった。ソ連は第二次大戦によって大きな被害を受けていたが、ドイツ軍を押し返した強力な陸軍をもっていた。その陸軍に対抗できる軍事力は戦後のヨーロッパにはなかった。またソ連は西欧諸国の共産党を通じて西欧に影響をおよぼすことができたから、ヨーロッパ諸国の経済復興が進まなければ共産党の勢力が台頭し、ソ連が影響力を強める恐れがあった。西側からみて、ヨーロッパにおける力の均衡のためにはアメリカ軍の存在と経済援助が必要であった。

アメリカ政府が行動を起こす必要を感じたのは、一九四七年初め、イギリスが極度の財政難のため、ギリシアとトルコへの経済軍事援助を続けることができなくなったときである。イギリスの援助がなくなれば、ギリシアのゲリラ戦争で共産主義勢力が勝ち、トルコはソ連の圧力に屈従せざるをえなくなると思われた。そこでトルーマン大統領はイギリスの肩がわりをすることを決めたが、そのためには議会の承認、世論の支持が必要であった。またそのころ、アメリカ政府は西欧諸国への大がかりな経済援助をおこなう必要を感じ、そのための計画を検討していた。このような事情で、トルーマンは全体主義勢力の脅威ということばを使ってソ連の脅威を国民に印象づけ、世界が危機的な状況にあることを強調した。この演説のあと「冷戦」ということばがアメリカのジャーナリズムによってつくられ、あらたな米ソの対立関係をあらわすことばとして、世界に流布するようになるのである。

この冷戦ということばは、戦争はしていないが戦争に準じるような敵対的状態があることを示唆したので、このことばが流布したことは、アメリカ政府には好都合であった。もし世界の状況が世界戦争に似た危機状況であるということになれば、アメリカ人はアメリカの力を用いてアメリカの味方を助け、アメリカの敵に対抗することに吝《やぶさ》かではなかったからである。四八年に始まったヨーロッパ諸国への大規模な経済復興援助計画（マーシャル・プラン）も、アメリカ人がソ連の脅威を意識していなければ、実現できなかったであろう。この計画が議会で可決されたのは、ソ連の圧力によってチェコスロヴァキアで共産党の一党支配が成立するという政変があった直後であった。それゆえ、アメリカが自らの力を用いて世界政治に恒常的に関与するようになるためには、冷戦という危機感のある状況が必要だったのだといえる。

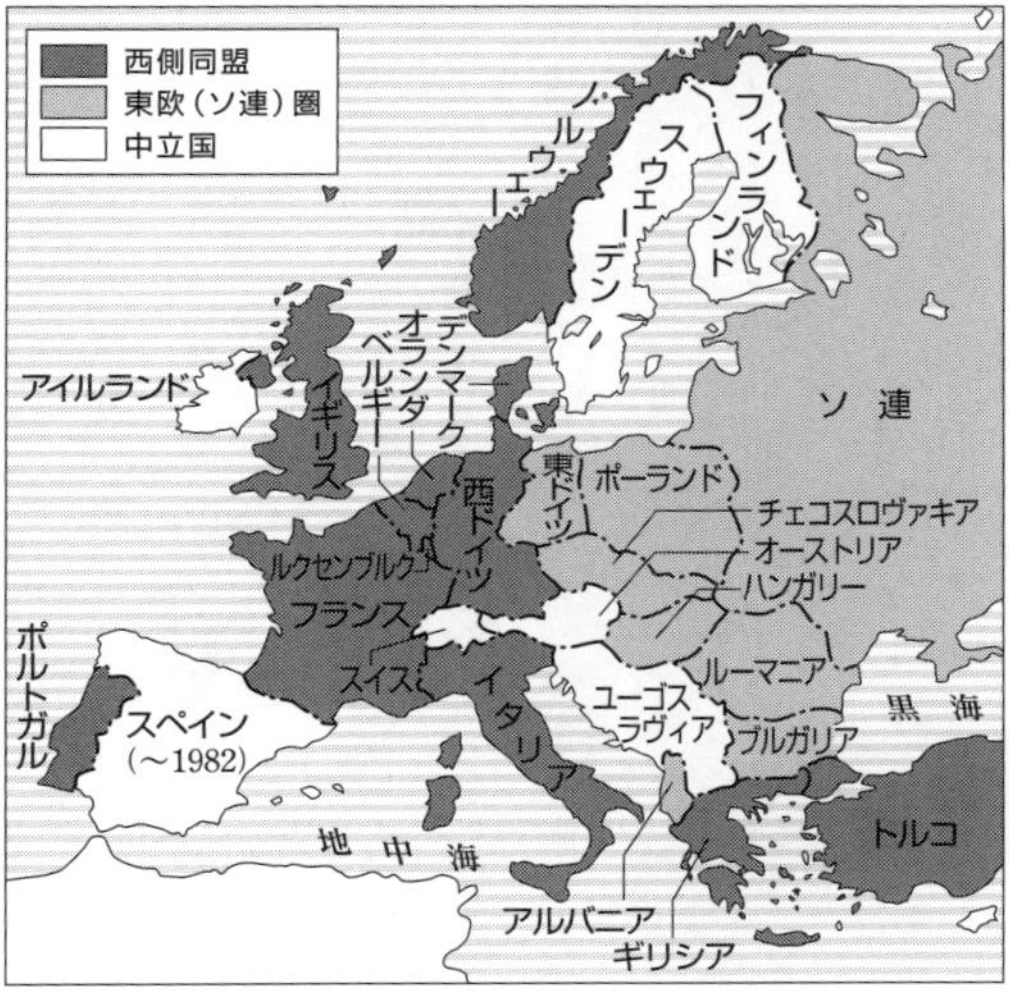

冷戦下のヨーロッパ

　第二次大戦への参戦とともに、アメリカ人はアメリカ主導による戦後の国際秩序の形成を支持するようになったが、そのために戦後も軍事的・経済的に大きな負担をおわなければならないとは考えていなかった。有力な敵対国としてのソ連が存在しなければ、アメリカは戦後世界において大きな軍事的なまた経済的な責任を引き受けることにはならなかったであろう。冷戦の時代は、アメリカがソ連の勢力拡大を封じ込めるために、世界諸地域に自国の軍事力を配置して、共産主義圏からの軍事的脅威を感じている国々の防衛を約束したのみならず、経済援助の供与と自国市場の開放によって、アメリカを含めた西側諸国が繁栄する国際経済秩序を形成した時代であった。それゆえ、冷戦の時代はまた「パクス・アメリカーナ」の時代、すなわちアメリカの力によって国際秩序が保たれた時代とも呼ばれる。

米ソ間には六二年のキューバ・ミサイル危機のように両国が戦争に危険なまでに接近したときもあったが、実際の戦争にはならなかった。核兵器の出現が双方の行動を慎重にしたことは確かであるが、核兵器の存在は予防戦争や先制攻撃の衝動を誘発する可能性もあった。そうならなかったのは、直接対決を避けたいという基本的態度が、米ソ双方にあったためである。キューバ・ミサイル危機はソ連の冒険的な行動によって生じたが、その収束のために米ソ双方は適切な行動をとった。そしてその後両国は核実験の制限、戦略兵器の制限などにより、両国の関係の安定を試みるようになる。したがって「冷戦」が八〇年代末まで続いたと理解する場合には、冷戦を米ソの緊張状態と定義することは適当ではない。米ソの対抗関係を基軸とする国際政治の構造あるいはそのような構造のイメージと定義し直すことが必要である。

朝鮮戦争とマッカーシズム

一九四八年のマーシャル・プランの発足により、アメリカはヨーロッパの冷戦における西側の立場を強めた。ソ連はドイツの西側占領地域と西ベルリンとを結ぶ陸上交通路の封鎖によって、ドイツ問題で西側から譲歩を引き出そうとしたが、米英は航空輸送によって対抗したので、その試みは失敗に終わった。四九年五月にソ連が封鎖を解除するまでに、西側諸国は北大西洋同盟条約を結んで結束を強め、米英仏三国は三国のドイツ占領地域に統一的な政府（ドイツ連邦共和国〈西ドイツ〉政府）を設立した。冷戦ではアメリカがソ連を守勢に追い込んだようにみえた。

しかし同じ四九年の秋にはアメリカ人に衝撃を与える二つの事件が起こった。ソ連における原爆実験の成功と中国内戦における共産党軍の勝利である。意外に早くソ連が原爆実験に成功したことはアメリカ政府指導層に衝撃を与えた。大統領はソ連に対抗するために破壊力のさらに大きい水素爆弾の製造を開始することを指示し、また政府部内ではソ連が数年後に全面戦争をしかける可能性に備えて軍備を大幅に増強する計画が立てられた。政府指導層は中国内戦については共産党の勝利をかねてから予想しており、それを防ぐためにアメリカが大きな資源を投入して内戦に関与することは得策ではないと考えていた。彼らは中国を巨大だが当分経済が発展しない国とみなし、中国を助けるよりも世界の先進工業地域（西欧や日本）がソ連陣営に陥るのを防ぐことがまず重要だと考えたのである。しかし中国における共産軍の勝利はアメリカ国民には大きな衝撃を与えた。アメリカ人は第二次世界大戦中から中国はアメリカの友邦であり、日本にかわるべきアジアの大国であるというイメージを与えられていたからである。トルーマン政権は、中国については共産党政権であってもソ連から自立した外交政策をとることを期待し、台湾に逃れた国民政府に軍事援助を与えることをひかえた。しかし五〇年二月共産党政権はソ連と同盟を結び、ソ連側に立つことを明らかにしたので、「中国の喪失」を非難する声が国内で高まった。

このようにして、国民のあいだに国際情勢への失望感が強まったとき、ジョゼフ・マッカーシー上院議員は共産主義者追放運動の扇動者として登場した。彼はソ連の原爆開発の成功や中国共産党の勝利など、国際情勢が望ましくない方向に進展したのは、アメリカ政府内にアメリカの利益を裏切る共産主義者が大勢いるからだと主張して、そうした共産主義者を排除しなければならないと、繰り返し演説した。このような主張はアメリカの力を万能視し、国際情勢の複雑さを理解できない人々の心情に訴えて共感を呼び起こし、共産主義者およびその同調者とみられる人々を政府や教育界、ジャーナリズムや映画産業から追放しようとする運動が展開されることになった。共産主義者の影響力を誇張して、彼らに過剰な恐怖を示した民衆運動は上院議員の名をとってマッカーシズムと呼ばれるようになる。この運動は朝鮮戦争の勃発後頂点に達した。

冷戦時代、西側諸国とソ連圏諸国とは対抗関係にあったが、ヨーロッパでは戦争は起こらなかったから、まさに冷戦の時代であったが、その時代に東アジアではアメリカは共産主義勢力と二つの戦争、朝鮮戦争とベトナム戦争とを戦った。それは簡単にいえば、東アジアの状況とヨーロッパの状況との違いのためである。冷戦はヨーロッパで、西側とソ連側とがたがいにそれぞれの領域を守ろうとして始まったものであるから、一方がその境界をおかせば、第三次世界大戦を誘発する状況があった。しかしアジアでは、スターリンは北朝鮮（朝鮮民主主義人民共和国）の武力による朝鮮統一の試みを認めた。それはアメリカが韓国（大韓民国）をそれほど重視していないと思い、北朝鮮が韓国に侵攻しても、アメリカが軍事力で阻止しない可能性が大きいと考えたからである。彼の予想に反してアメリカが軍事力をもって介入し、アメリカが逆に朝鮮を武力で統一しそうな状況になっても、ソ連は自ら参戦せず、かわりに中国に出兵を求めた。アメリカもこの戦争を朝鮮半島だけの戦争として戦うつもりで、中国領土に戦争を拡大する意志はなかった。むしろアジアの戦争に深入りしているあいだにソ連がヨーロッパで攻勢にでることを警戒したのである。

キューバ・ミサイル危機

朝鮮戦争の戦況は二転三転ののち、戦線が安定し、一九五三年に休戦協定が成立した。その年ソ連では長年の独裁者スターリンが死去し、スターリン後のソ連指導層は当面西側との関係の緊張緩和を望んだので、世界情勢はやや落着きを取り戻した。五五年にジュネーヴで西側三国とソ連の首脳が戦後はじめて会談し、友好的な雰囲気のなかで語り合ったので、冷戦は雪解けをむかえたという見方もあった。しかし米ソ両国は核兵器とその運搬手段の開発を競っていた。ソ連と西側諸国とのあいだにはベルリンの地位の問題をめぐる対立が残っていた。六一年には米ソ関係はこの問題をめぐって緊張したが、アメリカ側の態度は西ベルリンの現状維持については強硬だったので、ソ連は東西ベルリンのあいだに壁を構築することで東ドイツからの人口流出を防ぐことにした。しかし翌年にはソ連の指導者フルシチョフがアメリカのすぐ南の国キューバに中距離ミサイルを持ち込むことを試み、米ソ関係はきわめて緊迫した。

キューバ危機の際，米ソ戦争を起こすことなくソ連ミサイルを撤去させることに心をくだいたケネディ大統領（左）と弟のロバート

アメリカは隣国キューバについては、アメリカの利益を尊重するのであれば独裁者の政府でも容認しており、バチスタ政権もそのような政権だった。民心が離れていたバチスタ政権をあっさりと倒して五九年に権力を握ったのはフィデル・カストロである。カストロはアメリカ人資産をも没収する国有化政策を進めたので、アメリカとの関係は急速に悪化した。アメリカの経済制裁で苦境に立ったカストロは助けを求めてソ連に接近した。ソ連はこうしてアメリカに一番近い国キューバを衛星国にすることができた。ソ連がアメリカ本土のほとんどを射程距離におさめる中距離ミサイルをキューバに持ち込むことにしたのは、キューバをアメリカから守るという意味もあったが、対米核バランスを劇的に改善し、世界政治におけるソ連の立場を有利にしようという狙いがあったからである。

フルシチョフは秘密裏に中距離核ミサイルをキューバに配備してしまえば、アメリカも黙認せざるをえないと計算したが、ミサイル持ち込みと基地建設はアメリカ側が探知するところとなった。ケネディ大統領はアメリカを脅かすソ連のミサイルの撤去を強く要求しつつ、ソ連がミサイルを撤去すればアメリカはキューバを攻撃しないと保証したので、フルシチョフは米ソ戦争を避けるために、ミサイルの撤去を約束した。こうしてキューバ・ミサイル危機は米ソがもっとも戦争に近づいたときといわれるが、この危機はまた両国を緊張緩和に向かわせる契機にもなった。米英ソ三国は大気圏内の核実験禁止のための条約の交渉を始め、この交渉は六三年八月に調印され、まもなく発効した。ケネディ大統領は条約調印前に演説して、両国とも核戦争を避けることに共通の利益をもっていることを強調し、両国が交渉を通じて対立点を解消していくことが可能だと述べた。

ベトナム戦争政策の挫折

一九六〇年代はアメリカがベトナムでの戦争に深入りした時期であるが、アフリカ諸国がつぎつぎと独立した時期として知られる。六〇年代半ばに国内では人種差別撤廃のための大きな前進があった。それはなによりもアメリカ国内で盛り上がった公民権運動の成果であるが、またアメリカ政治指導者たちがアメリカの国際的立場を考慮して国内の人種差別撤廃を進めようとしてきたことの表れでもあった。冷戦の舞台がヨーロッパから流動的な状況のほかの地域に移り、アジア・アフリカ諸国が独立するとともに、ますます人種差別のない国であることが、民主主義の擁護者としてのアメリカの国際的指導力を維持するために必要になったのである。

ベトナム戦争は北ベトナム（ベトナム民主共和国）の共産党政権が南ベトナム（ベトナム共和国）内部の同志と協力してベトナム統一をはかったのにたいして、東南アジアにおける共産主義勢力の拡大を阻止するために、アメリカが南ベトナム政府を守ろうとした戦争である。朝鮮戦争への出兵以来、ベトナム戦争が長期化するまで、冷戦時代のアメリカ人は、アメリカがソ連および共産主義勢力の拡張を防ぐために、世界のさまざまな地域に軍事的に介入することを支持していた。冷戦を必要悪として肯定してきた有力な神学者ラインホールド・ニーバーや公民権運動に専念してきたマーティン・ルーサー・キング牧師がベトナム政策に異議を唱えるのは、六五年半ば以降である。

ベトナムの状況が好転しないまま、アメリカの戦争行動が拡大し長期化するにつれて、リンドン・ジョンソン大統領の戦争政策への反対がしだいに国内に広がった。ベトナム戦争は北朝鮮や中国の正規軍が侵攻してきた朝鮮戦争とは異なる戦争であった。南ベトナム解放民族戦線のゲリラ活動は北ベトナムにより指導され、北から浸透してきた兵士たちにより強化されていたが、北からの公然たる軍事侵攻はなかった。米軍にとって神出鬼没のゲリラを制圧することは、正規軍との戦争よりはるかに困難であった。兵力の増派にもかかわらず、アメリカ軍はゲリラ活動を封じ込めることができず、北ベトナム爆撃を繰り返しても北側の意志をくじくことはできなかった。アメリカ国内には、アメリカはベトナム戦争に深くかかわりすぎて大局的利益を見失ったという批判とともに、この戦争は侵略にたいする戦争ではなく、不人気な政府を守るための反革命戦争であり、アメリカ側に正義がなく、戦争のやり方も破壊的かつ非人道的だという非難が広がった。

六八年一月末、解放民族戦線は総力をあげて米軍のいくつかの拠点にたいして大攻勢をかけ、南ベトナムの首都サイゴン（現在のホーチミン市）の中心にも攻撃をしかけた。この攻撃は純軍事的には失敗であって解放民族戦線は大きな損害を受けて撃退されたが、政治的には大きな成功であった。このテト攻勢（テトはベトナムの旧正月）がアメリカ国民に与えた衝撃は大きく、戦況が好転しつつあるというアメリカの軍部および政府の主張は国民の信用を失った。アメリカ政府は北側への軍事的圧力

アメリカの主要な戦争と戦死者の数

戦争（期間）	戦闘による死者	その他の死者	合計
独立戦争（1775～83）	4,435	—	4,436
1812年戦争（1812～15）	2,260	—	2,260
メキシコ戦争（1846～48）	1,733	11,550	13,283
南北戦争（1861～65）	140,414	224,097	364,511*
アメリカ・スペイン戦争（1898）	385	2,061	2,446
第一次世界大戦（1917～18）	53,402	63,114	116,516
第二次世界大戦（1941～45）	291,557	113,842	405,399
朝鮮戦争（1950～53）	33,739	2,835	36,574
ベトナム戦争（1964～73）	47,434	10,786	58,220
湾岸戦争（1990～91）	147	235	383
対テロ戦争（2001～）**	751	275	1,026***
イラク戦争（2003～11）	3,471	907	4,308***

〔参照資料〕Susan B. Carter, et al., eds., *Historical Statistics of the United States, Millennial Edition*, Vol. 5, 5-350; *Times Almanac 2011*, pp. 572-73.
*合衆国軍のみの数字，南部軍の戦死者は正確にはわからない。双方合わせて60万人と推定される。**アフガニスタンでの軍事行動。***2010年4月3日現在の数。

の強化によってアメリカに有利な形のベトナムの平和を樹立することを断念し、アメリカの面《メン》子《ツ》を保ちうるような休戦、撤退の道を探ることを迫られた。ニクソン政権に引き継がれた長い休戦交渉が七三年にまとまる前に、アメリカの地上部隊の大半はすでに撤退していた。その二年後にアメリカがその維持のために多くの人的・物的な資源を投入した南ベトナム政府は崩壊した。ベトナム戦争はアメリカにとって明らかに失敗であり敗北であった。また戦時中戦争の是非をめぐってこれほど国論が分裂した戦争もなかった。この戦争はアメリカ人の歴史経験のなかで特殊な地位を占める。

若者の反逆

一九五〇年代のアメリカの大学生は保守的だったが、六〇年代の大学生は政治的・社会的大

ワシントンでの反戦デモ

義のために活発に行動した。六一年の就任演説で、ケネディ大統領は国民に「国があなたのためになにをしてくれるかではなく、あなたが国のためになにができるかを問いたまえ」と呼びかけたが、六〇年代は多くの青年が自らなにができるかを考えて、大義のために活動した時代だった。六〇年代半ばには人種差別撤廃運動のために多くの白人大学生が南部にでかけて、黒人たちとともに運動に参加した。

　ベトナム戦争が拡大し、多くの大学生が徴兵の対象になるようになると、大学生たちはこの戦争の正当性を問い、戦争に反対することに大義をみいだした。多くの有名大学で学生たちは反戦派の教師とともに学外の知識人を招いてキャンパスで反戦集会をおこない、街頭にでてデモ行進をおこなった。彼らのなかには徴兵カードに火を点けてもやす者もいた。反戦派の若い知識人や学生たちのなかには、戦争政策の根源は軍事化したアメリカ資本主義体制にあると批判する「ニューレフト」(新左翼)の知識人の見解に引きつけられる者も多かった。「ニューレフト」の知識人としては、社会学者のC・ライト・ミルズ、歴史学者のウィリアム・ウィリアムズ、言語学者の反戦知識人ノーム・チョムスキーらをあげることができる。彼らが新左翼と呼ばれたのは、旧左翼すなわち共産主義者ではなかったからである。しかしこれらの知識人以上に若者の心を動かしたのは、人種差別や戦争を批判する多くのプロテスト・バラードを書き、自ら歌ったボブ・ディランであろう。六〇年代のディランは当時の若者の抗議の気分を叙情的に表現したヒーローであった。

ベトナム戦争世代の学生たちは戦争に反対するとともに、既成の生活態度にも反逆した。従来、有能な大学生にとっては、多い収入と高い社会的地位とをもたらす職業に就き、成功することが人生の設計であった。しかしベトナム世代の青年、とくにめぐまれた家庭の出身者のなかには、そのような生活の価値を否定し、体面に囚われずに、そのときどきの生活を自由に送ることに人生の意義を主張する傾向があらわれた。ブルージーンズと長髪とは中流階級的な生活への反逆を外見であらわそうとするものであり、麻薬と性的解放と大学からのドロップアウトとは反逆の具体的行動であった。既存の価値観への反逆はカウンターカルチャーの名で知られる。カウンターカルチャーをもっとも極端なかたちで実践したのがいわゆるヒッピーであり、彼らは公園などに浮浪者的なコミュニティをつくって生活した。六九年夏、ニューヨーク州ウッドストック近くの農場で、戦争反対とカウンターカルチャーとを結びつけた音楽祭が開催され、四〇万人の若者が集まったという。これはカウンターカルチャー最盛期の出来事であった。

「ベトナム後」のアメリカ外交

ベトナム戦争政策が国民の支持を失ってからは、アメリカが武力を用いて国際秩序を維持することは困難になったので、アメリカの指導層としてはベトナム戦争の収拾のみならず、世界政策全体を見直す必要に迫られた。その課題を担って登場したのがニクソン－キッシンジャー外交であった。リチャード・ニクソン大統領と彼の協力者ヘンリー・キッシンジャー安全保障担当補佐官（のちに補佐官のまま国務長官就任）は、軍事的封じ込めが主で外交が従であったそれまでの対共産圏政策を改め、外交を活用することで、国際政治における主導者としてのアメリカの立場を保ちつつ、冷戦期のそれとは異なる国際関係を形成しようと試みた。彼らの構想は米ソ、米中間に共通の利益をつくりだすことでソ連と中国とを国際秩序の内部に取り込み、両国がアメリカの利益に反する行動をひかえ、より協力的な行動をとるように仕向けることであった。こうした構想にそって、ニクソンは一九七二年には中国とソ連とを訪問し、米中関係を劇的に改善するとともに、米ソ間の戦略兵器制限などの条約や協定を結んだ。彼らの中国・ソ連訪問による劇的な外交の展開は国民の支持を受けたが、ニクソンの強引な国内政治手法はしだいに国民の反感をかい、ウォーターゲート事件で失脚に追い込まれた。

ニクソンはベトナム戦争の経験から、アメリカ市民が国の安全について切迫した危機感をもっていないときには、徴兵制により市民から召集した兵士の軍隊によって長い大きな戦争を戦うことはできないことを悟った。彼はベトナム型の戦争はしないと述べ、徴兵制を廃止してアメリカの軍隊を職業軍人と志願兵からなる少数精鋭の軍隊に変えた。この戦争の教訓として、長期的戦争は避けることがその後のアメリカ政府の方針となった。

ウォーターゲート事件に関連して、ニクソンが政権維持のために種々のいかがわしい手段を用いたことが明るみにでたので、ワシントンの政治腐敗に失望したアメリカ人有権者はアメリカの政治・外交における道徳的リーダーシップの再建を願うようになった。その願望に応えるために登場したのが、ジミー・カーター大統領である。彼はアメリカの世界的な影響力は従来、道義的リーダーシップにおうていたことを力説し、アメリカの道義的リーダーシップを復活させることを主張して人権外交を提唱した。アメリカが七〇年代半ばに、このような理想を掲げる外交を展開できるようになったのは、二つの変化による。ひとつはアメリカがベトナム戦争をすでに終結させていたことであり、もうひとつは国内で人種平等の原則のもとに新しい人種関係が形成されつつあったからである。公民権運動やベトナム反戦運動にたずさわった人々があらたな目標を国際的人権擁護に求め、そのための団体を組織していた。人権外交は七四年ころから議会主導で始まっており、カーターはそれを大統領主導で展開しようとしたのである。

この政策はその後の大統領に受け継がれ、民主主義と人権尊重の奨励はアメリカ外交の重要な柱となった。八〇年代に、アメリカは韓国の軍政反対の指導者だった金大中《キム・デジュン》（のちの大統領）にたいする死刑の執行をやめさせ、彼の帰国後の自由について軍事政権に注文をつけ、民主政治へのすみやかな移行について、強い圧力をかけた。またアメリカは徹底した人種差別体制を固守しようとした南アフリカ政府にたいして厳しい経済制裁を課した。人権外交はアメリカの経済的・政治的・戦略的利害との兼合いがあるから、どの国にも一様に適用できないという問題があったが、カーター政権からクリントン政権にいたるアメリカ政府が、有力な人権擁護団体の存在を背景に、外交を通じて民主主義と人権の擁護に国際的に貢献してきたことは事実である。

プレスリーと若者文化の誕生

Elvis Presley
（1935〜77）

冷戦が続く一方で、その緊張がややややわらいできた一九五〇年代後半に、新しい若者文化を生み出す先兵となったのはエルヴィス・プレスリーである。彼はミシシッピ州生まれ、黒人音楽の中心地テネシー州メンフィスで育った。五三年に高校を卒業してトラック運転手になった翌年、黒人のように歌える白人の青年として彼に注目したレコード会社と契約し、地元の白人の十代後半の少年少女のあいだに爆発的な人気をえて、その人気はすぐに広い地域に広がった。彼の最初のレコード契約はまもなく大手のRCAビクターに買い取られた。二十歳をこえたばかりのプレスリーは「ハートブレーク・ホテル」「ハウンドドッグ」「ラブ・ミー・テンダー」などたて続けにミリオン・セラーのシングルをだした。

なぜプレスリーは爆発的な人気をえたのであろうか。彼は北部黒人の音楽リズム・アンド・ブルースを南部白人の音楽カントリー・アンド・ウェスタンと混ぜ合わせたスタイルの音楽を、白人の若者たちの歌として広めた。そして歌いながら激しく体を動かし性的に挑発的に腰をふる彼の動作も若者たちを魅了し、演奏会では聴衆を熱狂させた。白人の子供たちは、彼らの家庭の階級にかかわりなく、今まで与えられていた上品な歌では表現できない自分たちの大人社会への不満や抑制されていた性的な感情をはきだすことができる音楽を、親たちのものではない自分たちの世界の音楽を、彼のロックンロールに見つけたのである。大人たちが眉をひそめればひそめるほど、若者たちはエルヴィスに熱狂した。

敏腕のプロモーターだったトム・パーカーは彼

円熟期のプレスリー

の人気を広げるためにテレビ・メディアに注意深く彼を売り込んだ。品格を重んじる権威あるショー番組だった「エド・サリヴァン・ショー」も彼を無視することはできず、五六年にプレスリーはこの番組に登場した。このときはエド・サリヴァンは彼の上半身しか映させなかったという。彼が主演し歌う映画もいくつか製作され、多くの観客を動員した。プレスリーが広めたロックンロールはアメリカの若者音楽を変え、世界の若者音楽を変えた。六〇年代に世界を風靡《ふうび》するイギリスのビートルズも彼の音楽から大きな影響を受けた。五〇年代に彼の音楽に刺激されて、アメリカの若者たちが大人文化とは異なる文化をもつようになったことが、六〇年代の若者の社会反逆とカウンターカルチャーの発展を準備したといえよう。

プレスリーは四四枚のミリオン・セラーのシングルをだし、演奏会と映画出演などで、名声とともに莫大な収入をえた。彼が七三年にハワイから放送した最後のテレビ番組「エルヴィスのハワイからのアロハ」は世界に広く放映され一〇億人が見たともいわれる。しかしそのときまでには、彼が若者音楽の革命児だった時代は終わり、かつて新しい時代を開いた歌手として老若男女からなつかしまれるようになっていた。晩年は妻と別れ、麻薬にひたり、メンフィスの彼の屋敷グレースランドで精神的孤独のなかで薬の飲みすぎで死んだ。まだ四十二歳であった。

ベトナム従軍兵士の記念碑

ベトナム戦争はそれまでのアメリカが戦った戦争とは異なり、後味の悪い戦争だった。多くの費用と人命の犠牲をはらいながら、結局当初の目的を実現できず、敗北に終わった戦争であり、戦争中にアメリカの戦争の正義が疑われ、戦争の賛否をめぐって国論が二分し、戦争から手を引くことをよぎなくされた戦争であった。そのため、戦争から帰還した兵士たちも郷里で勇士として歓迎されることはなかった（映画『ランボー』はそのことがテーマになっている）。

ようやく一九七〇年代末になってベトナム戦争がたとえあやまった戦争、勝てなかった戦争だったにせよ、従軍兵士たちは戦死した者も生還した者も、ともに国のために奮闘した勇者であるから、彼らを勇士として讃え、戦死者を悼む記念碑を建てるべきだという声がでてきた。募金がおこなわれ、八二年にモールと呼ばれるワシントンの公園地域に建てられたのが、このベトナム従軍兵士メモリアルである。

若い中国系アメリカ人女性マヤ・リンの設計によるこのメモリアルは、二つの黒い花崗岩の低い長い壁が広角に開いたかたちでつながっているもので、その中央に「ベトナム従軍兵士たちに敬意を表して」戦死者の名前をここにきざむと書かれ、「アメリカ国民はベトナム戦争従軍兵士たちの勇気と犠牲と義務および国家への献身に名誉を与える」ということばが記されている。両翼に伸びる壁の部分には戦死者の名前がきざまれている。名前をきざまれているのは戦死者だけであるが、このメモリアルの特色は戦死者の記念碑ではなく、全従軍兵士のための記念碑であることにある。

このメモリアルは勇者を称えるものとしては、あまりに抽象的にすぎるという不満があり、それに応えて八四年フレデリック・ハートが製作したベトナム従軍兵士の像がこのメモリアルのそばにおかれた。それは白人兵士、黒人兵士、ヒスパニック系と思われる三人の兵士の像で、その三人の組合せにエスニック・マイノリティへの配慮がうかがわれる（口絵参照）。

ベトナム従軍兵士メモリアル　下は壁面の一部。

そのころには、アメリカ軍の撤退後、南北統一をなしとげたベトナムがカンボジアのクメール・ルージュ政権との戦争に深入りし、ベトナムがソ連と同盟して中国と対立する構図があった。ベトナム国内からボートで亡命を企てるベトナム人も多く、ベトナムの状況は西側寄りの東南アジア諸国が経済的に順調に発展していたのとは対照的であった。そのためアメリカ国内では、保守派にもリベラル派にもベトナム戦争の意味を改めて考える傾向がでてきていた。アメリカの内外での、このような状況変化がこのメモリアルの設置や兵士像の製作をうながしたひとつの要因であった。

第8章　差別廃止の成果と限界

人種差別体制の動揺

前章でも言及したように、第二次世界大戦以来、とくに一九六〇・七〇年代に人種平等に向かう大きな前進があった。この章では、差別廃止の成果とともにその成果の限界について、より詳しく述べる。保守的な議員の反対で立法化は阻まれたが、トルーマン大統領は差別撤廃の推進を提唱した。それはアフリカ系（黒人）市民の政治的影響力が北部の都市で増大したことに対処するものであるとともに、人種差別制度の存在がアメリカの国際的指導力への悪影響をおよぼすことを恐れたからである。大統領と同じく、差別撤廃に向けた行動が必要なことは多くの白人が認識するようになっていた。

戦後まもなくの時期にも、国務省勤務をへて国連事務局の幹部になったラルフ・バンチやプロ野球のメジャーリーグのスター選手になったジャッキー・ロビンソンのように、人種の壁（「カラー・ライン」）をこえて権力・富・名声をもつ人々のなかにはいった少数のアフリカ系アメリカ人がいた。バンチは戦前は反帝国主義・反人種差別の立場に立つ知識人だったが、大戦中国務省で植民地問題を担当し、植民地問題の専門家として国連事務局にはいった。彼は国連パレスチナ委員会の委員長としてパレスチナ和平の実現に努力し、五〇年ノーベル平和賞を受賞した。彼は国連事務局の幹部として活躍するかたわら、公民権運動を熱心に支援した。ロビンソンは四七年にブルックリン・ドジャーズのオーナーの英断によりメジャーリーグ最初の黒人選手として登場し、スター選手として活躍し、黒人メジャーリーガーの先駆者としての役割をはたした。またニューヨーク市の黒人居住区を地盤に四四年に連邦下院議員となり、六〇年代まで議会の内外で黒人の利益と権利のために発言し続け、黒人貧困層の代弁者として活動したアダム・クレイトン・パウエルのような政治家もいた。

トルーマン大統領は議会による立法化を必要としない分野では差別撤廃を進めた。朝鮮戦争で苦戦した際に、陸軍は戦場での必要から黒人部隊の一般部隊への統合をおこなったが、トルーマンはこれを契機に陸軍の人種統合をおこない、それによって南部諸州の基地にいる部隊も人種統合されることになった。トルーマンのあと、大統領になったドワイト・D・アイゼンハワーは就任当初、人種差別撤廃については指導力を発揮しなかった。アイゼンハワー政権時代に連邦機構のなかで人種差別撤廃に主導的な役割をはたしたのは、大統領でも議会でもなく、連邦の司法部すなわち裁判所であった。

アール・ウォレンを首席判事とする合衆国最高裁判所（連邦最高裁）は、五四年、最高裁の長年の見解を改め、「ブラウン対トピーカ市教育委員会」事件の判決において、学校教育では「分離しても平等」ということはありえず、人種隔離教育（黒人生徒は彼らだけの学校にはいり、白人が学ぶ学校にはいけない制度）は本来的に不平等であり、それゆえ憲法違反であるという判断をくだした。その是正措置をどうすべきかについては、最高裁はさらに考慮のうえ、翌年、それぞれの地域の教育委員会が適切な計画を立てて「着実な速度」で人種隔離教育の解消を進めることを指示し、その計画が妥当であるかどうかの判断はその地域の連邦裁判官に委ねるとした。南部の白人は当初、最高裁は人種隔離教育を違憲としたものの、その是正をすぐせよというわけではないと考え、落ち着いていた。しかし予想に反して、各地方の連邦裁判官が人種共学の段階的実施を始めることを要求すると、白人市民のあいだに強い反発と抵抗が生じた。南部の州知事、連邦議会議員のような責任ある立場の政治家の多くが、連邦司法部にたいして「司法の横暴」という非難の叫びをあげた。

リトルロックのセントラル高校に９人の黒人生徒の安全な通学を守るため出動した連邦軍

五七年にアーカンソー州の州都リトルロックの教育委員会が連邦司法部の意向に従って、白人高校に若干の黒人生徒を入学させることにしたとき、オーヴァル・フォーバス知事は黒人生徒の入学を阻止する行動にでて、大統領の説得にも応じなかった。アイゼンハワーも知事の連邦権力への挑戦は許せないとして、連邦軍を派遣して介入し、黒人生徒の通学を守った。五〇年代には、南部では変革を拒否しようとする白人保守派の動きが活発であったが、一方、南部の黒人市民も、五〇年代半ばまでには、差別撤廃を要求して組織的運動を展開する能力を獲得しつつあった。五〇年代半ばには南部黒人の大衆運動としての差別撤廃運動が始まる。

公民権運動の展開

一九五五年十二月に始まったアラバマ州モンゴメリーにおけるバスボイコット闘争は、黒人市民がバス乗車についての人種差別に抗議して、一年にわたって展開し、さまざまな圧迫や暴力にたえて、目的を達成した運動である。当時、南部の都市では、バス乗車について、白人は前から、黒人は後ろから座ることを条例で定め、空席がなく白人が座れなくなった場合には、黒人が立って席をゆずるのが不文律とされていた。白人に席をゆずることをことわった黒人女性ローザ・パークスがバス運転手に引きずりおろされ、警官に逮捕されたことが、闘争の発端となった。モンゴメリーの黒人市民は車を融通し合って、日常生活に支障のないようにして、バスボイコット闘争を続けた。彼らの闘争はこのような差別を憲法違反とする連邦最高裁の判決を引き出し、闘争に勝利をおさめた。

この闘争のなかから、若い公民権運動の指導者としてのマーティン・ルーサー・キングが登場した（「シヴィル・ライツ」は政治的権利だけでなく、市民として社会生活上差別されない権利一般を含んでいるので、「公民権」という訳よりは広い内容をもつ。「市民権」は「シティズンシップ」すなわち市民としての資格の訳語として用いられるので、「シヴィル・ライツ」は「市民的権利」と訳すのが最善であるが、公民権運動という訳語が普及しているので、以上のような説明をしたうえで、公民権という訳語を用いることにする)。キングはモンゴメリーの黒人のバプティスト教会の牧師として赴任してまだまもないとき、このバスボイコット闘争に関与し、その指導者となった。この闘争の成功はキングの指導力におうところが大きいが、より基本的には、南部の都市の黒人市民たちが、差別に抗議しようという意志と長期間にわたるボイコット闘争を組織できる力量とをもつようになったことによるものであった。

この闘争の成功ののち、キングは公民権運動のもっとも影響力ある全国的指導者になっていった。彼は南部キリスト教指導者会議を創設し、黒人教会の牧師の指導力を通じて多数の黒人を公民権運動に動員した。彼の運動方針は非暴力に徹しつつ、デモ、座り込み、ボイコットなどの大衆行動を繰り返すことであった。彼自身何回も逮捕され留置されたし、生命の危険にもさらされた。彼はこのような運動によって白人の良心に訴え、全国の多数の白人市民を味方にすることで、差別撤廃を推進しようとしたのである。警察や白人市民の暴行にたえて、南部の町で行進しあるいは座り込む黒人たちの闘争は、全国的なテレビニュースで報道され、その映像は多数のアメリカ人、白人にも黒人にも大きな感銘を与えたのである。

公民権運動はもちろんキングが指導した組織だけでおこなわれたわけではなく、いくつもの公民権擁護団体に属する人々が参加した。また黒人だけで戦われたわけではない。六〇年代の初め、北部か

1963年8月のワシントン大集会

ら多くの青年や学生が南部にいって運動に参加したが、その多くは白人で、反対派の暴力による犠牲者もだしている。このようにして、六〇年代初めには、市民生活における差別を廃止するための効果的な公民権法を求める声が高まり、それは六三年八月のワシントンでの大集会に発展した。この集会でキングは「私には夢がある」ということばで知られる演説をおこない、人種差別のないアメリカの未来を描いて、その実現のために努力しようと呼びかけた。

ジョン・F・ケネディ大統領は、このような公民権運動の盛り上りに応え、包括的で効果のある公民権法の立法化を提唱したが、彼がその年の十一月に暗殺されたときには、まだその法案は議会で保守派の抵抗にあっていた。彼のあと大統領に就任したリンドン・ジョンソンはテキサス出身の南部人であったが、議会での保守派の抵抗を切りくずして、六四年に公民権法を成立させた。

六四年公民権法は、(1)公共的な場所における人種差別の禁止、(2)雇用における人種・宗教・性による差別の禁止、それを監督するための連邦雇用平等委員会の設置、(3)人種共学促進のための措置、(4)差別を受けた人にかわって訴訟を起こす司法省の権限、などを規定したもので、市民生活から人種差別を除去することをめざす画期的な法律であった。ただし黒人市民の投票権の保護についての規定が不十分だったので、さらに翌六五年に識字テストの禁止や連邦による監視体制などの規定を盛り込んだ投票権法が制定された。この法律が成立する前、多くの活動家がアラバマやミシシッピにいって、黒人有権者の登録を助けるために活動した。彼らは白人差別主義者や白人権力による妨害にあった。黒人市民の投票権の確保の要求を劇的に盛り上げるために、キングが指導者となり、アラバマ州セルマからモンゴメリーへの行進が計画された。州警察がこの計画を阻止しようとして暴力をふるったため、不穏な情勢となったが、連邦政府の介入によりこの行進は達成された。彼らの運動がアメリカの世論と議会を動かして投票権法を成立させた。

黒人暴動と戦闘的な運動

公民権運動が一九六〇年代半ばに成果をあげ、これで黒人は満足するだろうという期待が白人市民のあいだに広がっていたとき、六五年八月、ロサンジェルスのワッツ地区で黒人住民の大暴動が起こり、数日間にわたって激しい破壊、略奪、放火があり、鎮圧に際して多くの犠牲者がでた。そしてこの事件は単発の事件としては終わらず、六六、六七年の夏には多数の都市で黒人住民の暴動が頻発した。南部ではない地域の都市で多くの暴動が起こったのは、南部農業の機械化によって南部農村から多数の黒人が都市に押し出され、安定した雇用のない人々がふえたことも一因である。しかしより大きな原因は、公民権法の制定や「貧困との戦争」といった政府の旗印が黒人市民に与えた期待と現実との隔たりであった。期待が増大したので、それまでは諦めのなかで甘受していた状況にたいする不満が爆発したのである。

都市の黒人暴動の始まりと時を同じくして、黒人運動の思想にもあらたな傾向が生じた。差別のない社会の建設をめざして白人の協力を歓迎し、非暴力に徹するというキングらの公民権運動家の方針を批判し、黒人だけの結束、黒人だけの運動を唱え、暴力も辞さない態度で白人側に要求を突きつけ、白人から譲歩を勝ちとるべきだとする戦闘的な指導者たちが登場した。「ブラック・パワー」はそのような思想をあらわす合言葉となった。公民権運動を推進してきたいくつかの団体が、こうした考えの指導者に支配され、白人活動家を排除した。戦闘的な黒人指導者が英雄視したのは、六五年に暗殺された「ネイション・オブ・イスラム」、当時「ブラック・ムスリム」として知られた団体の活動家マルコム・Xだった。マルコム・X（アメリカの黒人の本来の姓は奴隷にされたときに奪われて不明であるという意味である）は白人を戦うべき敵とみなし、白人にたいする激しい言動で知られた。ただし彼を暗殺したのは白人ではなく、彼があまりに目立った存在となり、独自の団体を組織しようとしたために、「ブラック・ムスリム」指導部に暗殺されたと考えられている。

六〇年代後半に、もっとも戦闘的な黒人団体として知られたのは、主としてカリフォルニアで活動した「ブラック・パンサー党」で、黒人の自決権を主張するとともに、黒人革命のために武装の必要を唱え、実際に白人権力との武闘を辞さぬ態度をとった。しかしこのような運動は一般の黒人市民の支持をえるにはあまりにも過激であり、権力側の弾圧もあって長くは続かなかった。黒人の運動が急進化したとき、白人のあいだに反動化の傾向が生じた。南部ではいぜんとしてアラバマ州知事ジョージ・ウォーレスのような人種差別主義者が活動していたが、彼の人気は南部のみならず北部の白人のあいだにも広がった。六八年の大統領選挙で彼が第三党の候補者として出馬したとき、彼は全国で一三・五％の得票をえた。

しかし、こうした白人たちも人種差別主義を長く維持することは無理であり、黒人を平等な市民として受け入れていかねばならないことを悟っていた。黒人が人種暴動で積年の不満をはきだしたあと、白人が多数を占めるアメリカ社会での現実的な利益の追求に関心を向けたように、人種平等に不満な白人も、ウォーレスの運動に不満の吐け口をみいだしたあとは、その多くは新しい人種関係に適応する道を選ぶようになるのである。六八年にキングが暗殺されたときには、各地で抗議の暴動が起こったが、そのあと黒人暴動の季節は収束に向かった。大都市の市政に黒人が発言力を強め、いくつかの市で黒人市長が誕生するようになったことも、黒人住民の不満を緩和した。

そのほかのマイノリティと女性の運動

黒人によって展開された権利のための運動は差別されてきたそのほかの少数グループ（マイノリティ）の権利意識を刺激した。先住民族であるインディアン諸部族はそれぞれの保留地での権利の確保や回復のために活動した。いくつかの部族は連邦政府の保有地打ち切り政策に反対し、ほかの部族は漁業権などをめぐる白人住民との争いで自己主張を強めた。そうした闘争を通じて、諸部族のあいだに連帯の意識が生じた。部族をこえたインディアンとしての連帯意識を強く表明する運動は、保留地の外で生活するインディアンの若い指導者によって推進された。もっとも戦闘的な組織だったアメリカ・インディアン運動（ＡＩＭ）は一九七二年には都市のインディアン住民の不満を劇的に示すためにワシントンに行進し、インディアン関係局の建物を占拠するなどの行動をとった。インディアン諸部族はそれぞれの文化遺産の保持につとめるとともに、先住アメリカ人（ネイティヴ・アメリカン）として連帯し、保留地における特別の権利とアメリカ社会のなかでの市民としての権利とを主張した。

セザール・チャベスが六〇年代から七〇年代にかけてカリフォルニアなどで展開した季節農業労働者の組織化運動も、黒人たちの公民権運動に刺激されたものといえよう。これはエスニック集団の運動というよりは農業労働者の階級闘争であったが、チャベス自身も彼が組織した季節農業労働者の大半もメキシコ系の労働者だった。彼らは自らを「チカーノ」と称した。チカーノはメキシコ系を意味することばであるが、「メキシカン・アメリカン」よりは抗議と抵抗の意味合いを含んだことばである。

ワシントンのインディアン局の建物を占拠したインディアン活動家たち

黒人の差別撤廃運動に刺激されて、女性も性差別打破のために立ち上がった。ベティ・フリーダンは六三年に『フェミニン・ミスティーク』を著し、男性が支配する社会が性的分業の通念をつくりあげて、女性を主婦と母親の座に閉じ込め、女性から才能を発揮する機会を奪っていると批判した。その後彼女は同志とともに全国女性連盟（NOW）を組織して性差別撤廃運動を展開した。第二次世界大戦後、大学に学ぶ女性の数はふえたが、女子学生は主として人文系の諸学科に学んでおり、法律家、企業経営者、医者、技術者などの専門職業人を養成する大学院に学ぶ女子学生は少なかった。生涯職業を追求するのではなく、よい職業人となるような配偶者を見つけ、結婚して家庭を守ることが、女子学生にとってもっとも普通の人生であると思われていたのである。NOWは女性も男性に伍して職業を追求すべきであると主張し、企業その他の機関が雇用や昇進において女性を差別しないよう要求した。六四年公民権法は雇用における人種・宗教による差別とともに、性による差別を禁止していたことは、すでに記したとおりである。そしてつぎに述べるアファーマティヴ・アクション（積極的差別是正措置）はマイノリティのみならず、女性にたいしても適用され、雇用上の性差別の打破が促進されるのである。

人種差別の解消とその結果

雇用における人種差別は一九六四年公民権法によって禁止されたが、それだけで、良い職に就く黒人の機会が目立って増大したわけではなかった。ジョンソン大統領は政府と取引のある企業にたいしてマイノリティの雇用の増大に特別の配慮をするよう指示したが、事態はとくに改善されなかった。

アファーマティヴ・アクション、すなわち従来差別されてきたマイノリティや女性に雇用・昇進・入学などの機会を積極的に与えることについて、政府の指導が強まったのは、ニクソン大統領のときである。彼の政権は七一年に行政命令をだし、政府と取引ある企業にたいして、マイノリティおよび女性の雇用増大にかんする年次計画を立てそれを実行することを要求した。政府の補助金を受ける団体もアファーマティヴ・アクションを求められた。

ニクソン政権のこのような政策に対応して、多くの企業や団体はマイノリティとくに黒人、および女性の雇用や昇進にかんして具体的目標を立て、それを実行するようになった。マイノリティや女性の登用によってアファーマティヴ・アクションの実績を示すことが、主要な企業や団体の一般的慣行となった。それぞれの民族が自己主張を強め、女性が強い権利意識をもつようになった時代には、そのような実績を示すことが良い企業イメージの保持のためにも必要となった。このようにして、七〇年代には従来閉ざされていた職種や地位への進出が目立つようになった。企業ばかりでなく大学も、黒人などマイノリティの学生の入学には特別の基準を設け、彼らの数をふやすことにつとめた。優秀な黒人や女性は大学への入学の際にも、社会人としての雇用と昇進に際しても、引く手あまたとなった。連邦の要職に就くマイノリティ系の人々や女性も少なくなく、黒人についていえば、ジョンソン大統領の時代にサーグッド・マーシャルが都市住宅長官としてはじめて省庁長官職に就き、ついで連邦最高裁判事に任命され、カーター大統領のもとではパトリシア・ハリスが黒人女性としてはじめて長官職に就き、アンドルー・ヤングが初の黒人の国連大使となった。ジョージ・ブッシュ大統領になって黒人の将軍コリン・パウエルが制服軍人の最高の地位である統合参謀本部議長に任命された。

アファーマティヴ・アクションは雇用、登用などに際して、従来差別されてきた特定の集団を優遇するものであるから、やがて白人男性にとっては逆差別であるという批判が生じ、アファーマティヴ・アクションを継続することが必要か、また適当かについて、さかんな議論がおこなわれてきた。

アファーマティヴ・アクションの推進が黒人の中流階級の拡大に寄与したことは確かである。能力ある黒人は奨学金をえて良い大学で教育を受ける機会に、そして高等教育を受けた黒人は良い地位をえる機会にめぐまれた。優秀な黒人は多様な分野で活躍するようになった。しかしアファーマティヴ・アクションが黒人市民全体にとってどれだけ生活の向上に役立ったかどうかは明らかではない。明らかなことは、能力ある黒人のための機会が増大したことで、黒人のなかの階級の格差、貧富の差異が拡大したことである。中流階級化した黒人たちが大都市の黒人スラムから抜け出し、中流階級にふさわしい住宅地に住むようになると、大都市の黒人スラムには貧しく無気力な人々が取り残され、彼らの居住区は荒廃し、貧困から抜け出しがたい「アンダークラス」と呼ばれる極貧層が増大した。貧困階層の構成者は数的には白人が多いが、人口比率からいえば、黒人、メキシコ系、インディアンのようなマイノリティの比率が高い。とくに都市の極貧層には黒人が多い。彼らはアファーマティヴ・アクションによっては救われない人々であり、生活環境を改善する貧困対策を必要とする人々である。アフリカ系アメリカ人の著名な社会学者ウィリアム・ウィルソンが主張したように、人種をこえた「アンダークラス」のための生活改善のための社会政策が必要なのである。

キングと黒人解放運動

Martin Luther King, Jr.
（*1929〜68*）

マーティン・ルーサー・キング・ジュニアは南部のアフリカ系アメリカ人としてはめぐまれた境遇に育った。彼と同名の父が牧師をつとめていたアトランタの教会は母方の祖父が初代牧師をつとめた教会で、アトランタの比較的裕福な黒人を会員にもつ大きな教会であったから、父は子供たちに中流階級の家庭環境を提供することができた。キングはアトランタの優秀な黒人の子弟が集まるムーアハウス・カレッジを卒業したのち、牧師になるためにペンシルヴェニアの神学校に学び、さらに奨学金をえてボストン大学の神学部にはいり、組織神学を専攻して博士号をえた。現在この神学部は彼の名を冠してマーティン・ルーサー・キング神学部と呼ばれている。このように最高の教育を受けた聖職者であったキングは、黒人同胞のなかのエリートとして、差別撤廃のための戦いを指導すべき使命感を感じ、その戦いに彼の天性の指導力を発揮することになった。

彼の公民権運動の特色は非暴力の直接行動という闘争方針であり、それはインドのガンディーの非暴力不服従運動から学び、その方式をアメリカの人種差別への抵抗運動に応用した。モンゴメリーのバスボイコット闘争の最中に彼の家に火炎瓶が投げ込まれたのをはじめとして、彼は何回も差別主義者の暴力によって生命の危険にさらされたが、彼はつねに、座り込み、デモ、ボイコットなどの大衆行動の先頭に立った。彼の献身的な努力は、公民権運動を盛り上げ、一九六四年の公民権法と六五年の投票権法という成果をもたらした。

しかし六〇年代後半には、このような法律上の改革によって黒人たちの生活が実際どれだけ向上するのか、という左翼的な活動家たちからの批判が高まり、そしてまた南部外の都市で黒人の暴動が頻発するという事態が生じた。キングはそのことを意識し、六〇年代後半には、あらたな状況に対応して、黒人の生活の具体的改善のための運動を展開するようになった。六六年には彼は北部のシカゴに赴いて、劣悪な居住地域に住むことをよぎなくされている人々のために、事実上の人種隔離をやめさせる運動をおこなった。

六八年に彼が暗殺されたのは、ほとんどが黒人であるテネシー州メンフィスの清掃労働者からの依頼を受け、彼らの労働条件改善の闘争を助けて市当局と交渉するために、メンフィスに赴いたときであった。またベトナム戦争をめぐって激しい論争が巻き起こった六七年には、彼は反戦運動にも参加するようになった。

モンゴメリーは大衆運動としての公民権運動の発祥地であることから、公民権運動で暴力の犠牲になった人々を悼む記念碑が八九年にこの町に建てられた（ベトナム従軍兵士メモリアルと同じマヤ・リンの設計）。水の流れるテーブルの回りの石の壁にはキングの「水が集まって大河になるように公民権運動が力強い流れになる」ということばが記されている。アトランタにはキング牧師の墓と記念館とがあり、生家も国立公園局により管理されている。

キング牧師の運動の宣伝看板

アリ

白人権力に反抗した栄光のボクサー

Muhammad Ali
（1942～ ）

アメリカで人種差別が厳しかった時代に、ボクシングは黒人選手が白人選手のなかにはいって戦うことができる唯一のプロ競技だったが、黒人ボクサーはでる釘は打たれることに注意する必要があった。一九〇八年にヘビー級世界王者となったジャック・ジョンソンは一〇年にはアメリカの白人の挑戦を退けて世界王者のタイトルを守ったが、彼の派手なライフスタイルが目立ったこともあって、白人社会の反感をかい、海外への亡命をよぎなくされた。三〇年代に登場した黒人ボクサーの逸材ジョー・ルイスのプロモーターは、彼が白人社会の反感をかわぬよう、ひかえめな態度をとらせた。そのような用心深さに加え、彼は世界王者の地位を賭《か》けた三八年のニューヨークの試合で、ヒトラーが自国の誇りとして応援したドイツ人ボクサーを倒したので、アメリカの白人たちから好感をもたれた。

六〇年代に登場したムハンメッド・アリ（イスラム教徒になる前の名前はカシアス・クレイ）は白人権力への反抗を明白にし、そしてスポーツの世界に生き残った最初の黒人ボクサー、最初のアスリートであった。彼はボクサーとして頭角をあらわし、六〇年のローマ・オリンピックでヘビー級金メダルを獲得して、プロに転向、六四年にはヘビー級世界王者となった。その後、クレイは「ネイション・オブ・イスラム」に入会したことを声明し、まもなくイスラム教徒としてモハメド・アリと名乗り、白人社会への批判を強めた。アリは「ネイション・オブ・イスラム」の有力な伝道者だったマルコム・Xと親交を結び、彼から影響を受けた。六六年にアリはベトナム戦争を批判し始め、その翌年にはイスラム教徒としての信仰に基づいて良心的戦争反対者であると申し立てて、徴兵を拒否した。彼は徴兵忌避者として起訴され、世界ボクシング協会からチャンピオンの資格を剝奪された。六〇年代後半には黒人アスリートたちも彼にならい、アメリカの状況への抗議を表明した。六八年のメキシコ・オリンピックの際、黒人選手たちは表彰台でアメリカの国旗・国歌に敬意を表するかわりに、拳を突き上げて抗議の意志をあらわした。

モハメド・アリ（右から２人目）**と**
マルコム・X（中央）

アリは友人や支持者たちの運動により、七〇年にボクシング界に復帰し、七四年には世界王者の座に返り咲き、その後七八年には王座を失ったが、すぐにまたそれを取り戻した。その不屈の戦いぶりであらたな人気をえた。その間にアメリカの白人の人種的態度には大きな変化があり、またベトナム戦争が失敗だったことが広く感じられるようになったので、アリは黒人の英雄にとどまらず、アメリカの国民的英雄となっていった。そして彼もアメリカの権力と和解した。八〇年にソ連のアフガニスタン進攻に抗議してモスクワ・オリンピックをボイコットすることにしたカーター大統領は、アリを特別親善大使に任命し、彼にアフリカ諸国を歴訪してボイコットに同調させるよう依頼した。

九二年にアリが五十歳の誕生日をむかえたときには、彼はボクサー生活のあいだに頭に衝撃を受けすぎたために「蝶のように舞う」と自称したかつての敏捷なボクサーの面影を失っていたが、テレビで全米に放送される盛大な祝賀会が開かれ、アメリカの各界の名士たちが彼にエールを送った。

第9章　あらたな保守主義の台頭

リベラリズム（進歩主義）の変容

アメリカが福祉国家としての看板を高く掲げていたのは、一九六〇年代までである。六〇年代半ばはジョンソン大統領が「偉大な社会」の旗印のもとに人種差別撤廃を進めた時期であり、また「貧困にたいする戦争」を唱えて福祉政策のあらたな推進に力をいれようとした時期である。彼はベトナムで共産主義勢力にたいする戦争を遂行しつつ、他方では繁栄する国内のなかにある貧困にたいしても戦う姿勢をとった。ベトナム戦争で挫折を経験したアメリカは、同時にアメリカの経済力の相対的低下を意識する。この戦争中の経済過熱がインフレをもたらし、そのためアメリカの工業製品の国際競争力が低下し、第二次世界大戦後はじめてアメリカの貿易収支は赤字になった。アメリカは自国のドルを金と兌換《だかん》性をもつ国際的な基軸通貨として、ドルと諸国の通貨とのあいだに一定の為替レートを設定するというブレトン・ウッズ体制を維持できなくなり、七〇年代初頭にはドルと金との兌換性は廃止され、世界主要国の通貨間の為替レートは市場の実勢に応じて変動する変動相場制へと移行した。そして七三年の石油危機を契機として、アメリカの高度成長時代は終わる。

アメリカ人はベトナム戦争で自国の力の限界を知り、経済成長が継続するという将来への楽観を失った。彼らは、高度成長の終わりとともに、国内の貧困の克服についても安易に語れなくなった。低成長の時代にはいると、アメリカの中流階級は貧困者を助ける福祉政策のために税負担がふえることをきらい、減税を望むようになった。政治指導者が福祉の充実を掲げて広い支持をえる時代は終わったのである。七〇年代には民主党の政治指導者も「大きい政府」が国民の面倒をみるという考え方を排除するようになる。カーター大統領は七八年の年頭教書で政府ができることは限られているから、市民は政府に期待しすぎることなく、自分の生活はまず自分で守らねばならないと述べた。彼はまたそれまで政府の規制のもとにあった民間航空輸送の規制撤廃をおこなった。政府は公共の利益のために企業の活動を監督し規制するという、二十世紀初頭以来のアメリカの革新主義ないしはリベラル(三〇年代以降、進歩的改革派はリベラル派と呼ばれた)の立場がリベラルな政治家自身によって、見直されたのである。

政府権限の拡大により福祉を充実することが従来のリベラル派の政策目標だったとすれば、七〇年代のリベラルの政策目標はアファーマティヴ・アクション(積極的差別是正措置)により、女性やマイノリティ集団に属する人々の入学・雇用・昇進などの機会を積極的に拡大することや、環境破壊の防止、消費者の利益の擁護などに向けられた。アファーマティヴ・アクションについては第8章で述べたので、ここでは環境保護の問題と消費者の利益保護の問題とについて述べる。

生物学者で海洋体験の著述家だったレイチェル・カーソンが『沈黙の春』を刊行して、ＤＤＴなどの殺虫剤の乱用が土壌汚染・水質汚染による広範な生態系の破壊を引き起こしていることを警告したのは六二年である。彼女の本は広く読まれ、公害防止・環境保全についての公衆の意識を高めた。カーソンの主張には化学工業界などからの反論もあったが、その正しさは政府が設立した調査委員会などにより立証されたので、六〇年代末から七〇年代初めにかけて、環境保護法、水質汚染防止法が成立し、七二年には政府はＤＤＴの生産と使用を禁止し、七六年には毒性物質管理法の成立により、ほかの多くの有毒製品の使用が禁止された。

消費者としての公衆の立場を擁護する市民運動は、ラルフ・ネイダーによって六〇年代半ばに始められた。彼は元来市民派の弁護士であったが、自動車の安全性を問題とし、六五年に『いかなる速度でも危険』を著して、自動車産業界は安全性を高めるより外見をよくすることに力をいれていると非難し、とくにジェネラル・モーターズ（ＧＭ）社のシボレー・コルヴェアの危険性を指摘した。彼の著作はベストセラーとなり、彼の信用を傷つけようとしたＧＭ社の策謀も明るみにでたので、議会は翌年自動車安全法を制定した。その後ネイダーは七〇年代から八〇年代にかけて、大企業にたいして消費者の利益を守る運動の組織化に指導力を発揮し、そのための法律制定に成果をあげた。

変革と反動の交錯

一九七〇年代はリベラルな変革とそれにたいする反動とが交錯した時代である。ジョンソンにかわって六九年に政権に就いた共和党のニクソン政権は民主党のリベラル派を急進的な反戦運動や戦闘的な黒人運動と結びつけて非難したが、アファーマティヴ・アクションの推進など、実際の政策面では必ずしも保守的ではなかった。ニクソン＝フォード時代の共和党は保守一色に染まっていたわけではなかった。ニクソン辞任のあと大統領になったフォードは、共和党内ではリベラルな政治家だったネルソン・ロックフェラーを副大統領に指名した。しかし七〇年代のアメリカではしだいに保守派が勢力を伸ばしつつあった。

連邦政府の奨励により、公的機関や連邦政府と取引のある企業がマイノリティや女性の入学・雇用・昇進について、地方自治体がマイノリティ企業家の公共事業受注について、数値目標を設定するようになると、まもなく白人男性からはアファーマティヴ・アクションにより自分たちの機会が奪われ、逆差別を受けているという反対論がでてきた。彼らは人種や性を問わず平等に機会を与えられるのがアメリカの原則であって、黒人や女性であるからといって優先的に機会を与えるのは平等原則に反すると主張した。最高裁は七八年に、入学者の特定の割合を特定の人種に割りあてることは違憲であるが、ほかの諸条件とともに人種を考慮することは適法であるという判決をくだした。その後最高裁に保守的な判事がふえるとともに、アファーマティヴ・アクションの具体策の多くは違憲とみなされるようになった。最高裁の判例は特定の人種に一定の人数枠や加算点を与えない方式のアファーマティヴ・アクションを適法としているが、もっとも保守的な人々は人種を考慮することは一切やめるべきだと主張している。七〇年代にマイノリティや女性がアファーマティヴ・アクションにより機会をえたことが、保守派の結集をうながした一因であった。

保守派は女性が家庭にとどまるべきだとは主張しなかったが、家庭をおろそかにしてはならないと主張して、「家庭の価値」の重視を唱えた。女性が職業をもつようになれば結婚生活にも変化が生じた。職業をもつ女性は離婚を決断しやすくなり、妻に収入があれば男性も離婚しやすくなるから、離婚率は増大した。両親が離婚する場合、子供の生活が不安定になることがある。女性の職業追求により、家庭内の性的分業がなくなれば、夫婦が育児・家事を分担することになるが、親の監督の目がいきとどかずに、子供が非行化する場合もあった。保守派はその点を問題にして「家族の価値」を大切にせよと主張した。

1950年代のモデル家族　夫婦と子供がいる家庭が全家庭数に占める割合は1960年以来半減した。

保守派は男女の平等に反対ではないが、性の平等を定めた憲法修正については、性の区別が一切認められなくなるという不安をいだいたために、この修正には賛成しなかった。この修正条項が期限内に四分の三の州（三八州）の承認をえられず、廃案となったのは、そのような保守派の不安のためであった。また性の平等という場合、ホモセクシャルの権利の承認も含まれると考えられたことも、保守派がこの憲法修正に賛成しない一因であった。女性の権利にかんしては、妊娠中絶を選択する女性の権利の承認について、保守派とくに宗教右翼と呼ばれるグループに強い反対がある。七二年に連邦最高裁は女性が妊娠の一定の時期について妊娠中絶をおこなう権利を認めたが、これについては保守派が胎児の生命の尊重を主張して猛然と反発し、妊娠中絶を原則として禁止する立法のための運動を展開するようになった。こうした対立は倫理観の相違がかかわる対立であるから、後述する多文化主義をめぐる論争とともに、「文化戦争」と呼ばれる。

保守派を政治運動にかりたてたもうひとつの原因は、連邦最高裁が六二年に公立学校における宗教教育を禁止したことであった。最高裁はアメリカ人の宗教が多様化したことに鑑み、公立学校における教育から宗教的要素を除去することにした。リベラル派はアメリカの多文化化に応じて、公立学校の宗教的中立性を保証することを是としたが、そのような判決に不満をいだく人々も少なくなかった。保守派は宗教が人々に道徳の基礎を与えるのであるから、公立学校から宗教的行事を排除すべきではない、それぞれの生徒が自らの信仰により神に祈ることは宗教の多様性の承認とは矛盾しないと主張したのである。

レーガン革命

一九七〇年代末には第二次石油危機が到来し、アメリカはふたたび不景気を経験する。八一年に登場したレーガン大統領は「保守革命」によってアメリカ経済を活性化させようとした。それまで強力だったアメリカの製造業は日本製品のアメリカ市場を含む世界市場への進出で苦境に立っていた。八〇年代は七〇年代の再度の石油危機を乗りこえてエネルギーの効率化を進めた日本の生産企業が世界市場を席巻する勢いをみせ、大幅な国際収支の黒字を背景にジャパン・マネーが世界に進出した時代であった。そのため、日本の興隆が喧伝《けんでん》され、アメリカの衰退がさかんに論じられた。

レーガン政権はアメリカ市場への自動車輸出の自主規制を日本に要求したが、日本をはじめ諸外国にたいしてはそれぞれの国内市場の開放を要求し、競争力あるアメリカ産業部門の海外市場進出を促進することにより、衰退した産業分野で生じた国内の失業者を吸収しようとした。またホーム・マーケットを広げるために、カナダとのあいだに自由貿易協定（八八年調印、翌年発効）を結んだのも、彼の経済戦略の一環である。彼は大幅な減税をおこない、とくに富裕層の税負担を軽減することで彼らの投資意欲を刺激し、新産業部門の発達をうながそうとした。彼は「小さい政府」を唱え、国民の税負担の軽減と政府の規制撤廃をおこない、国民の利益は、大きい政府による市民の経済活動の規制によってではなく、市場原理のもとで企業が競うことによって、よりよく守られると主張した。彼は気前よく金をばらまく福祉政策が貧しい人々の勤労意欲を減退させていると論じ、福祉政策の整理をおこない、また民営化できる部分は民営化することで政府の負担を削減しようとした。

高度成長時代が終わったあとでは、アメリカの中流階級は「小さい政

高齢市民に語りかけるレーガン大統領

府」論支持に傾いたから、レーガンの減税構想は有権者多数の支持を受けた。第二次世界大戦のあと、福祉国家を発展させつつ、経済的には生産性の高さにより世界市場で優位に立っていたアメリカも、日本などほかの産業国家の追上げにより、それまでの体制を見直さざるをえなくなった。第二次大戦後、福祉国家をつくりあげてきたイギリスも、長い経済の停滞に直面して、「揺り籠から墓場まで」といわれた公的サービスの多くを民営化して、競争力の回復による経済活性化をめざしたのである。レーガンはまた麻薬の流行、犯罪の増加、少年の非行など道徳の退廃からの回復のために、道徳観念を養う場として家庭、教会、学校を重視し、公立学校においても生徒がそれぞれの信仰に従って祈るような祈禱の時間を設けることが許されるべきだと述べた。彼のこのような道徳の復興の主張は、従来は民主党の支持層だった農村や小都市の実直な中流階級を共和党に引きつけた。

レーガンの保守主義は現状を変えることに消極的な保守主義ではなく、リベラルな政治によってつくられた現状を、「小さい政府」「市場の論理」「敬虔《けいけん》な信仰心」などの伝統的な理念に従って積極的に変えようという保守主義であったから、しばしば保守革命と呼ばれた。彼の保守革命の歴史的意味は、過去のよきアメリカへの回帰を目指す論理を用いながら、グローバル化時代に向けてアメリカの政治経済体制を再編しようとすることにあったといえよう。

強いアメリカの再建

ニクソンが始めた米ソ間の緊張緩和（デタント）を進める外交は、フォード政権からカーター政権に受け継がれたが、フォード大統領のころからアメリカ国内に批判が増大した。ソ連は緊張緩和を利用して、アフリカや南アジアなど第三世界で拡張政策をとったので、デタントはソ連にのみ利益を与えているという批判が高まったのである。とくに一九七九年にソ連がアフガニスタンに軍事介入したことは、アメリカ人を刺激した。そのような情勢は、イランの米大使館員人質事件に効果的対策をとれなかったこととともに、アメリカ人に不満感を与え、八〇年の大統領選挙で「強いアメリカの復活」を唱えたロナルド・レーガンを有利にした。カーターはパナマ運河地帯の統治および運河の管理権を二十世紀末までパナマに委譲する条約に調印し、また台湾にある中華民国政府との外交関係を断って中華人民共和国政府との正式な外交関係を樹立した。これらは重要な懸案事項を解決した外交上の成果であったが、アメリカの譲歩による解決であったから、カーター外交の成果としてはあまり評価されなかった。しかしカーターがそれらの問題を解決しておいてくれたので、強いアメリカを標榜するレーガンとしては譲歩なしには解決できない問題に直面することをまぬがれた。ソ連を主敵とみなしたレーガンは、台湾の国民政府に好意をもちながら、ソ連にたいしては中国と共同の立場に立つことができた。実際、八〇年代前半はソ連に対抗する日米中の提携関係が存在した時代であった。

レーガンのソ連共産主義にたいする強硬な外交姿勢を評価して、彼の陣営に参加した民主党系の人々がいた。彼らは元来は内政面ではリベラルで対外政策面ではソ連封じ込めに強硬な立場をとる民主党員であったが、ニクソンのデタント外交にもカーターの脱冷戦外交にも反対であったために、内政面でもレーガンの保守主義を支持するようになった人々で、彼らは「新保守主義者」(ネオコンサーヴァティヴ、二十一世紀初頭に「ネオコン」と呼ばれたのはこの人脈に連なる人々である）と呼ばれた。

レーガン政権は七〇年代に抑制されていた軍備増強に乗り出すとともに、ソ連の勢力伸長を巻き返すため、カリブ海の小国家グレナダへの侵攻のような短期的で小規模な武力行使をおこない、またアフガニスタンやニカラグアでは親ソ的左翼政権と戦うゲリラ活動への援助をおこなった。レーガン時代のアメリカは、かつて南ベトナムで親米政権にたいするゲリラ活動をソ連が援助したのと逆の立場に立った。そのようにしてソ連の勢力を後退させようとする方針はレーガン・ドクトリンと呼ばれた。

ソ連のアフガニスタン出兵後、米ソ関係は「新冷戦」といわれるほど冷却した。しかし両国は戦略兵器の制限にかんする交渉は継続させており、米ソのあいだの対話がなくなったわけではなかった。七〇年代に軍備を著しく強化したソ連も、八〇年代にはレーガン政権の軍備増強にたいして、対抗的にさらに軍備を強化することはできなかった。ソ連の経済発展は鈍り、先端技術の開発で西側に引き離されていたからである。八五年にソ連の指導者としてゴルバチョフが登場すると、彼は西側との対立的対外政策を改め、硬直した国内体制の立直しをはかった。それとともにレーガン政権のソ連にたいする態度も変化し、レーガン政権第二期には新冷戦は解消に向かい、八七年には米ソ間に中距離離核全廃条約が調印された。

冷戦の終結と湾岸戦争

ソ連のゴルバチョフはソ連経済の活性化のための構造改革「ペレストロイカ」を実現しようとした。

それは硬直した計画経済に融通性をもたせ、市場原理を部分的に導入しようとするもので、それとともに、アメリカおよび西側諸国との関係、さらには中国との関係も改善することをめざす「新思考外交」により、内政改革の推進にふさわしい国際的環境をつくろうとした。その一環として、ソ連はアフガニスタンからの軍の撤退を開始し、ベトナムのカンボジアでの軍事行動への支援も中止した。ソ連の内政外交のこのような変化により、東欧のソ連圏の国々へのソ連の締めつけが弱まると、これらの国は共産党の一党支配の廃止、市場経済の導入に向かって動き出した。一九八九年にはこれら諸国の共産党支配は崩壊し、保守的な東ドイツでも体制変革が実現し、東西ベルリンを隔てる壁も民衆によって壊された。ソ連政府はそのような東欧諸国の変化を容認し、八九年末にはゴルバチョフ書記長とジョージ・ブッシュ大統領（のちに登場するジョージ・W・ブッシュ大統領の父）とは冷戦の終結を宣言した。翌九〇年には西ドイツが東ドイツを吸収するかたちでドイツ統一が実現し、それがドイツの占領管理にかかわった米英仏とソ連の四国によって承認された。

レーガンの後継者ブッシュ大統領は冷戦の終結後にくるものとして、民主主義と市場経済を基本原則とする新世界秩序の構想を描いた。冷戦後の秩序はアメリカ主導のもとに国際協調の体制が形成されることが期待され、国連もそのような国際協調により国際秩序維持のための機能を強めることが期待された。九〇年にイラクが隣接する石油資源の豊富な小国クウェートを占領し、その併合を宣言した湾岸危機に際して、ブッシュ政権は西側諸国および近隣アラブ諸国と多国籍軍を編成し、国連の安全保障理事会の決議をえて、翌年クウェート解放のための軍事行動を開始し、クウェートの解放に成功した。しかし、アメリカが国連の委任の範囲内で行動し、結果的にイラクのフセイン政権の存続を許したことから、戦争の成果が不十分であるという印象を多くの国民に与え、対外強硬派のネオコンサーヴァティヴたちはとくにそれを不満とした。

当時アメリカ政府の財政には大きな赤字があり、湾岸戦争の費用もアメリカだけが負担したわけではなく、その大半はサウジアラビア、日本、ドイツなどの国々の拠出金によってまかなわれた。ブッシュは増税はしないことを公約していたが、財政赤字の増大を防ぐために結局増税に踏み切ったので、減税をなによりも重視する「小さい政府」主義の保守派の反感をかった。九二年の選挙で、ブッシュが民主党のビル・クリントンに敗れたのは、徹底した「小さい政府」を唱える独立候補ロス・ペローに票を奪われたためであった。

六〇年代のジョンソン以来、大統領は南部・西部の出身者が多く、それらの大統領は多くが共和党である。それは二十世紀後半にこれら地域の人口増加が他の地域に比べて著しく、連邦政治における重要性を高めたことを反映し、またそれら地域の白人層の多くを共和党が支持者にしたことと関連がある。五〇年から二〇〇〇年までにアメリカの人口は一・八七倍になったが、南部では二・一倍、西部では三・二倍にふえた。人口に比例して配分される下院議席数はこの間にニューヨークが四三から二九に、ペンシルヴェニアが三〇から一九に、イリノイが二五から一九に減り、他方カリフォルニアは三〇から五三に、テキサスは二二から三二に、フロリダは八から二五にふえた。

福音派プロテスタントと宗教右翼

序章で述べたように、アメリカでは歴史的に宗教が社会的に重要な役割をはたしてきた。一九五〇年代から六〇年代にかけて南部で展開された公民権運動もキング牧師を中心とした黒人バプティスト教会の聖職者たちを指導者として展開され、白人のキリスト教徒としての良心に訴えて広く支持をえた。しかし八〇年代以降は保守的なキリスト教徒による社会運動や政治活動が目立っている。宗教右翼あるいはキリスト教右翼とは、自分たちの信仰に基づいて、アメリカの伝統的倫理観念を擁護し、それを社会の規範として再確立することを目的に、組織的な政治活動をおこなう人々である。

二十世紀半ばまで有力だったプロテスタント諸教派（しばしば主流派と総称される）が六〇年代以後衰退し、それにかわって、しばしば福音派（エヴァンジェリカル）プロテスタントと総称される人々——教派としては南部バプティスト教会が最有力——が勢力をもつようになった。エヴァンジェリカルということばはもともとプロテスタントと同義に用いられていたが、十九世紀末以後、進化論や聖書批評学にたいする立場によってプロテスタントが進歩派と保守派とに別れ、二十世紀には前者の立場をとる諸教派が主流となったが、第二次世界大戦後、あらたな宗教復興運動が台頭し、福音派（エヴァンジェリカル）と呼ばれるようになった。福音派共通の特徴は聖書の権威と個人的回心（「ボーン・アゲイン」の経験）を特別に重視し強調することにある。

八〇年代以来目立ってきた宗教右翼はこの福音派のグループを基盤として勢力を広げてきた。しかし宗教的立場が保守的だからといって福音派の人々がつねに政治的・社会的問題にかんして保守的というわけではないし、政治活動に熱心だというわけではない。宗教右翼の支持者にはカトリックも含まれている。

福音派の政治家として注目されたカーター大統領は七六年にはアメリカの政治外交の道徳的再建を旗印に当選したが、政治的・社会的問題についてはリベラルな立場をとり、保守的な政策を期待した多数の福音派を失望させたために、八〇年の選挙で敗北したといわれている。第二次世界大戦後長く活動したビリー・グラハムは福音派の著名な伝道者で、国の内外でいくつもの大伝道集会を開いて多数の回心者を獲得した。彼の政治的・社会的立場は穏健保守というべきもので、主流派教会指導者とも協力関係を保った。グラハムは政党を問わず歴代大統領の友人として政治的影響力をもっていたが、彼が推進したのは宗教復興運動であり、政治運動には関心がなかった。

パット・ロバートソン

宗教右翼が登場するのは七〇年代末になってからであり、八〇年代にはジェリー・ファルウェルの「道徳的多数派」がその主役として活動し、九〇年代にはそれにかわってパット・ロバートソンの「クリスチャン連合」が中心勢力となった。クリスチャン連合は共和党のその他の保守派と提携して、自らの政治的要求を共和党の政策にすることにより、妊娠中絶の禁止、同性愛者の結婚の合法化反対、公立学校における祈禱の復活などを州および連邦のレヴェルで法制化しようとして活動した。この団体は近年衰退し、宗教右翼はまとまりを欠くとはいえ、共和党の有力な支持基盤であることに変わりはない。

政治的争点に踏み込む合衆国最高裁判所

合衆国最高裁判所（最高裁）は合衆国憲法（連邦憲法）の意味について判断をくだす最高の機関であり、大統領の指名により上院の同意をえて任命される首席判事と八人の陪席判事とによって構成され、司法の独立性保持のため、判事は終身職である。最高裁は州法のみならず連邦法についても、連邦憲法に反するとの訴訟が提起されれば、合憲か違憲かを判断し、憲法違反ならばそれを無効とすることができる（司法審査権）。連邦法の審査権については合衆国憲法に規定はなかったが、一八〇三年の判決（マーベリー対マディソン事件判決）が先例となり、十九世紀の間に確立した。

最高裁は憲法の意味を解釈する法廷として、訴訟が起こされればしばしば政治的争点に踏み込む裁定をくだしてきた。連邦法を違憲とした最高裁第二の判決（五七年のドレッド・スコット事件判決）が南北戦争に至る対立の過程を早める役割をはたしたことはよく知られている。

在任期間の長い判事の多い連邦司法部は、二十世紀前半には行政部・立法部に比べ守旧的になることが多く、一九三〇年代には、最高裁はニューディールの主要な法律について憲法違反の判決を

連邦最高裁の9人の判事（2010年）

くだしたため、F・D・ローズヴェルト大統領は一定の年齢に達した最高裁判事が引退しない場合には新たな判事を任命できるようにする司法改革を議会に要請したことがあった。しかし五〇年代の最高裁は、アール・ウォレン首席判事に率いられて、合衆国憲法の意味を再解釈して、人種差別撤廃改革について先導的な役割をはたした。第八章で述べたように、公立学校における人種分離教育の違憲判決と翌年の人種分離教育解消に関する指示の歴史的意義は大きい。このような連邦司法部の先導的行動は南部の保守的白人の激しい反対運動を引き起こした。また最高裁が公立学校における宗教教育を禁止した六二年の判決や、女性の妊娠中絶の権利を承認した七二年の判決は、宗教的保守派の反発を招き、最高裁は「文化戦争」の渦中にたたされることになった。

二十世紀末に向かうあらたな保守主義の台頭期には、共和党の大統領によって任命された判事が過半数を占めるとともに、最高裁の判決にも保守的な傾向があらわれ、たとえばアファーマティヴ・アクションについては、そのための措置を次第に制限するようになった。二〇〇〇年の大統領選挙のフロリダ州の微妙な開票結果について、候補者双方から最高裁に訴訟が提起されたが、最高裁はジョージ・W・ブッシュ候補に有利な裁定をくだし、彼の当選を確定した。

一一年現在の最高裁判事は共和党大統領による任命者が五人（概して保守）、民主党大統領任命者が四人（概してリベラル）、アフリカ系一人、ヒスパニック系一人、女性判事が三人である。宗教的にはカトリック六人、ユダヤ教徒三人で、奇異なことにプロテスタントはいない。現在の保守派の判事はみなカトリックである。

第10章　人種的・文化的な多様化

移民法の改正

一九六四年の公民権法の成立が市民生活上の権利における人種差別を廃止したものであるとすれば、その翌六五年の移民法改正は移民受け入れにおける人種差別を廃止したものであった。戦後五二年の法改正で、アジア人の帰化が認められたが、アジア諸国への移民割当は最低数の一〇〇人であった。六五年の移民法は、このような西欧偏重の移民割当制度に同法成立三年後に終止符を打つことにした点で画期的なものであった。

六五年の移民法は東半球からの移民を六八年以降、毎年一七万人、西半球からの移民を毎年一二万人とし、一国からの移民の上限を二万人とした（この一国年二万人の制限は最初は東半球の国だけに適用されたが、メキシコからの移民が多いため七六年に西半球諸国にも適用された。七八年には東半球・西半球という区分は廃止され、世界からの移民受入れを年二九万人とし、一国からの受入れの上限を二万人とした）。

ただしアメリカ市民の妻、未成年の子供、親は割当外で移住を認められた。この法律は西欧偏重の移民割当を廃止するとともに、またはじめて西半球からの移民を制限した。従来は少なかったメキシコからの入国者の急増が予想されたことなどがその理由である。当初年一二万人とされた西半球からの移民制限は、六〇年代初頭のメキシコおよび中米・カリブ海地域などからの移民の実数に相当するものであったが、メキシコからの入国者を二万人に制限したため、非合法入国者が増加した。

非合法入国者の滞留数は正確にはわからないが、八〇年には約二一〇万人（二〇〇九年には約一一〇〇万人）が滞留していると推定された。八六年の移民改革管理法はそれまでの非合法移民に申告により合法的滞在への道を開くかわりに、それ以外の不法滞在者の雇用への罰則を強化した。

九〇年のあらたな移民法は九五年以降の毎年の移民受け入れ数を六七万五〇〇〇人と定め、それを家族枠四八万人、技能枠一四万人、多様化枠五万五〇〇〇人の三枠に分けた。アメリカ市民の直近親族は従来どおり制限なく受け入れられるが、その実数は二五万四〇〇〇人までは次の年の家族枠から差し引かれることになった。技能枠はアメリカの発展に必要な技能をもつ移民を増やすために設けられた。また移民の出身国を多様化するために、ひとつの国からの移民受け入れを制限するとともに、近年来住者が少ない国々からの移民枠として、多様化枠が新設された。

六五年の移民法の制定者たちは、西欧偏重の移民割当を廃止しても、移民の大多数がラテンアメリカやアジアからくるようになるとは予想していなかった。この移民法は、アメリカの市民権あるいは永住権の取得者の親族の移民を優先的に認めることにしていたが、この方式をとれば、それまで移民

アメリカへの近年の合法移民の出生地域内訳（単位：1,000人）

	1961～70	1971～80	1981～90	1991～2000	2001～2010
移民総数	3,321.7	4,493.3	7,338.1	9,080.5	10,501.1
ヨーロッパ	1,238.6	801.3	705.6	1,311.4	1,263.9
アジア	445.3	1,633.8	2,817.4	2,892.2	3,784.3
日本	38.5	47.9	43.2	61.5	76.1
韓国	35.6	272.0	388.8	171.3	221.5
中国	96.7	202.5	388.8	424.6	662.7
（台湾）	——	——	——	106.4	87.9
（香港）	25.6	47.5	63.0	74.0	40.8
フィリピン	101.5	360.2	495.3	505.6	587.3
ベトナム	4.6	179.7	401.4	421.1	306.1
インド	31.2	176.8	261.9	383.3	662.5
パキスタン	4.9	31.2	61.3	124.6	157.0
イラン	10.4	46.2	154.8	112.6	126.0
アフリカ	39.3	91.5	192.3	383.0	861.4
オセアニア	——	——	——	48.0	58.2
北アメリカ	1,351.1	1,645.0	3,125.0	3,917.4	3,605.1
カナダ	286.7	114.8	119.2	137.6	168.2
メキシコ	443.3	637.2	1,653.3	2,251.4	1,693.2
カリブ海地域	519.5	759.8	892.7	996.1	1,154.5
中米諸国	97.7	132.4	458.7	531.8	587.7
南アメリカ	228.3	284.4	455.9	539.9	906.0

〔注〕ヨーロッパからの移民は旧ソ連あるいはロシア（1900年代以降）からの移民を含む。21世紀の最初の10年間のアメリカ移民の出生国は，ヨーロッパではイギリス（15万人），ウクライナ（15万人），ロシア（14万人），ポーランド（12万人）の順に多く，カリブ中米地域ではドミニカ（33万人），キューバ（32万人），エルサルバドル（25万人），ハイティ（21万人），ジャマイカ（18万人）の順で，南アメリカではコロンビア（25万人）が，アフリカではエチオピア（11万人）がもっとも多い。1990年までは台湾出身の移民と大陸出身の移民とはともに中国生まれの移民として数えられていた。北アメリカ出身者の数には若干の合衆国出生者が含まれている。

〔参照資料〕U. S, Census Bureau, *Statistical Abstract of the United States*, 1988; 2011 および U. S. Dept. of Homeland Security, *2010 Yearbook of Immigration Statistics* の数値に基づいて算定。

実績の多い欧州系の移民が多数を占めるであろうと考えられた。しかし実際には、繁栄する西欧からの移住者は少なく、移住希望が多かったであろう東欧諸国からの移住は共産党支配のもとでは困難であったから、移民の大部分はアジアとラテンアメリカからの移民によって占められるようになった。

アメリカ国籍の交付に際し宣誓する移民

アジア系移民とアジア系アメリカ人の増加

一九七〇年代以降のアジア諸国からの移民の急速な増加により、アジア系人口は二〇一〇年には一四六〇万をこえ、総人口の四・八％となった。総人口に占める割合はまだ小さいが、六五年の移民法改正以降のもっとも高い人口増加率を示したグループである。アジア系移民が増加したのは、国や地域の将来への政治的不安、アメリカで教育を受けた者が感じたアメリカ生活の魅力、移民の家族の芋蔓式呼び寄せ（アジアの留学生が学業終了後アメリカで就職して移民ヴィザをとれば、それから八年で一八人ぐらいを呼び寄せることができたという）などのほかに、七〇年代後半から八〇年代にかけて、アメリカがいわばベトナム戦争の後始末として、インドシナからの大量の難民を受け入れたからである。

日系アメリカ人すなわち「ジャパニーズ・アメリカン」は七〇年まではアジア系のなかでは最大の人口をもっていたが、七〇年代以降アジア系移民が急増した時代に、日本は経済先進国になり、国の

アメリカ 50 州の人口の人種・エスニック構成の変化（1970～2010）

	1970	1980	1990	2000	2010
白人	87.5%	83.1%	80.3%	75.1%	72.4%
ヒスパニックではない白人	83.5	79.6	75.6	69.1	63.7
黒人(アフリカ系)	11.1	11.7	12.1	12.3	12.6
先住民(インディアン等)	0.4	0.6	0.8	0.9	0.9
アジア系	0.7	1.5	2.9	3.6	4.8
ハワイアン等太平洋島嶼系	—	—	—	0.1	0.2
その他の人種	—	3.0	3.9	5.5	6.2
複合人種	—	—	—	2.4	2.9
ヒスパニック(ラティーノ)	4.5	6.4	9.0	12.5	16.3

〔注〕人種エスニック統計は自己申告により分類されるが，自分を人種区分の一つに分類することが困難な場合を考慮し，2000年の調査からは自分の帰属する人種集団を二つ以上あげることを認めるようになった。しかし二つ以上の人種への帰属を申告した人々は全人口の2.4%にとどまった。ヒスパニックは言語によるエスニック区分であるから人種的帰属は多様であり，白人と申告する人も多いが，「その他の人種」とする人が増加する傾向にある。人口統計ではヒスパニックとラティーノは同義であるが，一般的には後者にはブラジル出身者を含める。ハワイアン等太平洋島嶼系の人々は1990年までアジア系に含まれていた。

〔参照資料〕U. S. Census Bureau, *Race and Hispanic Origin* (1991); U. S. Census Bureau, "Historical Census Statistics on Population..., 1790-1990," Internet release Sept. 2002, table 1; "Overview of Race and Hispanic Origin: 2010," Internet release March 2011, table 1.

アジア系住民の主要エスニック・グループの人口(2000年)　　（単位：1,000 人）

全アジア系	11,899	100%
中国系	2,735	23.0
フィリピン系	2,365	19.9
インド系	1,900	16.0
韓国・朝鮮系	1,228	10.3
ベトナム系	1,224	10.3
日本系	1,149	9.7
カンボジア系	206	1.7
パキスタン系	204	1.7
ラオス系	198	1.7
モン(苗族)系	186	1.6

中国系人口は台湾系人口144,000人（1.2%）を含まない。

〔参照資料〕*Time Almanac*, 2005, p.378.

将来についての不安もなかったので、日本からの移民は少なく、日系人の人口はそれほど伸びなかった。そのあいだに、中国（香港・台湾および中国大陸）、フィリピン、インド、韓国、ベトナムからの移民が増加したので、八〇年には日系人口は中国系・フィリピン系人口にぬかれ、二〇〇〇年にはインド系、韓国系、ベトナム系の人口をやや下回るようになった。

アジア諸国は文化的に多様であるから、アジアからの移民は文化的に多様な人々であり、それぞれのエスニック・アイデンティティ（民族的・文化的所属意識）をもっている。したがってアジア系という共通の意識は弱いが、ほかのアメリカ人からは総じてアジア系とみられ、ときには特定のアジアの国にたいする反感があやまってほかの国からきた移民にも向けられる。アジア系は人口が急増しただけでなく、概して教育熱心で向上心が強く、成功者になる場合が多い。そのためにほかのアメリカ人から——白人からも黒人からも——反感をかうこともある。それゆえ、政治的にはアジア系市民として結束して、共通の権利や利益を守ろうとするようになり、アジア系市民の政治団体がつくられて活動している。ただしアジア系エスニック集団、とくに中国・韓国系の人々は、祖国が日本帝国主義の被害を受けた歴史的記憶を保持しており、そのため日本にたいして不信感をいだいている。東アジア系人口の増大、中国・韓国の国力の上昇とともに、これらの人々の社会的発言力も増大していくであろう。このことは将来の日米関係の一要素として留意すべきことである。

アジアからの移民の増加は、アメリカの宗教的多様性を一層促進した。東南アジアおよび西南アジア諸国からの移民の流入によりイスラム教徒（ムスリム）の数がふえ、またインドからの移民の増加とともにヒンドゥー教徒が、またタイやインドシナ諸国からの移民の増加により、仏教徒が増加した。

ラテンアメリカ移民の増加

アジア系とともに、移民の大多数を占めるようになったのは、メキシコなどラテンアメリカからの移民である。彼らの流入の増加と、出生率の高さとにより、ヒスパニック系あるいはラテン系（ラティーノ）と呼ばれる人々の数は急速に増加している。その人口は一九八〇年代の一〇年間に五三％、九〇年代の一〇年間に五七・九％増加し、二〇〇〇年には人口の一二・五％を占め、アフリカ系（黒人）とほぼ同数になった。これらの人々はスペイン語を母語とし、宗教的にはおもにカトリックであるという文化的特徴を共有しているが、出身地は多様でメキシコ系、プエルトリコ系、キューバ系の順で多く、人種的にはインディオ、白人、黒人、それらの混血者などがいて、多様である。キューバからフロリダに亡命した人々のなかには、企業家的才能を発揮してマイアミを貿易都市として発展させ、自らの資産を築いた人々もいる。しかしヒスパニック系移民とその子供たちの大部分は教育が不十分で、農場での労働や都市での賃金の低い労働に従事しており、低い生活水準にあまんじている。人口調査

マイアミのキューバ系市民の抗議デモ　キューバ少年本国送還事件への彼らの反発が2000年選挙での民主党の敗北を導いたという。

では白人、アフリカ系、アジア系などは人種グループ、ヒスパニック系は人種ではなく言語的背景を共有するグループとされ、「人種およびエスニック・グループ」としてそれらの人口が集計されている。しかし本書ではエスニック・グループという場合、人種、民族、出身国、文化などによって分けられるすべてのグループのどれにも当てはまることばとして用いる。

ラテンアメリカ系の人々にとっては、ヒスパニックあるいはラティーノという所属意識よりはメキシコ系、プエルトリコ系、キューバ系という意識のほうが強い。しかしヒスパニック系の人々の側でもアメリカ社会での発言力を強めていくために、ヒスパニックあるいはラティーノとしての連帯意識を発達させてきたといえよう。メキシコ系の人々は南西部に、プエルトリコ系の人々はニューヨークなどに、キューバ系の人々はフロリダに多く住んでおり、おもな居住地域が違っている。ヒスパニック移民の特色は、正規の移民のほかに主としてメキシコからの非合法移民が多いことである。

六〇年代に推進された人種共学は、ヒスパニック系の子供たちを黒人と同じく、白人の多い学校に統合することをめざしたが、ヒスパニック系の子供たちは英語の理解が不十分という不利があった。それに対処するため、合衆国議会は六八年に二言語教育法を制定した。それは英語が不十分な児童生徒には特別の教育が必要であることに留意すべきことを定めたもので、それにより、二言語教育についての連邦の助成が始まった。二言語教育は主としてスペイン語と英語の教育であり、ヒスパニックの子供たちを対象とするものであったが、その他のマイノリティの子供たちのためのプログラムも助成された。連邦最高裁は七四年の中国人児童の教育にかんする事件（ラウ対ニコルズ事件）の判決で、サンフランシスコの教育委員会に英語能力の不足している子供たちのためにその不足を除去する積極的な努力をすべきことを命じた。七六年にカリフォルニア州では二言語二文化教育法が制定され、二言語併用教育が推進されたので、八三年にはロサンジェルスでは八七言語を用いる二言語併用教育がおこなわれていた。しかし二言語併用にたいしては、それよりも英語の集中授業をおこなって早く英語に慣れさせる方が、教育効果が上がるという反対論があり、市民の間に節税意識やアメリカ社会のヒスパニック化への懸念が台頭するとともに、九八年以降カリフォルニアの二言語併用教育の実施はむしろ例外的に認められるものとなった。いくつかの州はこのカリフォルニア方式にならったが、なんらかの二言語併用教育は多くの州でおこなわれており、連邦の補助も存続している。

アメリカの歴史のなかで、ラテンアメリカからの移民のように、ひとつの言語を母語とする移民がこれほど多く移住してきたことはなかった。非合法移民を含めラテンアメリカからの移民が急増するにつれて、アメリカにもカナダのケベックのフランス語圏のようなスペイン語圏ができるようになるのではないかという不安をもつ人々もふえた。そのため最大の移民受入州であるカリフォルニア州を含むいくつかの州では二言語主義への反動が生じ、英語だけが公用語であることが改めて法的に定められた。非合法移民の増大への反発が強まることになり、カリフォルニア州では九四年に、非合法移民の増大を恐れる有権者たちが、非合法移民には社会的サービスを与えず、その子供たちに公立学校での教育を拒否するという「提案一八七号」を人民投票により立法化したが、その提案の大部分の実施は連邦司法部により阻止された。

ヒスパニック系の人々は移民の流入で人口が急増しているために、スペイン語で生活する人々が多いが、ヒスパニック系の八五％は程度の差はあれ英語を話せるという。彼らは英語を身につけなければ、広いアメリカ社会で活動し、良い地位を占めることはできないことを意識している。しかしヒスパニック系住民の居住地域では人々はスペイン語だけでも生活はできる。スペイン語のテレビ放送その他のメディアは豊富である。移民の流入が続く地域では、スペイン語しか話せない人々、英語がよく話せない人々が多いから、役所の職員も警官も、また政治家もセールス担当者もスペイン語が話せることが有利である。英語だけが公用語であることが規定されているとしても、実際問題として英語とともにスペイン語を話せることが有利であるという二言語社会が広がっている。

多文化主義と多文化的状況の進展

最近のアジア、ラテンアメリカからの移民流入の増加によって、アメリカ人のエスニック構成比は急速に変化しつつある。ヒスパニック系アメリカ人は移民増加と出生率の高さにより、アフリカ系アメリカ人の数より多くなった。アジア系アメリカ人も二〇五〇年には八％に達すると予想される。数としては少ないが、先住民も人口が急増している非白人グループである。そのため最近の予測では、二〇五〇年にはヒスパニック系以外の白人は総人口の約五〇％になると推定されている。

このような変化は、アフリカ系、アジア系、ヒスパニック系の一部が経済的に上昇したこととあいまって一部の白人系アメリカ人のあいだに彼らへの反感を生み、暴力事件やいやがらせ事件がいくつも発生した。また移民の流入の増大にともないアフリカ系市民とヒスパニック系市民との不和とか、アフリカ系住民と韓国系商人との紛争、ベトナム人移民とヒスパニック系市民との対立といった、マイノリティ・グループ相互のあいだでの対立も生じている。しかしアメリカ人が多様な移民を受け入れる基本的な姿勢には変わりがない。アメリカ社会はエスニック・グループの「るつぼ」ではないが、たんなるエスニック「サラダ・ボール」でもない。融合している部分もかなりあるから、プロゴルファーのタイガー・ウッズのように、ひとつの人種、ひとつの民族に所属意識をもたない人々もいる。ウッズは自分のエスニック背景について「カブリネージアン」（白人、アフリカ人、インディアン、アジア人が混ざっているという意味の造語）であると語った。人種・民族集団を含めて、エスニック・グループとは、つきつめていえば、意識（自己の所属の意識および他者を区別する意識）の産物であって、意識が時代とともに変化すれば、グループとしての連帯感が強くなることも希薄になることもあり、エスニック・グループの境目の社会的な意味も変わっていくのである。

人種的にまた文化的に多様な背景をもつ移民を受け入れ、アメリカ人のエスニック構成がますます複雑になったのに応じて、多様な移民の来住がアメリカ文化に豊かな多様性をもたらしたことを積極的に評価する考え方が生まれた。アメリカにきたさまざまなエスニック・グループは一方的にアングロサクソンのアメリカ文化を受容したのではなく、それぞれアメリカ文化の形成に貢献したのであり、それらの人々はアメリカで文化変容をとげる一方、自らがもってきた文化の一部を保持しており、そのことがアメリカ文化に豊かな多様性をもたらしているという思想である。その考えからは、いかなる民族的・文化的背景をもつ人も差別されるべきではない、アメリカの公的な機関や企業や団体はアメリカのエスニック構成の多様性にたいして開かれていなければならない、多様なエスニック・グループがそれぞれの言語や文化的伝統を維持することはむしろ奨励されるべきであるという原則が導かれる。これはしばしば多文化主義と呼ばれる思想である。

多文化主義をめぐる論争

今述べたような意味での多文化主義はアメリカで広く受け入れられているといってよい。しかし「多文化主義」は公式のアメリカの原則とはなっていない。アメリカ人はアメリカには文化的多様性とともに、それをひとつのアメリカ文化のなかにつつみこむもの、すなわち自由主義的な民主主義の価値意識の共有によってアメリカの国民的統合が成り立っていると考える。多文化主義ということばをつきつめれば、アメリカの共通の文化、共通の価値意識を否定すると思われるから、多文化主義ということばに警戒心をもつ人々が少なくない。とくに保守的な人々にはその傾向が強い。

事実、多文化主義ということばは、大学教育における白人中心主義を批判し、それに対抗するためにアメリカにはひとつの文化があることを否定して、アフリカ中心主義の「アフロ・アメリカ学習」の必要を唱えた黒人教育者モレフィ・アサンテによって用いられたことがあり、一九九〇年代初めにはそれに反対する人々とのあいだで多文化主義論争がたたかわされたことがあった。しかしアサンテの目的はアフリカ系アメリカ人に自らの文化的尊厳の意識をもたせることであったから、のちには、彼らの文化的尊厳が認知されるような真に統合的なアメリカ史の可能性を議論するようになった。

八九年にスタンフォード大学が学生活動家たちの要求をいれて、大学が人種主義と性差別主義に毒されていたことを認め、カリキュラム改善の一環として必修基礎科目だった西洋文明研究を廃止することを決めたことは教育界ではおおいに注目された出来事であった。当時、そのようなカリキュラム改善を要求した活動家たちは、自らの立場をPC（政治的に正しい立場）とし、それに反対して西洋古典の学習とそれが体現する価値の学習がやはり大学教育の基本だと主張する学者を排斥したため、それは学問の自由の抑圧ではないかという批判が生じ、当時のジョージ・ブッシュ大統領までがそれにかんして発言したこともあった。

そのような論争はまもなく下火になったが、それ以来多くの大学がカリキュラムを多文化化し、女性研究やアフリカ系アメリカ人研究あるいはその他のマイノリティ研究に前よりも重要な地位を与えるようになった。女性研究や黒人その他のマイノリティ研究は七〇年代から大学カリキュラムに取り入れられていたが、それらは女性あるいはアフリカ系などマイノリティの学生のためのものではなく、全学生がそれらのいずれかを学習することを求められるようになった。エスニック・マイノリティおよび女性についての情報を多く取り込んで、初等中等教育における社会科の内容を多文化化する工夫はアメリカ各地でおこなわれている。社会科教育は多様な民族的・文化的背景をもつ生徒たちにアメリカ市民であり国民であるとしての意識をもたせるためのものであるから、アメリカの社会科とくに歴史教育はそのなかに彼らにそれぞれの場所を与える工夫が求められる。

日系アメリカ人の戦中と戦後

日本のパールハーバー攻撃に始まる太平洋戦争の巻添えとなり、大きな災難にあった人々は、アメリカに永住した一世とアメリカ生まれの二世を含む日系人であった。太平洋岸諸州の日系人は敵性分子とみなされ、開戦後まもなく大統領令により、臨時の収容所に強制的に移され、やがて山間部や砂漠地帯につくられた施設に収容された。収容所内の二世の青年は一方で敵性分子の扱いを受けながら、他方では一九四四年一月以後、徴兵の対象になった。彼らの多くは忠誠な市民であることを示す機会としてそれに応じたが、アメリカ人としての権利が奪われている状況では徴兵に応じられないと、それを拒否した青年たちもいた。軍隊にはいった者と拒否した者のそれぞれの悲劇は、ジョン・オカダの小説『ノーノー・ボーイ』（五七年）に語られている。

ハワイの日系人は人数が多くハワイでは不可欠の働き手だったので、合衆国政府は彼らを収容所にいれることはしなかった。政府は当初日系人兵士を軍隊から排除したが、まもなく方針を改めて、ハワイ在住の日系二世で日系部隊を組織することにした。第一〇〇大隊がまず北アフリカ、イタリア戦線に送られ、さらに本土の二世兵士を含めて第四四二連隊が組織されイタリア戦線に送られた。日系部隊はイタリアの激戦地に投入されたため、日系兵士の死傷率は二八・五％（米兵の平均死傷率は五・八％）におよんだ。とくに先発組の第一〇〇大隊の犠牲は大きく、のちに第四四二連隊に統合された。第一〇〇／四四二連隊はその勇猛な戦いぶりによりいくつもの表彰状を授与されたが、四六年そのひとつを授与したトルーマン大統領は表彰式で「あなた方は敵と戦っただけでなく偏見とも戦って勝った」と述べた。ハワイ選出の上院議員として長く活動してきたダニエル・イノウエは第四四二連隊で奮戦し負傷した勇士である。日系人が忠誠なアメリカ市民として認められるためには、このように命をかけた戦場での奮闘が必要だった。太平洋戦争中の苦衷を乗りこえた日系人が、敗戦後の物資不足に悩む日本国民のために、食糧などの援助物資を送る運動をさかんに展開したことも記憶すべきことである。

第二次大戦後のアメリカでは反日感情がうすらぎ、差別の壁が低くなるが、その間に日系二世三世の多くは教育の機会をえて、しだいに社会的梯子をのぼり、中流階級に上昇した。静かに実力をつけていつのまにか中堅市民となった日系アメリカ人は、主流のアメリカ人からみれば模範的なマイノリティであり、他方、アフリカ系アメリカ人からは「バナナ」(一皮むけばなかは白人)にも見えた。しかし七〇年代以来、日系アメリカ人の団体は独自の目的をもって運動を展開した。それは戦時中、永住権あるいは市民権をもつ善良な日系人を日系であるという理由だけで収容所に強制収容したことの不当性を合衆国議会に認めさせ、若干の補償をえることだった。彼らの運動はついに実を結び、議会は日系人強制収容の根本的不正義をはっきり認め、生存する被害者に二万ドルを補償することを定めた八八年の日系人補償法を可決し、レーガン大統領の署名をえた。日系アメリカ人が過去のことを過ぎたままにほうむろうとせず主張をとおしたこと、またアメリカ議会も過去をほうむることなく、あやまちをあやまちと認めたことは立派であり、それぞれ敬意に値する。

イタリア戦線での功績により表彰される日系二世部隊

一九九二年ロサンジェルス暴動

アメリカ第二の大都市ロサンジェルスは自動車時代に大都市に発展したので、自動車利用を前提に広い面積に拡散した都市となった。映画産業の中心ハリウッドも郊外にあり、大阪のＵＳＪや東京ディズニーランドの原型となったテーマパークも郊外にある。第二次世界大戦前にもメキシコ系やアジア系住民が多い町だったが、戦後はアフリカ系市民の流入、さらには過去数十年の移民増加により、多様性が際立つ都市になった。二〇〇〇年の人口は三七〇万（近郊諸都市を含めた人口は一六〇〇万）であるが、英語だけで生活する人は半数に満たない（近郊を含めた人口の五三％）。急速に人口増加とエスニック構成が変化してきたために、二十世紀後半に二回の大暴動を経験している。一九六五年のワッツ暴動として知られる暴動はアフリカ系市民の暴動で、彼らの「期待の上昇」と「現実の停滞」との隔たりから起こったといえるが、九二年の暴動はそれとはかなり性格を異にする暴動だった。

六五年の暴動ののち、七〇年代のロサンジェルスではリベラルな白人市民とアフリカ系・アジア系・メキシコ系などマイノリティとの政治的連合が成立して、アフリカ系のトム・ブラッドレー市長のもとで市政を運営してきた。ロサンジェルス市警察は市長からの独立性が強く、白人警察部長の管轄のもとにあった。九二年に白人警官四人が無抵抗の黒人市民に暴行を加えた事件の裁判で、その光景を偶然撮影した市民のビデオがあったにもかかわらず、白人多数の陪審員が無罪の評決をだしたため、黒人市民の怒りをかい、それがきっかけで暴動が起こった。

しかし暴動で略奪放火の対象になったのは主に韓国人移民の商店で、貧しい黒人の居住区に近いコリア・タウンは大きな被害を受けた。そして略奪にはヒスパニック系住民も大勢参加し、逮捕者はアフリカ系を上回るほどだった。略奪にはマイノリティ・グループ間の経済的格差が絡んだ敵対という側面があった。黒人市民のなかの階級分化が進み、暴動の中心サウスセントラルには、工場の海外移転などで仕事を失い窮乏化した黒人が取り残された。彼らからみると、韓国系移民は自分たちの居住区にも急速に商店主として進出してきた異邦人であった。韓国系商店主と黒人の顧客のあいだには文化の相違からもめごとが多く、そのことへの反感が略奪や放火を誘発した。ヒスパニック系にも長くロサンジェルスに住んで中流化した人々がいる反面、新来者には非合法移民や中南米からの移民など貧困生活者が多く、彼らは住居を求めてサウスセントラル地区に流入した。略奪に参加したのはそのような人々で、ヒスパニック系商店も被害を受けたのである。

　この暴動事件の衝撃で民主党の多人種エスニック連合は崩壊し、ブラッドレー引退後の市長の座は安全な都市の再建を掲げた共和党の白人実業家リチャード・リョーダンに移った。彼は精力的に行政改革に取り組み、メキシコ系、アジア系市民のあいだで評価を高めた。〇五年から市長を務めている民主党のアントニオ・ビヤライゴーサはメキシコからの移民の子で、ヒスパニック系市民の増大を背景に同市初のメキシコ系市長となった。

1992年ロサンジェルス暴動

終章　グローバル化の進展と覇権国アメリカの盛衰

グローバル・エコノミーの形成とアメリカ

地球上の諸地域の人々の接触が深まるという意味では、グローバル化は過去五世紀のあいだに、世界諸地域の接触と結びつきとはしだいに発展し深化してきた。しかしグローバル化のための通信・輸送手段が急速に進歩したのは過去数十年のことであり、「グローバル化」「グローバル時代」ということばが広まったのは一九九〇年代からである。それはふたつの理由による。ひとつは八〇年代末から九〇年代初頭にかけて、それまで社会主義計画経済をおこなっていたソ連および東欧諸国が共産党独裁を放棄して市場経済に移行し、膨大な人口をもつ中国が共産党支配を維持しつつ「社会主義市場経済」を標榜して積極的に世界市場への参入を開始し、アジアのもうひとつの巨大国家インドも計画経済から開放政策に転換して、市場経済地域が世界規模に拡大したことであり、ふたつは九〇年代にインターネット通信の急速な普及がアメリカから世界に広がったことである。

グローバル化とは輸送手段、通信手段の発達により、人・「もの」・「かね」・情報の移動が容易になり、とくに「かね」の移転を含む情報送信が瞬時におこなうことができるようになって、空間的な距離の意味がうすれたこと、それにより経済活動が特定の地域や国をこえて世界的規模でおこなわれるようになったことをさす。グローバル化を可能にした技術的革新はいろいろあるが、まず通信衛星の発達による遠距離通信の瞬時化・大量化が起こり、それがコンピューター技術の発達と結びついて、情報の集積・処理・伝達の速度に革命的な変化をもたらし、さらにインターネットの普及があって、グローバル化を促進したといえよう。経済活動のグローバル化は人や「もの」の輸送手段の発達に促され、またGATTやWTO（世界貿易機関）を舞台とする世界的な貿易自由化交渉の推進により助長されたが、また情報技術における革命の成果を企業が活用することによって発展した。

グローバル化と情報技術革命（IT革命）とは世界の国々のそれまでの経済社会構造をゆるがし、人々の生活を不安定にする面があったから、その流れのなかで経済的に急成長する国がある一方、成長が失速する国もあり、同じ国のなかでも上昇する機会をえる人々がいる一方、下降する人々もあった。また国境をこえた文化の相互浸透の急速な進行は融合とともに摩擦を生んだ。そのため世界には国際協調、グローバルな市民社会、グローバルな価値観の共有に向かう動きよりは、排外主義や宗教的敵対意識が台頭して、国際的対立のみならず多くの国において国内的対立が目立つようになった。

グローバル化を可能にした技術革新はアメリカから始まったものであり、アメリカは世界の超大国としてグローバル化時代、IT革命を先導し、世界を変えたが、それとともにアメリカも急速に変化し、アメリカの経済社会は流動化するとともに不安定化した。グローバル化により外国の産品がアメリカ市場に大量に流入し、アメリカ企業が低廉な労働力を求めて生産拠点を国外に移すようになるにつれ、また情報技術の革新によってコンピューターの事務処理能力が向上するにつれて、アメリカでそれまで安定した職場で比較的よい給料をえていた多くの熟練労働者や事務職員が職を失い、より低い給料の仕事に移った。こうして七〇年代半ばから、中流階級の分解傾向が生じた。実際には、アメリカではこの間に失われた雇用を上回る数の雇用が生み出され、多数の移民を受け入れながら失業率はそれほど上がらなかったが、あらたな雇用はサービス産業部門の賃金の低い職種が多かったのである。多くの工場が閉鎖され労働者が雇用を失うとともに、労働組合員の数が減少し、団体交渉力と政治的影響力を弱めた。全労働者の組織率は八三年の二〇%から二〇〇九年には一二・四%にさがっている。

第9章で述べたように、レーガン大統領はグローバル化に対応するため、日本をはじめ諸外国にたいして国内市場のより積極的な開放を要求し、またカナダとの自由貿易協定を結んで、広域市場の形成をはかった。(広域自由貿易市場形成の政策は、彼の後継者ブッシュ大統領に継承されて、メキシコを含めた北米自由貿易協定となり、それは民主党のクリントン大統領にも支持されて九四年に発効した)。

アメリカは一九八〇年代に緩やかな経済成長を続けたが、レーガンの「アメリカに朝が来た」という八四年の楽観論はしだいに色あせた。アメリカの力の相対的低下を歴史的に論じたポール・ケネディの『大国の興亡』や、多くのアメリカ人にとってよりよい未来への期待ができない状況を語ったポール・クルーグマンの『期待の低下する時代』が広く読まれたのは、八〇年代末から九〇年代初めであった。その時期にアメリカは短い不況に陥ったが、九〇年代半ばまでには、一時アメリカの脅威とみられた経済大国日本が経済的停滞に苦しんでいることが明らかになり、同年代後半にはアメリカはあらたな繁栄期に入ったので、アメリカには冷戦後の世界における唯一の超大国というアメリカの地位はゆるがないという自信が蘇った。

九〇年代後半のアメリカ経済の好調は、情報技術の発展がアメリカの労働生産性を高めたこと、世界市場経済の形成期に情報技術を活用して国際金融業が著しい発展を示したことなどによる。アメリカはかつて世界一を誇った多くの製造業分野で優位を失ったが、収益の大きい先端技術産業を発達させ、国際金融業界におけるアメリカの地位をいっそう強化することにより、世界の中心国としての地位を保持していた。先端技術産業の開発は先端的科学研究と結びついていたから、主要な大学も威信と収益とを兼ねて、先端的研究の推進に力を入れた。九〇年代後半の好況期には、富裕層の所得が増えて貧富の格差はさらに拡大したが、失業率の低下により「貧困ライン」以下の最下層の人口比率は減少したので、中流階級は分解しつつ再編される過程にあるかのようにみえた。

IT 産業の中心地シリコン・ヴァレー　サンフランシスコ市の南，サンマテオからスタンフォードを経てサンノゼ市にいたる地域をいう。

アメリカの世界的大企業としてかつて知られたUSスティールやゼネラル・モーターズ、フォードなどの会社は昔日の勢いを失ったが、それに代わって、インテル、マイクロソフト、アップル、グーグル、アマゾンなどIT関連企業やインターネット・ビジネス企業が急成長した。九〇年代には、新産業革命というべきIT革命に牽引されて成長するアメリカ経済をさして、楽観的に「ニュー・エコノミー」ということが一般化した。

対外政策における単独主義志向

冷戦が終結した当時のジョージ・ブッシュ大統領の新世界秩序構想においては、民主主義と市場経済の世界的拡大とともに、国際協調が重要な柱であった。党派を異にするクリントン大統領もこの構想を継承したといえる。しかし一九九〇年代には、対外政策について単独主義的な考え方が、共和党内で強くなり、そしてその共和党は議会で勢力を強めた。九四年の中間選挙は共和党が四〇年ぶりに下院で多数をえた画期的な選挙であったが、その年選挙に臨んだ共和党の下院議員候補者たちは、選挙の際にニュート・ギングリッチ（選挙後に下院議長に就任）らがまとめた「アメリカとの契約」（「小さい政府」を主張する保守主義の綱領）に署名した。その文書は対外政策については国連を通じての行動に消極的であり、国際的拘束を嫌う単独主義（ユニラテラリズム）的な傾向を示した。上院の共和党議員も同様に単独主義的な傾向が強く、クリントン政権が推進した包括的核実験禁止条約（CTBT）の批准に反対した。二〇〇〇年の大統領選挙の開票結果が拮抗したため、最高裁判所の裁定により当選者が決まった異例の選挙であったが、当選者ジョージ・W・ブッシュ（ジョージ・ブッシュ元大統領の長男）もそうした単独主義志向を支持し、CTBT不参加の方針を決め、環境問題でも京都議定書を受け入れなかった。ヨーロッパ諸国が推進した国際刑事裁判所の設立についても、アメリカ軍人への適用除外を主張し、不参加の立場をとった。

冷戦終結当時アメリカは、冷戦時代に米ソの対立のために国際安全保障のための機関としての機能をはたせなかった国連を国際社会の意思決定の機関として活性化しようと試みた。湾岸戦争はアメリカが主導した戦争ではあったが、西欧諸国および多くのアラブ諸国を含む世界の大部分の国々の協力をえて戦われ、国連安保理の決議に沿いその決議の範囲内でおこなわれた戦争であった。

この戦争の後、アメリカ人のあいだには、戦争における多国籍軍の勝利によりイラクのフセイン政権を屈服させたにもかかわらず、フセイン政権が生き残り反米的姿勢を取り続けたために欲求不満が生じ、それが彼らの単独主義志向を促した。一九九〇年代半ばのボスニア紛争の再燃の際に、アメリカ空軍の出動により収拾への道が開けたことも、アメリカの軍事力行使が国際秩序維持の決め手になるのであるから、アメリカは自国の方針により国連などの国際機関や既存の国際的枠組みの拘束を受けずに行動すべきであるという単独主義的な考え方を強めた。九〇年代初頭に存在したアメリカの経済力の低下という意識が九〇年代の好況と財政赤字の解消とともに消滅し、アメリカ人の自信が回復したことや、先端技術産業の発展の一環としてアメリカの兵器と装備の高性能化が進み、戦争技術が効率化したことも、単独主義を強めた要因であった。

九・一一同時多発テロ事件とアメリカの反撃

二〇〇一年九月十一日午前、テロリストたちが飛行中にハイジャックした旅客機二機をもってニューヨークの世界貿易センタービル二棟に、ほかの一機でワシントン郊外の国防総省ペンタゴンビルに突入する自爆攻撃をおこなった。ハイジャックされた第四の旅客機は自爆攻撃を察知した乗客の抵抗にあいワシントンの攻撃目標に達する前に墜落した。この「九・一一同時多発テロ事件」による犠牲者はハイジャックされた旅客機の乗員乗客、破壊された建物に勤務中の人々、彼らの救出作業に当たった消防士・警察官を含め、三〇〇〇人以上におよび、そのなかでは世界貿易センタービルおよび周辺ビルの倒壊による犠牲者が大部分を占め、そこにオフィスをもっていた日本企業関係者も犠牲となった。この事件はアメリカのみならず、広く世界に大きな衝撃を与えた。

このアメリカの中枢にたいするテロ攻撃を仕掛けた組織「アルカイダ」の指導者オサマ・ビン・ラディンは、サウジアラビアの名門出身の富豪である。彼は一九八〇年代にはその財力を活用してアフガニスタンの対ソ戦争に参入した「ジハード」（反イスラム勢力に対する闘争）の活動家であったが、九〇年代には湾岸危機・湾岸戦争の勃発によりアメリカ軍がサウジアラビア領内に展開し戦後の中東におけるアメリカの軍事的政治的存在感が強まったため、アメリカをイスラムの主敵とみなすようになった。彼はサウジアラビア王家から国を追われたが、まずアフリカに逃れ、やがてスンニ派イスラム過激派組織「タリバン」が支配するアフガニスタンに本拠を移して、そこから国際的テロ活動を指図した。九・一一テロに直接参加したアルカイダの活動家の大部分はサウジアラビア人であったが、その同時多発テロの総指揮者はドイツの大学に留学中にアルカイダに加わったエジプト人であった。グローバル化時代にはテロ活動組織もグローバルな規模で活動した。アルカイダは九三年にニューヨークの世界貿易センタービルにトラックで自爆テロを仕掛けたことがあり、海外では九八年にケニアとタンザニアのアメリカ大使館に同時に攻撃を仕掛け、二〇〇〇年にはイエメンのアデン港でアメリカ駆逐艦を爆破したが、それらの攻撃にはアメリカの政府と世論はむしろ冷静に対応した。アメリカ人は九五年には国内の右翼民兵団員によるオクラホマシティー連邦政府合同庁舎爆破事件も経験していた。

しかし九・一一テロはアメリカの経済的軍事的中枢を標的とした大胆さ、破壊と犠牲者数の規模、また旅客機をハイジャックして攻撃の武器として用いるという無慈悲さにおいて、予想外のできごとであったために、国民の受けた衝撃は大きかった。アメリカの全空港は一時全面的に閉鎖され、不審者は拘束された。さらに事件直後には猛毒の炭素菌が郵送されワシントンでは死者がでる事件も起こった。開放的な国、人権を尊重する国を建前としてきたアメリカはこの事件直後の非常事態的雰囲気のなかで、「愛国法」として知られる法律を急いで制定し、市民的自由を侵害する恐れがあるさまざまな捜査権限を連邦政府に与えた。ブッシュ大統領は「テロとの戦争」を宣言し、政府は国

テロ攻撃で炎上するニューヨーク世界貿易センタービル

内警備体制の強化を急いだ。しかしブッシュにとって「テロとの戦争」の主なねらいは、海外に拠点をもつテロリスト組織を殲滅しテロリズムに加担する政府を排除することにあったから、アメリカは米軍をアルカイダの本拠地があったアフガニスタンに派遣しただけでなく、イラクのフセイン政権に対する戦争に踏み切った。ブッシュは減税政策をとりつつ、対テロ・イラク戦争のための支出をふやしたので、アメリカの財政はふたたび多額の赤字をかかえるようになった。

イラク戦争とアメリカの誤算

湾岸戦争後のイラクのフセイン政権はアメリカにとって確かに不都合な存在であった。彼は独裁的権力を保持し続け、休戦条件に違反することが多かったので、湾岸戦争の主要なパートナーであった米英両国は国連による経済制裁の解除に反対し、ときおり小規模な空爆による威圧活動をおこなった。フセインは米英に対抗して、経済制裁の解除後に石油利権を提供することをロシア、中国、フランスに約束し、経済制裁の解除を促進しようと試みていた。ブッシュ政権内の強硬派は対テロ戦争としてアフガニスタンよりもイラクを攻撃することを主張していたが、タリバン政権崩壊ののち、フセインが生物・化学兵器を秘密裏に製造してテロ攻撃を準備していることは確実であると述べて、イラク攻撃についてブッシュの同意をえた。ブッシュは大量破壊兵器（WMD、核兵器および生物・化学兵器の総称）を開発して世界秩序を乱すことを狙う危険な国「ならず者国家」としてイラク、イラン、北朝鮮を挙げたが、当面の攻撃目標はイラクであった。九・一一事件の翌年、議会がイラクにたいする武力行使の権限を大統領に与える決議を大多数で採択し、世論も戦争を支持したのは、九・一一の衝撃が大きかったためである。フセイン政権がテロ攻撃を仕掛ける可能性があり、それを防止するためには先制攻撃が必要であると政府が主張すれば、それに同調する雰囲気があった。

国連の安全保障理事会はイラクのWMD製造の疑いを調査するために国連査察団を派遣することにしたが、米英はその疑いには確実な根拠があるとして、早急な軍事行動を主張した。しかし安保理ではロシア、中国が反対しただけでなく、フランスやドイツが確証をえるまで査察を継続することを強く主張したので、アメリカはあらたな決議をえることを断念し、安保理の旧イラク決議を根拠として、イギリスなどの協力をえて、二〇〇三年三月一九日イラク攻撃を開始した。

戦争は米軍が四月九日までにバクダードを制圧し、フセイン政権は崩壊した。ブッシュ大統領は五月には「使命は達成された」とイラク戦争の終息を宣言したが、イラクの秩序は回復せず、米軍の犠牲者はその後にふえるようになった。ブッシュ政権は比較的小規模の兵力でフセイン政権を倒したが、その後のイラク再建問題について安易に考え、戦後の過渡期の秩序維持のための十分な用意がなかった。そのためイラク戦争後の治安は悪化の一途をたどり、外部からのテロリストの参入もあってテロ活動が増大し、米軍兵士やイラク市民、さらには復興に協力するために派遣された国際機関の関係者や外交官にも犠牲者がでるようになった。

フセイン政権が開発していたはずのWMDは米軍による大規模な捜査にもかかわらず発見されず、アメリカ政府も情報があやまりだったことを認めた。それに加えて、前述のようにフセイン後のイラクの混乱と米軍犠牲者の増加を受けて、〇四年にはアメリカ国内でもイラク戦争は不評となったが、ブッシュはイラクを民主主義国家にするための戦争としてその正当性を主張する一方、同性婚反対などの社会問題で保守派の支持を取り付けることにつとめ、大統領に再選された。しかし、その後もイラク情勢は好転せず、アメリカはイラク混乱の泥沼にはまったので、ブッシュ政権の威信は失墜した。〇五年のカトリーナ台風によるニューオーリンズなどメキシコ湾岸の大被害に際して、対応が遅れたことも政権の威信凋落に拍車をかけた。〇六年の中間選挙で共和党が両院で多数を失うと、ブッシュはそれまでイラク戦争の仕切り役だったドナルド・ラムズフェルド国防長官をロバート・ゲイツに代えた。ブッシュとゲイツは〇七年に米軍を一時的に増派して反政府勢力の掃討作戦をおこない、それはある程度成果を挙げて、その後米軍の犠牲者は減少した。

この戦争はアメリカが国連安保理の支持をえないまま、あやまった情報を根拠として、結果を十分考慮することなしに開始した戦争であり、そのために世界の主導国アメリカへの国際的信頼を損ない、さらにフセイン打倒後のイラクの混乱の泥沼に陥ることでアメリカの国力を浪費し（イラク戦費は四兆ないし六兆ドルに達すると推定される）、アメリカの全般的な国際的立場を弱めた。冷戦終結以来、自国を中心とする世界秩序をつくり出し維持するために支配的な力をもつ国（覇権国）として、アメリカを帝国と呼ぶことが流行し、イラク戦争中、アメリカ帝国論はアメリカ国内でも国際的にもさかんであった。イラク戦争の挫折後は、アメリカ帝国の衰退が論じられた。アメリカは自らの行動によってアメリカの時代の終わりを早めたのである。

金融大恐慌によるアメリカ時代の終わり

イラクでの長い戦いは覇権国アメリカの時代の終わりを早めたが、二〇〇八年の金融大恐慌とそれに続く経済不況はその時代の終わりを告げるものとなった。一九九〇年代のアメリカ経済繁栄期には、アメリカの貿易収支は輸入増加により赤字が拡大したが、ドル高とアメリカ経済の好調により外国の資金がアメリカに還流したので、アメリカの金融企業はその資金を取り込んで、それを用いて海外の急成長地域や国内の急成長産業部門に投資し、またいわゆる金融工学の手法によって開発したあらたな金融商品を大量に販売するなどの方法で高収益を上げた。こうしてアメリカの金融資産は急速に増大した。

アメリカは二十一世紀に入っても、国際金融資本の強さによって世界経済の中心としての地位を保持していたが、その地位を掘りくずす原因をつくったのは「サブプライム・ローン」といわれた不動産金融の増加であった。

サブプライム・ローンとは、元来は返済能力に疑問のある借り手に、優良な借り手より高い利息で貸し付けるローンのことである。九〇年代から二十一世紀初頭にかけて、住宅需要がふえ、住宅建設ブームが生じたが、そのブームは住宅ローン会社などの貸し手が、収入の比較的少ない人々にも住宅ローンを提供したことによって助長された。貸し手は最初数年の返済額を低くおさえ、借り手が数年返済を続ければ、その実績と住宅の値上がりにより、より有利な条件で新しいローンを設定できるなどの方法をとって、住宅購入者の層を広げた。貸し手は住宅ローンを証券化して、それを抵当証券会社に売却し、その金を使ってあらたな顧客をふやした。サブプライム・ローンの抵当証券はハイリスク・ハイリターンの金融商品であったが、大手証券会社はさまざまなリスクの抵当証券や他の債権を複雑に組み合わせてリスクの高いローンをそのなかに潜り込ませることにより、格付けの高い金融商品「債務担保証券」(CDO)に仕立て、それを大量に販売して収益を上げた。CDOの販売増とともにCDOのリスクを保障する保険(CDS)の販売額もふえ、それを販売する保険会社も繁盛した。

このような金融商品は、不動産価格が上昇しており、返済不能者が少ない時期には問題がなかったが、住宅需要が頭打ちとなって不動産価格のバブルがはじけると、ローン返済ができない低所得の住宅所有者がふえ、その影響は金融業界と投資家に連鎖的に広がることになった。アメリカ経済の舵取りをすべき政府機関は自由な市場経済が技術革新と生産性の向上を推進し、成長を持続するという楽観的信念に支配されており、早めに手を打つことをしなかった。多年にわたり連邦準備制度理事会議長を務め、国民的尊敬をえていたアラン・グリーンスパンは終始楽観的で、引退前の〇五年にも「全国的な住宅バブルは存在しない」と議会で証言していた。

住宅価格の下落が始まると、ローン返済ができなくなり、住宅を失い、破産に追い込まれる人々が増大し、サブプライム・ローンの債務保証をしていた金融機関も経営が困難になった。多くのサブプライム・ローンは複雑な組成のCDOのなかに分散して不透明な形で入っていたので、そのローンのリスクが大きくなると、すべてのCDOの安全性が疑われて価格が下落し始めたから、CDSを販売した保険会社は対応し切れなくなり、そして子会社をつうじて投資家の資金をCDOに投資して運用利益を上げていた大手証券会社や大手銀行（規制緩和により銀行も子会社により証券業務をおこなうことができるようになっていた）も大きな損失をだした。これら企業の膨らんだ損失がさらに膨らむことが恐れられるようになると、その企業の株価が下落して、資金繰りが困難になる。そのため〇八年三月、五番目に大きい証券会社ベアスターンズが破綻の危機に瀕したので、その倒産を防ぐために、連邦準備制度が大手銀行J・P・モーガン・チェイスに融資を約束して、モーガン銀行にベアスターンズを買収させた。九月には財務省は巨額の住宅ローン証券の債務保証者となっている二つの政府系住宅金融会社を管理下におき、連邦準備制度は最大手の保険会社AIGの救済のための緊急融資をおこなった。しかし同月十五日には第四の大手証券会社リーマン・ブラザーズが救済を受けられずに倒産したため、「リーマン・ショック」と呼ばれる国際的な金融危機を引き起こした。同日、第三の大手証券会社メリルリンチはバンク・オブ・アメリカに買収された。

リーマン・ブラザーズの倒産はアメリカ政府の金融危機対策に不信感を与え、国の内外に衝撃を与えた。アメリカ政府は連邦準備制度とともに、金融業界がさらなる危機に陥ることを防ぐ必要に迫られ、世界諸国の大手銀行も高配当を生むCDOに多額の投資をしていたから、それらの国も大銀行の倒産防止のために行動に追われた。ブッシュ政権は議会に金融機関救済のための基金の設定を求め、そのための法案は十月に可決され、政府は主要な金融機関にたいして、その株式を購入する形で資金注入をおこない、資金返済までそれらを政府の監督下においた。市場経済不介入主義をとってきたブッシュ政権は、この危機に際して自らの主義に反する行動をとらざるをえなくなったのである。

アメリカの金融システムの破綻はアメリカ発の国際的金融危機を生み、金融資産の下落はアメリカを経済不況に陥れただけでなく、欧州や日本など世界の多くの国にも不況をもたらした。アメリカは世界経済再建のために指導権を振るうことができず、西欧主要国や日本も経済再建のエンジンとなる力はなかった。リーマン・ショックのあとまず先進七カ国（G七）の蔵相・中銀総裁会議が開かれて金融崩壊回避のための協調に合意したが、それに続いて中国、インドをはじめとする新興経済大国や中東の富裕国なども参加する二十カ国首脳会議（G二〇）がワシントンで開催されて対応策が議論されたことは、かつて世界経済をとり仕切ってきた「西側先進国」の力の低下を象徴するできごとであった。

多人種・多文化の国アメリカと九・一一テロの衝撃

二十世紀末に向かい、多人種・多民族・多文化の国というアメリカの性格が強まったことは前章で述べたとおりである。移民の増大と出身地の多様化とはグローバル化の一面であり、アメリカが多様な移民を差別なく受け入れる方針をとったこともグローバル化への対応といえる。非合法移民を含め多数のラテンアメリカ系移民が流入したことからアメリカにラテンアメリカが広がることを懸念し、アジア、アフリカからの移民の増大によりキリスト教とは異質の宗教をもつ人々がふえることへの不安を語る人々がいたことは確かであり、一九九〇年代前半には移民制限の強化が議会で議論されたことはあった。しかし九〇年代後半の好況期には、国境の管理や非合法移民の規制は強化すべきであるとしても、合法移民には従来どおり広く門戸を開けておこうという考えが強くなっていた。

　九・一一テロの直後には、イスラム教徒およびアラブ系の人々にたいするいやがらせや迫害が多く起こった。政府の治安当局も事件直後の混乱の時期に、多くのイスラム教徒やアラブ系の外国人を通常の法的手続きを踏まずに拘禁し追放した。しかし政府にとっても主流のアメリカ人にとっても、イスラム教徒およびアラブ系の市民や定住者に疎外感をもたせることなく、彼らをアメリカ社会に統合していく必要があり、またそのことはイスラム諸国、アラブ諸国との友好関係を維持するためにも必要であった。それゆえ、このテロ事件のあと、その犠牲者を追悼する式典がワシントンでおこなわれたときには、イスラム教の聖職者も参列し、キリスト教の礼拝形式ながら、キリストの神、ユダヤの神とともに、ムハンマドの神の名において祈りが捧げられた。ブッシュ大統領はその後まもなくワシントンのイスラム教センターを訪問し、イスラム教の祭日にはムスリム市民にメッセージを送るなど、アメリカ市民としてのイスラム教徒に好意的発言をした。従軍するムスリム兵士のために、米軍ははじめてイスラム教聖職者の従軍チャプレンを任命した。

インディアナ州プレインフィールドにある北米イスラム教協会本部

　アルカイダの指導者と九・一一のテロ事件の犯人たちはテロ目的のためにアメリカに入国したアラブ系イスラム教徒であったが、アラブ系アメリカ人の大部分はキリスト教徒であり、イスラム教徒移民にはアラブ諸国以外の国からの移民が多い。また何世代も前からアメリカに住んでいるアフリカ系アメリカ人のイスラム改宗者がアメリカのムスリム人口のかなりの割合を占める。アメリカ在住のイスラム教徒人口については多様な推定値があり判然としないが、五〇〇万人とする説もある。

イスラム圏からの訪問者や移民にたいする審査は以前より厳しくなり、ムスリムおよびアラブ系アメリカ人にたいする差別や悪感情はさまざまな形で現れたが、アメリカの多人種・多民族・多文化的傾向が進む現実には変化がなく、その現実にたいする抵抗が支配的になることはなかった。保守的な共和党のブッシュ政権の閣僚の顔ぶれもアメリカの多様性の進行を反映して、二期八年を通算すれば、アフリカ系二人、ヒスパニック系二人、アジア系二人を含み、女性閣僚も六人いた。一期と二期の国務長官、コリン・パウエル、コンドリーザ・ライス（一期には国家安全保障担当補佐官）はともにアフリカ系アメリカ人であり、アジア系の二人は日系のノーマン・ミネタ運輸長官（民主党員でクリントン政権最後の一年商務長官を務めた）と中国系女性のエレーン・チャオ労働長官である。

アメリカ人のなかに、とくに若い世代に、人種や民族の違いをこえて日常的に交流し連帯し共感しようとする人々が次第に多くなりつつあった。異国的な名前をもつアフリカ系アメリカ人、バラク・H・オバマが人気ある若い政治家として登場し、二〇〇八年に大統領に当選したことは、なによりもそのようなアメリカの変化を物語る事実であった。

オバマは一時ハワイ大学で学んだケニア人留学生とカンザス生まれの白人女性との間に生まれた。

父がハーヴァード大学進学（経済学博士号を取得後ケニアに帰国、オバマの父方の親族はケニアにいる）のためにハワイを去ったのち、両親は離婚して母がインドネシア人と再婚したので（彼女はふたたび離婚して文化人類学を学び研究者となった）、オバマも母および異父妹とともに数年をインドネシアで過ごした。その後は母方の両親の世話になりつつ、ハワイの名門校で中等教育を受けた。彼はコロンビア大学卒業後シカゴで地域社会運動家となり、ハーヴァード・ロースクール（法科大学院）卒業後は、シカゴの市民派弁護士から政界人に転進した。その間に彼を信仰に導いたジェレマイア・ライト牧師が率いるアフリカ系アメリカ人教会の会員となり、シカゴ生まれの優秀な女性弁護士ミシェル・ロビンソンと結婚して、シカゴ社会に根を下ろした。以上の簡単な記述からも明らかなように、オバマの生い立ちは通常のアフリカ系アメリカ人とも異なり、大統領を目指す政治家としてはきわめて異色であり、彼はまさに多人種・多文化的アメリカの息子であった。

多人種・多文化的アメリカの息子——バラク・オバマの大統領当選

一九六一年生まれのバラク・H・オバマが、民主党の新世代の指導者として注目されるようになったのは、二〇〇四年に民主党全国大会で基調演説者に選ばれ、その演説によって聴衆に感銘を与えてからである。彼はその年秋の選挙でイリノイ州から合衆国上院議員に当選するが、当時はまだイリノイ州議会の上院議員であった。その二年前、〇二年にワシントンの議会がイラクへの武力行使の判断を大統領に任せる決議を採択しようとしていたとき、彼はシカゴのイラク戦争反対集会で演説してい

合衆国議会議員の性・人種エスニック構成の多様化の現状

第112議会（2011〜13）

	上院議員			下院議員				
	民主*	共和	合計	民主	共和	合計	総計	比率
	51(+2)	47	100	193	242	435	535	
女性	12	5	17	47	24	71	88	16％
アフリカ系	0	0	0	40	2	42	42	8％
ヒスパニック系	1	1	2	19	8	27	29	5％
アジア太平洋系	2	0	2	8	1	9	11	2％
アメリカ先住民	0	0	0	0	1	1	1	0.2％

*（＋2）は民主党議員57人／51人のほかに民主党系無所属議員が2人いることを示す。

〔参照資料〕Congressional Research Service, *Membership of the 112th Congress: A Profile* (2011). 宗教別ではプロテスタント304，カトリック156，ユダヤ教徒39，ほかにモルモン教徒15，東方正教会5，その他のキリスト教徒3，仏教徒3，イスラム教徒2，その他2，無回答6となっている。Pew Research Center, "The Pew Forum on Religion & Public Life: Faith on the Hill"（updated Feb.28, 2011）

た。この事実はイラク戦争が不評になってきたとき、彼の政治的判断と見識への評価を高めた。

オバマは、政治家として広い舞台で活動するためには、アフリカ系アメリカ人に彼らの一員として受け入れられるとともに、白人アメリカ人を含む多様な有権者の支持を受ける必要があった。〇四年の民主党全国大会の演壇はその最初の試験であり、彼はそこで大きな成功を収めた。彼が民主党の新しい「希望の星」となったのは、魅力的な風采と言説と表現力の持ち主だったからである。それ以来、彼は自らの生い立ちと経歴を、多様性のなかから統一をつくり上げる国アメリカにおいてのみ可能であったものだと述べ、自分史とアメリカ史、自らの夢とアメリカの夢とを結びつけ、アメリカのために新しい時代を開く未来志向の物語を語りつつ、大統領への道を目指した。

〇七年に翌年の大統領選挙に向けた運動が始まったとき、民主党の候補の本命はヒラリー・クリントンであった。彼女は敏腕の弁護士として知られ、活動的な大統領夫人としてのホワイトハウス経験に加えて、ニューヨーク州選出上院議員としての七年の実績があり、初の女性大統領をだすことを願う女性有権者層の強い支持と民主党支持層に幅広い人脈をもっていた。他方オバマは将来の大統領候補に相応しいとしても、年も若く連邦政治の経験が浅く、それに加えて黒人大統領誕生の時機もまだ熟していないと思われた。しかしイラク戦争の長期化と住宅バブル後の経済の低迷とによってアメリカ国内には変化を求める気分が醸成されており、その状況は、「変化」を合言葉とする若い未来志向の政治家オバマの人気への追い風となった。彼の選挙組織はインターネットを使った新時代の募金活動により、これまでにない多数の支持者から多額の寄付金を集めた。

オバマは二月から三月にかけて多くの州の予備選挙でクリントンを上回る代議員数を獲得して優位に立った。クリントンは本選挙で勝てる民主党候補は自分だと主張して、懸命に追い上げをはかったが、形成を逆転することはできず、六月には敗北を認めた。民主党の全国大会では、彼女は満場一致でオバマを大統領候補に指名することを提案した。

共和党内では、それまで党の主流から外れ者とみられてきたアリゾナ州のジョン・マケイン上院議員に大統領候補の出番が回ってきた。彼は大統領候補としてはやや齢をとりすぎており、彼が選んだ副大統領候補は経験も見識もない政治家であった。それでもマケインは共和党全国大会後の数週間の世論調査では、民主党のオバマと対等かそれ以上の支持をえていた。世論調査でオバマがマケインを引き離したのは、リーマン・ショックによりアメリカの金融危機が発生してからである。マケインは安全保障問題に強いことを売りにしていたが、経済問題は得意ではなく、経済問題が切迫した国民の関心事になると、劣勢に陥った。経済の悪化がアメリカ人有権者に大統領選挙において人種の壁を乗りこえるための最後の踏み台の役割をはたした。オバマは圧勝し、議会両院でも民主党が共和党との議席差を広げた。当選確定の夜、オバマは「今日有権者の皆さんはアメリカが変わったことを示した」と語った。彼はクリントンに国務長官の職を委嘱するなど、実力者を重要ポストに指名し、就任の準備を整えた。

ホワイトハウスのオバマ・ファミリー

オバマは〇九年一月、初のアフリカ系大統領としての就任演説で、「つぎはぎ細工の布のような国民形成の伝統はアメリカの弱みではなく強み」であり、それにともなう歴史経験をつうじて建国の理念のより真実な実現を追求してきたこの国は、人類共通の人間性の世界的実現に向けて、よりよく貢献できるのであると述べ、そのアメリカ的伝統のなかに自分を位置づけた。そしてアメリカの今日の問題は政府が大きすぎるか小さすぎるかではなく、政府が国民の福利のためにどのような機能をはたせるかが問題であり、富を生み自由を広げる市場の力は比類ないものであるが、市場を放任すれば弊害が起こること、「繁栄がおよぶ範囲を広げ、意欲をもった人々のために機会を広げることなしには……国の繁栄は長続きしないこと」をわれわれは自覚しなければならないと、彼の変革の理念を語った。

アメリカの亀裂の現実とオバマ大統領の苦境

オバマの大統領就任式当日は新大統領への国民的な祝福と期待とが頂点に達したときであった。彼はその勢いに乗って、広範な国民的合意をえながら政策を実現していくことを望んだが、具体的政策の立法化に向けて政治が動き出すと、党派間の理念的対立が露骨になり、彼の支持層も内部分裂を生じた。多様なアメリカを結んでひとつのアメリカを創出する国民的指導者となることを志した彼は、ひとたび大統領に就任すると、アメリカ政治に働く遠心力に抗うことが次第に困難になった。

オバマはブッシュ政権末期からの金融機関への救済措置を継続し、さらに大手自動車会社二社の再建措置をとって、金融システムの安定と経済の混乱を防止した。彼はあらたな政府支出に減税措置を加味する総額約八〇〇〇億ドルの復興対策の必要を訴えて、二月に議会で成立させた。しかし、それは貧困者医療保険の適用拡大、教育の機会の拡大など社会改革的支出を含んでいたから、景気・雇用対策のみに限定せよという共和党議員の支持をえられず、リベラルな支持層には雇用対策の規模が小さいという不満があった。オバマが金融規制、教育・医療・クリーン・エネルギーなどの長期的アメリカ再生策の立法化を提案したが、共和党議員や保守派論客は「大きい政府」の永続をめざすものであると反対し、彼の構想は一部しか実現しなかった。

対外政策でも、オバマは目立った成果を挙げられなかった。彼は二〇一一年末までにイラクから撤退する公約を守ったが、イラクの民主主義政権は弱体で米軍撤退後に不安を残している。アフガニスタンではタリバンの活動がふたたび活発化したので、オバマは米軍を増派して対応した。今は一四年に米軍撤退を予定しているが、それまでに政情が安定する見込みは乏しい。パキスタンに潜伏していたオサマ・ビン・ラディン殺害はテロとの戦争に力を入れてきたオバマの政策のひとつの結果であるが、テロ活動の抑止効果は疑問であり、アメリカのパキスタンとの関係も悪化している。

イスラエルとパレスチナ・アラブとの相互譲歩による和解斡旋も挫折し、核開発を巡るイランとの交渉も成功していない。中国との経済関係が発展する一方で、中国の海洋進出政策に対処して、アジア太平洋方面における軍事的均衡の維持を重視するようになった。オバマは核兵器なき世界を目指すという発言を評価されてノーベル平和賞を授与されたが、一〇年の米ロ戦略兵器削減条約調印が唯一の前進で、核サミット開催など彼の外交努力にもかかわらず核兵器は拡散するおそれがある。

オバマは政権発足当初から、歴代政府がこれまで実現できなかった無保険者をなくすための医療保険制度改革を速やかに実現することに力を注ぎ、一〇年三月には医療改革法案の成立にこぎつけた。従来アメリカの医療保険は事業主提供および個人直接購入の民間保険が主であって、そのほかに高齢者のためのメディケアと低所得者のためのメディケイドという公的医療制度があったが、〇八年の統計では主として低所得勤労者層からなる無保険者が約四六〇〇万人（国民の一五・四％に相当）いた。新法は自己負担のほか公的資金からの拠出と一定数以上の人を雇用する事業者の負担により、一四年までに無保険者に保険をもたせるようにする点で、医療制度の画期的改革であったが、共和党議員と保守派論客は中小事業主やすでに保険を保持する中流勤労者の取り込みをねらって、政府が保険を強制する制度は「社会主義」だと非難し、保守派の大衆運動「ティーパーティー」(茶会)もこれを機に運動を盛り上げた。

他方、オバマ支持層は二年前の情熱を失っていた。景気は上向き気配を示しても雇用は増大せず失業率が一〇年半ばには九%台と高いままであったから、雇用の伸びを期待した人々はオバマの経済政策に失望した。医療改革は大きな成果であったが、直接の受益者は国民の一部であったので、民主党支持層の結束を固めることには役立たなかった。対外政策では、アフガニスタン戦争への深入りに反発する人々も多かった。このような状況は一〇年秋の中間選挙に反映した。「茶会」運動は保守的有権者を中間選挙の投票へと動員し、共和党の勝利に貢献した。民主党は上院では辛うじて過半数を維持したが、全員改選の下院選では一挙に七〇議席以上を失う大敗を喫したのである。

貧富の格差の拡大とアメリカ・デモクラシーの危機

前年の中間選挙における勝利により、下院の多数を占めた共和党議員はオバマ政権との対決姿勢を強めたため、二〇一一年にはアメリカの政治は機能不全に陥った。ヨーロッパのユーロ通貨圏に金融不安が発生し、それにともなう不況がアメリカ経済にも悪影響を与えるようになり、失業の更なる増大が懸念されたので、オバマは九月、雇用拡大のため約四五〇〇億ドルのあらたな不況対策「アメリカ雇用創出法」を発表し、議会に立法化を求めた。しかし共和党議員のほか一部民主党議員にも反対があり、一部分が立法化されただけである。

共和党議員は「小さい政府」つまり支出削減をなによりも重視する「茶会」運動に強く影響されている。「茶会」の名称はアメリカ革命の発端ともいえる抵抗運動、一七七三年の「ボストン茶会」事件にちなむ。それは「大きい政府」を押しつけようとする横暴なオバマ政権の支配からアメリカを解放することを標榜し、自己責任原理と自由市場原理の徹底、財政の均衡、税金の軽減など「小さい政府」の実現をめざす市民の抵抗運動という姿勢をとる。多発的連鎖的に各地に広がり、複数の全国的団体が後から形成された。経済的保守主義を掲げるが、アメリカを自らの手に取り戻そうという旗印には伝統的なアメリカの回復という社会文化的保守主義の願望が含まれており、近年の多文化的傾向にたいする反感をもつ人々を惹きつけている。

一一年秋には、「茶会」運動とは対極的に、「ウォール街を占拠しよう」という貧富の格差拡大に抗議する民衆運動（「占拠」運動）がニューヨークから他の都市に広がった。彼らは国民の九九％が窮乏化しているという意味で「われわれは九九パーセントなのだ」と主張する。両者を比較すれば、一方は主として中小事業主の運動で「大きい政府」を敵視し、他方は主として失業者や未就職者の運動で「大きい会社」を敵視する。一方は教条的で他方は情緒的である。しかし、どちらも同時多発的な運動で、アメリカの現状への不満と抗議の表明であり、どちらも疎外感をもつ人々の運動をもって自認し、アメリカ人の本来の利益、多数者の利益を守ることを標榜する。それらはともに中流階級の経済的低落という近年の状況を反映する運動である。

〇八年のアメリカの家庭を所得によって二〇％ずつの五つの階層に分けると、二十一世紀に所得配分が増大しているのはもっとも富裕な二〇％だけであって、それにつぐ上層中流の所得配分はほとんど上昇せず、ほかの階層の所得配分は減少傾向にあり、下位の四つの階層の所得を合わせても、上位二〇％の所得におよばないという国勢調査局の報告がある。最高の一％の超富裕層の所得の伸びがとくに大きい。中流階級の解体による両極化の進展はアメリカ民主主義の危機である。

オバマ大統領は一二年の再選をめざしているが、長期化するユーロ圏の経済不況と金融危機とがアメリカ経済の改善を制約する一方、彼は雇用の拡大のために手を打とうとしても、議会によってその手を縛られており、指導力の劇的な回復は難しい状況にある。多数の失業者の存在と貧富の格差の拡大、党派対立の激化による政治の手詰まり状態により、民主主義のモデルとしてのアメリカの威信は傷ついている。大統領選挙に向けて国民の期待を集める人物が不在の一一年に、ＩＴ事業家スティーヴ・ジョブズの死去が国民的ヒーローの死として惜しまれているのは、政治への失望の反映でもある。彼の生涯が物語るようにアメリカ人の創意工夫の精神は衰えていない。経済先進国のなかでは若年層の比率がもっとも高く人口動態に活気がある。新資源シェール・オイルの開発により経済的飛躍の可能性もある。アメリカは多くの問題をかかえているが、未来に希望をもてる国である。

あとがき

このたび『ヒストリカル・ガイド アメリカ』の改訂新版を刊行する機会を得られたことについて、版元の山川出版社、最近十年にわたり研究教育の場を与えて下さった学校法人聖学院とアメリカ学会などアメリカ史研究コミュニティの方々とに感謝したい。

今回の新版作成に際して、旧版の全文を仔細に検討して誤りや不正確な記述を改め、説明を補足し、追加すべきできごとを書き加え、歴史統計資料も最近の数字を補充し、終章は全面的に書き改めた。コラムの題材は同じであるが、多くは内容の一部あるいは大部分をより適当と思うものに変えた。巻頭のグラビア写真も一部を差しかえた。年表、参考文献を新しくしたほか、歴代大統領一覧表をあらたに加えた。

本書は旧版と同じく、いくつかのアメリカ合衆国史の概説書の編者となり一部を分担執筆した経験を活かしつつ、直接的には、私が大学院教員として勤務した聖学院大学における学部学生および大学院生のための講義原稿や研究会での発表原稿をもとに書かれた。

日本で近年刊行されたアメリカ史の概説書は何人かの著者が分担執筆したものが主流になっ

ているので、この本は一人の筆者がアメリカ史全体を通観して、一冊にまとめた簡便な概説書として特色を主張できるであろう。筆者としては、近年のアメリカおよび世界の状況に照らしてアメリカの歴史全体を描き、この本を読者の方々の現代的関心に応えられるヒストリカル・ガイドにするように努めたつもりである。

本書は「はじめに」で日本のアメリカとの歴史的関わりについて簡単に述べ、アメリカの歴史のおもな特徴をまとめ、植民地時代から二十一世紀初頭までのアメリカの歴史的発展を、終章を含む十一の章で描いている。それらの章はほぼ時代ごとに順を追ってまとめられているが、第4章と第5章などのように、同時期の事柄を別々の章で扱う場合もある。そのような場合には、別の章で扱う同時代のできごとについても簡単に言及するようにした。

旧版にあった誤りを指摘して下さった方々にこの場をかりて厚くお礼を申し上げたい。新版の最終章の原稿は立教大学の佐々木卓也教授に読んでいただき、多くの貴重な助言を得た。歴史統計の更新については静岡県立大学の佐藤真千子講師の協力を得た。ひとこと記して心から感謝の意を表したい。また編集上ゆきとどいた目配りをして下さった山川出版社編集部の担当者の方々にお礼を申し上げる。

二〇一二年五月

有賀　貞

ヒストリカル・ガイド
アメリカ〔改訂新版〕

2012年 7月20日　1版1刷　印刷
2012年 7月30日　1版1刷　発行

著　者　有賀《あるが》　貞《ただし》

発行者　野澤伸平

発行所　株式会社　山川出版社

〒101-0047 東京都千代田区内神田 1-13-13
電話　03(3293)8131(営業)　8134(編集)
振替　00120-9-43993
http://www.yamakawa.co.jp

印刷所　明和印刷株式会社

製本所　株式会社　手塚製本所

装　幀　菊地信義

　ISBN978-4-634-64057-3

著者紹介

有　賀　　貞（あるが・ただし）

1931年生まれ．東京大学大学院修士課程修了．

一橋大学名誉教授，聖学院大学総研名誉教授．専攻，アメリカ政治外交史．

著書：『アメリカ政治史』（福村出版，新版，1985），『アメリカ史概論』（東京大学出版会，1987），『アメリカ革命』（同，1988），**An International History of the Modern World**（研究社，2003），『国際関係史――16世紀から1945年まで』（東京大学出版会，2010）

編書：『戦間期の日本外交』（共編著，東京大学出版会，1984），『国際関係の変容と日米関係』（共編著，同，1987），『史料が語るアメリカ』（共編，有斐閣，新版，1989），『概説アメリカ史』（共編著，同，1990），『アメリカ外交と人権』（編著，日本国際問題研究所，1992），『アメリカ論Ⅰ』：（編著，放送大学教育振興会，1992），『世界歴史大系　アメリカ史1・2』（共編著，山川出版社，1993，94），『エスニック状況の現在』（編著，日本国際問題研究所，1995），『概説アメリカ外交史』（共編著，有斐閣，新版，1998），『日米関係資料集』（共編，東京大学出版会，1999）

訳書：サミュエル・ルベル『白人と黒人』（福村出版，1978），C・ヴァン・ウッドワード『アメリカ人種差別の歴史』（共訳，同，1977，新装版1998），ウィリアム・A・ウィリアムズ『アメリカ外交の悲劇』（共訳，御茶の水書房，1986），ルイス・ハーツ『アメリカ自由主義の伝統』（講談社学術文庫，1994），ジョージ・ケナン『アメリカ外交50年』（共訳，岩波現代文庫，2000），オリヴィエ・ザンズ『アメリカの世紀』（共訳，刀水書房，2005）

索　引

●カ—コ

コネティカット 30, 35, 75
コーネル大学 100
『コモンセンス』 40, 49
孤立主義 117, 125, 126
ゴールドラッシュ 61, 68
コロンビア大学 39, 113
コロンブス 14, 26
Columbus, Christopher 1451？-1506
コンコード 49
ゴンパーズ 79, 103
Gompers, Samuel 1850-1924

●サ―ソ

「再建」政策 71
サウスカロライナ 37, 38, 66, 70
サブプライム・ローン 217, 218
サンフランシスコ 197
サンベルト 12
ジェイムズ川 40
ジェネラル・モーターズ(GM)社 115, 175
ジェファソン 50, 55, 56, 59, 65
Jefferson, Thomas 1743-1826
ジェイムズ 108
James, William 1842-1910
ジェイムズタウン 4, 28, 40
シカゴ 12, 99, 103, 104, 170
シカゴ大学 100
七年戦争 45
自動車労働連合(UAW) 116
社会ダーウィン主義 108
ジャクソン 59
Jackson, Andrew 1767-1845
自由の(女神)像 92
蒸気船 63
情報技術革命(IT革命) 207, 210
ジョージア 31, 37
女性参政権 131
ジョブズ 231
Jobs, Steve 1955-2011
ジョンズ・ホプキンズ大学 100
ジョンソン 146, 161, 166, 167, 173, 176, 184
Johnson, Lyndon Baines 1908-73
シリコン・ヴァレー 209
人種差別 5, 90, 130-132, 148, 189
人種差別撤廃 91, 132, 145, 148, 156-160, 165, 173
新保守主義者(ネオコンサーヴァティヴ) 181
人民投票・人民発議 109
スタントン 63
Stanton, Elizabeth Cady 1815-1902
スタンフォード大学 100, 201
ストー 75, 76
Stowe, Harriet Elizabeth Bee-cher 1811-96
スミソニアン博物館 134
スラム 105, 168
星条旗 22
世界産業労働者団(IWW) 104
世界人権宣言 132, 136
世界貿易センター・ビル 25, 217, 218
石油危機(第一次) 174
石油危機(第二次) 178
セルフメイドマン 59, 60, 77
セルマ 162
「占拠」運動 231
全国女性連盟(NOW) 166
全国労働関係法制定 116
先住民(インディアン) 15, 23, 33-35, 38, 40, 41, 65, 72-74, 89, 164, 168
潜水艦搭載ミサイル(SLBM) 24
セントオーガスティン 26
セントルイス 112
セントローレンス川 26
1812年戦争 23, 24, 73
戦略兵器制限条約 150, 228
戦略防衛構想(SDI) 25
ソロー 64, 65
Thoreau, Henry David 1817-62

● ターート

第一次世界大戦　24, 84, 87, 92, 104, 107, 122
大西洋憲章　128
第二次世界大戦　3-7, 10, 12, 21, 22, 24, 80, 85, 92, 96, 106, 111, 114, 127, 129-131, 134, 135, 137-139, 141, 173, 180, 186, 202-204
「代表なければ課税なし」　46
太平洋戦争　23, 133
大陸会議　57
　第一回　47
　第二回　49
大陸横断鉄道　88
大陸間弾頭ミサイル(ICBM)　24
大量生産　115
大量破壊兵器　25, 214, 215
ダーウィン　108
　Darwin, Charles　1809-82
タウンミーティング　39
ダッジシティ　73
タフト　122
　Taft, William Howard　1857-1930
WTO(世界貿易機関)　208
多文化主義　198, 200
タリバン　212, 214
「小さい政府」　179, 180, 184, 210, 230
チェロキー族　34, 74
チカーノ　165
「茶会」運動　229, 230
茶税　47
チャベス　165
　Chavez, Cesar Estrada　1927-93
チャールストン　37, 39
朝鮮戦争　142, 143, 146
『沈黙の春』　175
ディラン　149
　Dylan, Bob　1941-
テキサス　66, 72
デタント外交→緊張緩和外交
デトロイト　114
テネシー　59, 152, 170
デラウェア　31, 35, 66
デューイ　108
　Dewey, John　1859-1952
デュボイス　91
　DuBois, William E. B.　1868-1963
トウェイン　98, 99
　Twain, Mark　1835-1910
同時多発テロ　22
投票権法　162, 169
トクヴィル　15, 64
　Tocquville, Alexis Charles Henri Maurice Clérel, Comte de　1805-59
独立宣言　15, 18, 20, 48, 50, 55, 56, 65
独立戦争　37, 43, 48, 49, 57, 61, 118
ドーズ法　89
トーニー　68
　Taney, Roger Brooke　1777-1864
トルーマン　136, 138, 156, 157, 202
　Truman, Harry S.　1884-1972
奴隷　15, 38, 39, 50, 55, 56, 58, 65-67, 71, 76, 90
奴隷解放宣言　70
奴隷制度　11, 12, 15, 51, 65, 66, 71, 75, 76, 78
奴隷制度廃止運動　68

● ナーノ

ナショナリズム　20, 22, 45, 60, 110
「涙の旅路」　74
南北戦争　11, 12, 17, 24, 61, 64, 66, 67, 71, 72, 78, 90, 97, 98, 108, 112, 118, 131
ニクソン　147, 150, 167, 176, 180, 181
　Nixon, Richard Milhous　1913-94
西インド諸島　26, 36, 59
日米交渉　128
日米和親条約　3

日露戦争 122
日系アメリカ人（日系人） 10, 22, 85, 193, 195, 202, 203
日本人移民排斥運動 88
ニーバー 146
Niebuhr, Reinhold 1892–1971
ニューイングランド 13, 30, 31, 35, 36, 42, 75, 81
ニュージャージー 31, 92, 93
ニューディール（政策） 108, 111, 112, 126, 187
ニューハンプシャー 30
ニューファンドランド 14, 27
ニューメキシコ 61
ニューヨーク 13, 25, 31, 39, 59, 63, 81, 91–93, 100, 104, 105, 113, 157, 217, 218
ニューレフト（新左翼） 148
ネイション・オブ・イスラム（ブラック・ムスリム） 163, 171, 172
ネイダー 175
Nader, Ralph 1934–
ネオコンサーヴァティヴ（ネオコン，新保守主義者） 181, 184, 216
ノーフォーク 37, 39

●ハ―ホ

ハーヴァード大学 39, 81
パウエル 168, 214
Powell, Colin Luther 1937–
パクス・アメリカーナ 140
覇権国 216, 217
ハースト 113
Hearst, William Randolph 1863–1951
バスボイコット闘争 159, 160, 169
ハドソン川 63, 92
ハドソン湾 27
パトリオティズム（愛国心） 21, 22
パトリオット（革命派） 48
バートン 107
Barton, Bruce 1886–1967
パナマ運河 181
ハミルトン 59
Hamilton, Alexander 1755–1804
ハリウッド 106
パールハーバー 6, 10, 23, 127, 128, 133, 203
ハワイ 5, 10, 23, 133, 203
バンチ 156
Bunch, Ralph Johnson 1904–71
東インド会社 47
ヒスパニック（ラティーノ） 169, 188, 193, 195
ヒッピー 149
ピューリタニズム 42, 76
ピューリタン 13, 28, 29, 42, 64
ピューリッツァー 79, 112, 113
Pulitzer, Joseph 1847–1911
フィッツジェラルド 106
Fitzgerald, Francis Scott Key 1896–1940
フィラデルフィア 13, 36, 39, 42, 43, 57, 63
フィリピン 23, 121
フーヴァー 126
Hoover, Herbert Clark 1874–1964
フォード，ジェラルド 176, 180
Ford, Gerald Rudolph 1913–
フォード，ヘンリー 102, 114–116
Ford, Henry 1863–1947
フォード自動車会社 115, 116
フォーバス 158
Faubus, Orval E. 1910–94
福澤諭吉 1834–1901 56, 58
不戦条約 125
ブッシュ，ジョージ 133, 167, 183, 184, 201, 211, 215
Bush, George 1924–
ブッシュ，ジョージ・W 25, 183, 188, 211, 214, 218–222
Bush, George W. 1946–
プライマリ（予備選挙） 110
ブラウン 70
Brown, John 1800–59

プラグマティズム 108
ブラック・パンサー党 163
フランクリン 42, 45
Franklin, Benjamin 1706–90
プランター 39, 66, 72
プランテーション 38, 39
フリーダン 166
Friedan, Betty 1921–
プリマス 28
プリンストン大学 39
フルトン 63
Fulton, Robert 1765–1815
プレスリー 152, 153
Presley, Elvis 1935–77
ブレトンウッズ体制 130, 173
プレーリー 72
フレンチ・アンド・インディアン戦争 45
フロリダ 12, 26, 188, 195, 211
フロンティア 63, 72
文化戦争 178
分離派 28, 29
ペイン 40, 49
Paine, Thomas 1737–1809
ベトナム従軍兵士メモリアル 154
ベトナム戦争 142, 145, 146–151, 154, 173, 174
ベトナム反戦運動 151
ヘミングウェイ 106
Hemingway, Ernest Miller 1899–1961
ペリー 3
Perry, Matthew Calbraith 1794–1858
ベル 99
Bell, Alexabder Graham 1847–1922
ペン 31
Penn, William 1644–1718
ペンシルヴェニア 35, 79, 169, 184
ホイットマン 98
Whitman, Walt 1819–92
包括的核実験禁止条約(CTBT) 210
ポカホンタス 41
Pocahontas 1596？–1617
保護関税 126
ボス政治 109
ボストン 42, 47, 49, 64, 81
ボストン茶会事件 47
ボルティモア 37, 39, 63
ホワイトハウス 135
ポーワタン 40, 41
Powhatan 1550？–1618

●マーモ

マイアミ 195
マイノリティ 164–168
マコーミック 99
McCormick, Cyrus Hall 1809–84
マサチューセッツ 28–30, 47
マーシャル 167
Marshall, Thurgood 1908–93
『貧しいリチャードの暦』 42
マッカーサー 4
MacArthur, Douglas 1880–1964
マッカーシー 142
McCarthy, Joseph R. 1908–57
マッカーシズム 142
マディソン 59
Madison, James 1751–1836
マルコム・X 163
Malcom X 1925–65
マンハッタン 92
ミシシッピ(州) 66, 152, 162
ミシシッピ川 12, 26, 45, 61, 72, 74
ミズーリ 12, 112
ミルズ 148
Mills, C. Wright 1916–62
メイン 37, 75
メキシコ系・アメリカ人 165, 168
メキシコ戦争 118
メリーランド 12, 31, 35, 37, 39, 70
メンケン 106
Mencken, Henry Louis 1880–1956
メンフィス 170

モーガン 108
Morgan, John Pierpont 1837–1913
モルモン教団 19, 20
モロッコ問題 122
門戸開放政策 121
モンゴメリー 159, 160, 162, 169, 170
モンロー・ドクトリン 117–119

●ヤ―ヨ

ヤング 167
Young, Andrew 1932–
ユダヤ系アメリカ人 82, 83, 94–96
ヨークタウンの戦い 51

●ラ―ロ

ライス 222
Rice, Condoleezza 1954–
リトルロック 158
リバティー島 92
リベラリズム(進歩主義) 173
リーマン・ショック 219, 220, 226
リンカーン 59, 69, 70, 75, 77, 78
Lincoln, Abraham 1809–65
ルイジアナ 12, 61
ルイス 106
Lewis, Harry Sinclair 1885–1951
冷戦 4, 21, 137–140, 142, 143, 145, 152, 183
レーガン 178–183, 203, 208, 216
Reagan, Ronald 1911–2004
レキシントン 49
連合会議 51, 53, 54
連合規約 51, 53, 54
連邦最高裁判所→合衆国最高裁判所
連邦準備制度 109, 218, 219
連邦制 16, 17
ロイヤリスト 48
ロサンジェルス 106, 162, 197, 204, 205
ローズヴェルト，エリナー 132, 135, 136
Roosevelt, Eleanor 1884–1962
ローズヴェルト，セオドア 121
Roosevelt, Theodore 1858–1919
ローズヴェルト，フランクリン 81, 111, 126–129, 135, 136, 188
Roosevelt, Franklin Delano 1882–1945
ロッキー山脈 72, 73
ロック 50, 56
Locke, John 1632–1704
ロックフェラー，ジョン 99, 100
Rockefeller, John D. 1839–1937
ロードアイランド植民地 30, 35
ロビンソン 156
Robinson, Jackie 1919–72
ロルフ 41
Rolfe, John 1585–1622
ロング・ドライブ 73

●ワ

WASP 84
ワシントン，ジョージ 49, 54, 57–59, 65
Washington, George 1732–99
ワシントン，ブッカー 90
Washington, Booker T. 1856–1915
ワシントン(市) 12, 25, 78, 134, 154, 161, 165, 217–219
ワシントン会議 125
ワッツ暴動 204
湾岸戦争 184, 216, 220

年　　表

年 号	事　　　　項
1492	コロンブス，カリブ海域の陸地に到着
1521	コルテス，アステカ帝国を征服
1565	スペイン人，フロリダに入植しフランスの勢力を排除
1603	フランス人探検家，セントローレンス川流域を探検
1607	イギリス人植民者ヴァージニアのジェイムズタウンに入植
1620	「分離派」の植民者プリマス上陸
1630	マサチューセッツ・ベイ植民地の建設
1642	イギリスで内乱(ピューリタン革命)始まる(～49)
1681	ペンシルヴェニア植民地の建設
1688	イギリスで名誉革命起こる
1730	30 年代から宗教復興運動「大覚醒」始まる(～1760 年代)
1732	ベンジャミン・フランクリン『貧しいリチャードの暦』刊行始める
1754	オハイオ川流域で英仏植民地戦争(フレンチ・アンド・インディアン戦争)始まる(～63)
1763	パリ条約で，カナダおよびミシシッピ川以東の地域が英領となる
1764	イギリスで印紙法制定
1765	印紙税反対闘争始まる
1773	イギリスで茶法制定。ボストン茶会事件起こる
1774	第 1 回大陸会議
1775	アメリカ独立戦争(アメリカ革命)始まる。第 2 回大陸会議が恒久化
1776	13 植民地，連合して独立を宣言
1777	大陸会議，連合規約を採択
1778	アメリカ，フランスと同盟
1782	英米，講和について基本合意
1783	アメリカ独立戦争正式に終結
1787	合衆国憲法会議の開催。北西部領地法制定
1788	合衆国憲法発効
1789	合衆国憲法に基づく政府発足，初代大統領ワシントン就任。フランス革命始まる
1800	合衆国政府所在地として建設されたワシントンに政府移転
1803	マーベリ対マディソン事件判決(連邦最高裁の連邦法に対する司法審査権の先例)。ジェファソン大統領，フランスからルイジアナを購入
1807	ロバート・フルトンの蒸気船がハドソン川を溯る

1808	前年の法律に基づきアメリカへの奴隷輸入禁止が発効
1812	1812年戦争(第2次英米戦争)始まる(～15)
1815	ウィーン会議終了
1823	モンロー・ドクトリンの表明
1825	ハドソン川とエリー湖とを結ぶエリー運河開通
1827	アメリカ最初の鉄道会社ボルティモア・アンド・オハイオ鉄道会社設立
1828	アンドルー・ジャクソン，大統領に当選，新たな二大政党体制成立
1835	A・トクヴィル『アメリカのデモクラシー』第1部フランスで刊行
1838	R・W・エマソンの「アメリカの学者」講演。チェロキー・インディアン，ミシシッピ川以西の土地に強制移住(涙の旅路)
1845	テキサス併合。サミュエル・モールス，アメリカ電信会社を設立
1846	アメリカとメキシコとの戦争(～48)
1848	メキシコとの講和によりカリフォルニア，ニューメキシコ地方を領土として獲得。女性の権利のための活動家たち，ニューヨーク州セネカフォールズで女性会議開催
1849	カリフォルニアでの金発見の情報広がり，多数の人々が同地を目指す
1852	H・E・B・ストー『アンクル・トムの小屋』刊行
1854	日米和親条約締結。奴隷制度の地域的拡大に反対する共和党成立
1857	連邦最高裁，準州の奴隷制度を禁止する連邦議会の権限を否定(ドレッド・スコット判決)
1858	日米修好通商条約締結
1860	日本最初の遣米使節，ワシントンに到着。共和党の大統領候補リンカーンが当選
1861	合衆国から脱退した南部諸州，新連邦を結成。南北戦争始まる(～65)
1863	リンカーン大統領，反乱中の諸州内の奴隷は自由であると宣言
1865	リンカーン暗殺。憲法修正第13条により奴隷制度廃止正式に決定
1867	アメリカ，アラスカをロシアから購入
1868	日本，明治維新。憲法修正第14条により市民の権利の人種差別を禁止
1869	初の大陸横断鉄道開通
1877	「再建」政策の終わり
1879	トマス・A・エディソン，電球を実用化
1881	タスキーギ・インスティテュート開校
1882	アメリカ，中国人移民受入れを10年間停止(のちに無期限に延長)
1884	マーク・トウェイン『ハックルベリ・フィンの冒険』刊行
1886	AFL(アメリカ労働総同盟)結成
1887	インディアン部族所有地の私有化を推進するドーズ法成立
1890	ウーンデッドニーの虐殺
1892	エリス島で移民の入国審査開始
1893	シカゴで「アメリカ発見400周年」を1年遅れで記念する万国博覧会。

	F・J・ターナー「アメリカ史におけるフロンティアの意義」を発表
1896	連邦最高裁，公共的施設での人種分離は必ずしも不平等を意味せずと判決
1897	アメリカの大衆新聞，スペイン支配に対するキューバ人の反乱への同情を煽る
1898	アメリカ・スペイン戦争開始。アメリカ，ハワイを併合。アメリカ，講和条約により，フィリピン，プエルトリコを領有
1899	アメリカ，中国に関する門戸開放政策を提唱
1903	ライト兄弟，初飛行に成功
1905	セオドア・ローズヴェルト大統領，日露戦争の講和を斡旋
1907	ヘンリー・ジェイムズ『プラグマティズム』刊行。ヘンリー・アダムズ『ヘンリー・アダムズの教育』刊行
1908	日米間で移民自主規制に関する書簡交換(日米紳士協約)
1909	人種差別反対・公民権擁護の団体 NAACP 設立
1913	フォード自動車会社，「モデル T」の大量生産開始
1914	パナマ運河開通。第一次世界大戦勃発(～18)
1916	ジョン・デューイ『民主主義と教育』刊行
1917	アメリカ，第一次世界大戦に参戦。ロシアでボリシェヴィキ革命
1918	第一次世界大戦終結
1919	憲法修正第 18 条によりアメリカ全国で禁酒。国際連盟規約を含むヴェルサイユ条約調印，ただし上院の批准を得られず
1921	暫定的な移民制限法成立。海軍制限および太平洋アジアの政治問題に関するワシントン会議開催(～22)。ワシントン会議で，四カ国条約調印，それにより日英同盟解消
1922	ワシントン会議で，海軍制限条約，中国に関する九カ国条約など成立
1924	割当移民法成立しヨーロッパ移民を大幅制限，アジア系移民全面禁止。合衆国内の全インディアンに市民資格を与える法律成立
1926	E・M・ヘミングウェー『日はまた昇る』刊行。NBC 放送会社設立
1927	ワーナー社製作の『ジャズ・シンガー』から映画に音声が入る
1928	ケロッグ・ブリアン条約(パリ不戦条約)調印
1929	ニューヨーク株式市場大暴落後，アメリカ深刻な不景気の時代に突入
1930	アメリカの乗用車登録数 2,650 万台に達する
1931	ニューヨークにエンパイア・ステイト・ビルディング完成
1933	F・D・ローズヴェルト，大統領に就任し，ニューディール始まる。アメリカの全国的禁酒，憲法修正第 21 条により撤廃
1935	最初の中立法制定
1937	日中戦争(日華事変)勃発
1938	CIO，AFL から分離(55 年に再統合し，AFL-CIO となる)
1939	欧州で第二次世界大戦勃発

1941	米英首脳，大西洋会談後に大西洋憲章を発表。日本海軍機動部隊パールハーバーを攻撃，アメリカ，第二次世界大戦に全面的に参戦
1942	ローズヴェルト大統領，太平洋岸地域の日系人強制収容令に署名
1943	米軍，日系二世の兵役志願を認め第442連隊を組織。中国系移民の市民資格所得を承認。イランのテヘランで米英ソ3国首脳会談
1944	ブレトンウッズ会議で国際通貨基金，国際復興開発銀行の設立決まる。ダンバートン・オークス会議で国連憲章起草作業
1945	ソ連のヤルタで米英ソ3国首脳会談。ローズヴェルト死去しトルーマン副大統領，大統領に就任。国連設立総会サンフランシスコで開催。ドイツ降伏により欧州での戦争終結。ベルリン郊外のポツダムで米英ソ3国首脳会談。広島・長崎に原爆投下。ソ連対日参戦。日本の降伏で第二次世界大戦終結
1947	トルーマン・ドクトリン表明。マーシャル・プラン発表。ジャッキー・ロビンソン，最初の黒人大リーガーとなる
1949	アメリカとカナダ，西欧10カ国とともに北大西洋同盟を締結。ソ連での核実験の成功確認される。中華人民共和国成立
1950	朝鮮戦争勃発で米軍国連軍として参戦。人民中国朝鮮に派兵，米兵と激戦
1951	サンフランシスコ講和条約・日米安全保障条約調印。アメリカの黒人外交官ラルフ・バンチが国連職員としての功績によりノーベル平和賞を受賞。この頃テレビ報道番組次第に充実
1952	講和条約発効により日本占領終結，日本主権を回復。アメリカ新移民法により，アジア系移民の帰化を認め，アジア諸国にも移民を割当
1953	朝鮮休戦協定成立
1954	連邦最高裁，ブラウン対トピーカ市教育委員会事件で人種隔離教育に違憲判決。ジュネーヴでインドシナ休戦協定成立
1955	米英仏3国首脳，ソ連首脳とジュネーヴで会談。アラバマ州モンゴメリーでバス乗車における人種差別反対闘争始まる
1957	アーカンソー州リトルロックで人種共学反対騒動
1960	日米新安全保障条約調印
1961	ベルリン問題で米ソ緊張，ベルリンの壁構築
1962	キューバへのソ連ミサイル持ち込みで米ソ関係緊迫。レイチェル・カーソン『沈黙の春』刊行。連邦最高裁，公立学校における宗教教育を禁止する判決
1963	米英ソ3国，部分的核実験禁止条約に調印。ワシントンで公民権運動の大集会。ケネディ大統領ダラスで暗殺される。ベティ・フリーダン『フェミニン・ミスティーク』刊行
1964	リンドン・ジョンソン大統領，貧困に対する戦争を提唱。1964年公民権法成立

1965	ジョンソン，北ベトナム爆撃を指示。アメリカ軍，南ベトナムでの戦闘行動を本格化。アメリカ新移民法成立し，西欧偏重の国別移民割当制廃止される。セルマ行進。投票権法成立。ロサンジェルスのワッツ地区でアフリカ系市民の暴動。『マルコム・X 自伝』刊行。ラルフ・ネイダー『いかなる速度でも危険』刊行
1966	「ブラック・パワー」が黒人運動の合言葉として流行。性差別反対のための女性運動団体 NOW 結成
1967	ニューヨークなどで大規模な反戦集会，ベトナム反戦運動激化。サーグッド・マーシャル，黒人初の連邦最高裁判事に就任，またこの年アメリカの主要都市の一つ(クリーヴランド)に黒人市長登場
1968	ジョンソン大統領選再出馬を断念し，北ベトナムに休戦交渉を提案。マーティン・ルーサー・キング牧師，メンフィスで暗殺される
1969	アメリカの宇宙飛行士，月面に着陸。ウッドストック音楽祭開催
1970	ニクソン大統領，インディアン政策の見直し，各部族の自主権尊重を表明
1971	為替レート変更のためのスミソニアン合意
1972	ニクソン大統領中国を訪問，敵対的米中関係を改善。米連邦議会，性の平等を規定する憲法修正を諸州に提案(82 年までに不成立で廃案)。アメリカ，沖縄の施政権を日本に返還。ニクソン，ソ連を訪問，米ソ戦略兵器制限条約に調印。インディアン運動 AIM の活動家，ワシントンのインディアン局を占拠。戦争権限法成立
1973	アメリカと北ベトナム，休戦協定調印。連邦最高裁，女性の妊娠中絶の権利を承認。上院，ウォーターゲート事件の調査を開始。第 4 次中東戦争勃発，アラブ産油国石油戦略を発動(第一次石油危機)
1974	ニクソン，弾劾裁判を避けるため大統領を辞任
1975	インディアン自治・教育援助法制定
1978	連邦最高裁，大学入学者の一部を特定人種に割りあてることにつき違憲判決。カーター大統領の斡旋でイスラエルとエジプト間に合意成立
1979	米中国交正常化。イランで米国大使館占拠，館員人質事件起こる。ソ連軍，アフガニスタンに進攻
1980	レーガン，大統領に当選，アメリカの保守化傾向の表れ
1981	日本，対米自動車輸出の自主規制に合意
1985	G-5(5 国グループ)会議で経済運営について「プラザ合意」成立
1986	スペース・シャトル「チャレンジャー」号爆発事故。移民改革・管理法
1987	米ソ間の INF 全廃条約調印
1988	アメリカ包括通商法成立。日系人強制収容補償法成立
1989	米加自由貿易協定発効。中国で天安門事件。ベルリンの壁崩壊。マルタでの米ソ首脳会談で両国首脳，冷戦終結を表明
1990	西ドイツ，東ドイツを吸収。イラク軍，クウェートを占領(湾岸危機)

1991	多国籍軍，イラクに対し武力行使(湾岸戦争)。独立国家共同体の形成でソ連解消
1992	ロサンジェルス暴動。北米自由貿易協定(NAFTA)調印(94年発効)
1993	トニ・モリソン(アフリカ系アメリカ人女性作家)ノーベル文学賞受賞。アル・ゴア副大統領，「情報スーパーハイウェイ」の構築推進を提唱
1994	共和党の下院議員候補者たち，政治綱領「アメリカとの契約」に署名
1995	世界貿易機構(WTO)発足
1996	クリントン大統領来日し，日米安保共同宣言
1998	クリントン，中国訪問
1999	クリントン，1969年以来最初の均衡予算を議会に提出。大統領弾劾裁判で無罪
2000	共和党の大統領候補J・W・ブッシュ，最高裁の裁定により当選決定
2001	9・11同時多発テロ事件。米軍，アフガニスタンのタリバン政権とアルカイダ勢力とに武力攻撃
2002	ブッシュ「悪の枢軸」演説。共和党，上下両院で過半数獲得
2003	米英軍，イラク攻撃開始，フセイン政権崩壊
2004	イラクの秩序混乱が継続し，駐留米軍へのイラク人の反感と失望強まる。J・W・ブッシュ大統領再選される
2005	ハリケーン「カトリーナ」によりニューオーリンズなどに大被害
2006	中間選挙で共和党上下両院の多数を失う。住宅価格下落のため，サブプライム・ローンの返済不能件数が増加
2007	ナンシー・ペロシ女性初の下院議長に選出。ブッシュ大統領，イラク駐留軍増派計画を表明
2008	民主党内の大統領候補指名争いで，初のアフリカ系大統領をめざすバラク・オバマ上院議員が初の女性大統領をめざすヒラリー・クリントン上院議員に勝利。アメリカの巨大証券会社リーマン・ブラザーズ倒産の衝撃で世界金融危機と世界同時不況発生，米政府はほかの金融関係大企業救済に緊急措置。民主党大統領候補オバマが当選，民主党上下両院の多数を確保。経済主要国20カ国(G-20)の初会合
2009	オバマ大統領就任，景気振興策を提案，党派対立深刻化。保守系民衆運動「ティー・パーティ」各地で発生。アメリカなど先進国の経済低迷に比し，中国，インドなど新興国の経済成長目立つ
2010	医療保険改革法成立。アメリカ経済は回復基調に入るも失業率は高止まり。オバマ大統領の人気低下のため中間選挙で共和党下院選に圧勝
2011	東日本大震災，福島第一原発事故発生。ユーロ圏に経済危機発生。格差社会に抗議する「占拠」運動アメリカ諸都市で発生

歴代大統領一覧

注：大統領名のあとの†は在任中死亡したことを，↓は任期中に辞任したことを示す。政党略号は，Fがフェデラリスト党，Rがリパブリカン党（1850年代以降の共和党と直接のつながりはない），民が民主党，Wがホイッグ党，共が共和党。R*は党の解体期の分裂候補。民*は当時まだ民主党を名乗っていなかったこと，民**はジョンソンが民主党戦争支持派（1864年の選挙でリンカーンと組む）であったことを示す。州の略号は出生した州と生活あるいは政治活動をした州とが異なる場合には，それぞれを併記している。

代	就任年	大統領	政党	州
1	1789	ワシントン George Washington	無	VA
2	1797	J. アダムズ John Adams	F	MA
3	1801	ジェファソン Thomas Jefferson	R	VA
4	1809	マディソン James Madison	R	VA
5	1817	モンロー James Monroe	R	VA
6	1825	J.Q. アダムズ John Quincy Adams	R*	MA
7	1829	ジャクソン Andrew Jackson	民*	SC,TN
8	1837	ヴァンビューレン Martin Van Buren	民	NY
9	1841	W.H. ハリソン William Henry Harrison†	W	VA
10	1841	タイラー John Tyler	W	VA
11	1845	ポーク James K. Polk	民	NC,TN
12	1849	テイラー Zachary Tailor†	W	VA,KY
13	1850	フィルモア Millard Fillmore	W	NY
14	1853	ピアス Franklin Pierce	民	NH
15	1857	ビュカナン James Buchanan	民	PA
16	1861	リンカーン Abraham Lincoln†	共	KY,IL
17	1865	A. ジョンソン Andrew Johnson	民**	NC,TN
18	1869	グラント Ulysses S. Grant	共	OH
19	1877	ヘイズ Rutherford Hayes	共	OH
20	1881	ガーフィールド James Garfield†	共	OH
21	1881	アーサー Chester A. Arthur	共	VT,NY

22	1885	クリーヴランド Grover Cleveland	民	NJ,NY
23	1889	B. ハリソン Benjamin Harrison	共	OH
24	1893	22代クリーヴランドの再任	民	
25	1897	マッキンリー William McKinley†	共	OH
26	1901	T. ローズヴェルト Theodore Roosevelt	共	NY
27	1909	タフト William H. Taft	共	OH
28	1913	ウィルソン Woodrow Wilson	民	VA,NJ
29	1921	ハーディング Warren G. Harding†	共	OH
30	1923	クーリッジ Calvin Coolidge	共	VT
31	1929	フーヴァー Herbert Hoover	共	IA,CA
32	1933	F.D. ローズヴェルト Franklin D. Roosevelt†	民	NY
33	1945	トルーマン Harry S. Truman	民	MO
34	1953	アイゼンハワー Dwight D. Eisenhower	共	TX,KA
35	1961	ケネディ John F, Kennedy†	民	MA
36	1963	L. ジョンソン Lyndon B. Johnson	民	TX
37	1969	ニクソン Richard M. Nixon ↓	共	CA
38	1974	フォード Gerald Ford	共	NE,MI
39	1977	カーター Jimmy Carter	民	GA
40	1981	レーガン Ronald Reagan	共	IL,CA
41	1989	G. ブッシュ George Bush	共	MA,TX
42	1993	クリントン William J. Clinton	民	AR
43	2001	G.W. ブッシュ George W. Bush	共	CT,TX
44	2009	オバマ Barack H. Obama	民	HI,IL

参考文献

参考文献としては，アメリカ史全般あるいは特定の時代・分野について理解を深めようとする読者の便宜のために，比較的読みやすく入手しやすいもの，著者がとくに参考にしたもの，大学・公共図書館などで所蔵されていることが多いものから，日本語文献に限り約200点を選んだ。

(A)はアメリカ史全般に関する参考文献，(B)(C)(D)(E)(F)はそれぞれ「はじめに」・序章，第1章〜第3章，第4章〜第6章，第7章〜第10章，終章に関する参考文献を挙げる。(B)〜(F)の文献の配列はそれぞれの時期全般を扱う文献を先に置き，ほぼ本文の章・小見出し・コラムの順序に沿って配列した。各部の参考書のなかでとくに重要と思われる図書（Aは12冊，B〜Eは各5冊程度）を選んで◎を付けた。最後に(G)としてウエブ・サイトについての解説を付した。

A　アメリカ史全般に関する参考文献

〔資料集〕

(1)　◎大下尚一ほか編『資料が語るアメリカ』有斐閣　1989

(2)　アメリカ学会訳編『原典アメリカ史』（全9巻＋別巻）（社会史）岩波書店　1950-58，81-82，2006

(3)　亀井俊介・鈴木健次監修『史料で読むアメリカ文化史』（全5巻）東京大学出版会　2005-06

(4)　L. カーバーほか編，有賀夏紀ほか訳『ウィメンズ・アメリカ（資料編）』ドメス出版　2000

(5)　斎藤眞・久保文明編『アメリカ政治外交史教材——英文資料選』東京大学出版会　2008

〔歴史地図・歴史統計〕

(6)　◎R. フェレル，R. ナキトール，猿谷要監修『図説アメリカ歴史地図』原書房　1994

(7)　川島浩平ほか編『地図でよむアメリカ』雄山閣　1999

(8)　マーティン・ギルバート，池田智訳『アメリカ歴史地図』明石書店　2003

(9)　斎藤眞・鳥居泰彦監訳『アメリカ歴史統計』（全2巻＋別巻）原書房　1986-87

〔事　典〕

(10)　荒このみほか監修『新版 アメリカを知る事典』平凡社　2012

(11)　小田隆裕ほか編『事典・現代のアメリカ』CD-ROM付　大修館書店　2004

(12)　中村甚五郎『アメリカ史「読む」年表事典』（全3巻）原書房　2010-

(13)　佐々木卓也ほか『ハンドブック アメリカ外交史』ミネルヴァ書房　2011

〔講　座〕

(14)　大橋健三郎ほか編『講座アメリカの文化』（全6巻）南雲堂　1969-70

(15)　『USA Guide』（全9巻）弘文堂　1992

(16)　油井大三郎ほか編『シリーズ・アメリカ研究の越境』（アメリカ学会40周年記念事業）（全6巻）ミネルヴァ書房　2006-

(17)　肥後本芳男ほか編『アメリカ史のフロンティア』（全2巻）昭和堂　2010

(18)　渋谷博史監修『アメリカ・モデル経済社会』（全10巻）昭和堂　2010

〔古典的著作の叢書〕

(19)　『アメリカ古典文庫』（全23巻）研究社　1974-82

〔詳しい全般的な通史〕

(20)　有賀貞・大下尚一・志邨晃介・平野孝編『アメリカ史』（全2巻）［世界歴史体系］山川出版社　1993-94

(21)　M.B. ノートンほか，本田創造監訳『アメリカ人の歴史』（全6巻）1996

(22)　歴史学研究会編『南北アメリカの500年』（全5巻）青木書店　1992-93

〔分野別の通史〕

(23)　井出義光編『アメリカの地域――合衆国の地域性』（USA Guide 2）弘文堂　1992

(24)　小塩和人『水の環境史――南カリフォルニアの20世紀』玉川大学出版部　2003

(25)　D. ノーブル，目白アメリカ研究会訳『アメリカ史像の探求』有斐閣　1988

(26) 亀井俊介『アメリカ文学史』(全3巻) 東京大学出版会　1997-2000
(27) 森孝一『宗教から読むアメリカ』講談社　1996
(28) ◎森本あんり『アメリカ・キリスト教史——理念によって建てられた国の軌跡』新教出版社　2006
(29) 上智大学アメリカ研究所編『キリスト教のアメリカ的展開——継承と変容』上智大学出版・ぎょうせい　2011
(30) 野村達朗『民族で読むアメリカ』講談社　1992
(31) ◎明石紀雄・飯野正子『エスニック・アメリカ(第3版)』有斐閣　2011
(32) 川島正樹編『アメリカニズムと「人種」』名古屋大学出版会　2005
(33) ロナルド・タカキ, 富田虎男ほか訳『多文化社会アメリカの歴史』明石書店　1995
(34) 富田虎男『アメリカ・インディアンの歴史(3版)』雄山閣　1997
(35) 青柳清孝『ネイテイブ・アメリカンの世界』古今書院　2006
(36) 本田創造『アメリカ黒人の歴史(新版)』岩波新書　1991
(37) B. クォールズ, 明石紀雄ほか訳『アメリカ黒人の歴史』明石書店　1994
(38) 有賀夏紀『アメリカ・フェミニズムの社会史』勁草書房　1988
(39) S. エヴァンス, 小桧山ルイほか訳『アメリカの女性の歴史』明石書店　1997
(40) 綾部恒雄監修・編『クラブが創った国アメリカ』(結社の世界史5) 山川出版社　2005
(41) 阿川尚之『憲法で読むアメリカ史(上下)』PHP 新書　2004
(42) ◎栗林輝夫『アメリカ大統領の信仰と政治』キリスト新聞社　2008
(43) 有賀貞・宮里政玄編『概説アメリカ外交史(新版)』有斐閣　1996
(44) ◎西崎文子『アメリカ外交とは何か』岩波新書　2004
(45) A.R. ミレット/P. マウロウスキー, 防衛大学校戦争史研究会訳『アメリカ社会と戦争の歴史——連邦防衛のために』彩流社　2011
(46) 細谷千博編『日米関係通史』東京大学出版会　1995
(47) 五百旗頭真編『日米関係史』有斐閣　2008
(48) 秋元英一『アメリカ経済の歴史』東京大学出版会　1995
(49) 岡田泰男『アメリカ経済史』慶応義塾大学出版会　2000
(50) K. フット, 和田光弘ほか訳『記念碑の語るアメリカ』 名古屋大学出

版会　2002
(51)　近藤光彦ほか『記憶を紡ぐアメリカ』慶應義塾大学出版会　2005
(52)　樋口映美・中條献編『歴史の中の「アメリカ」——国民化をめぐる語りと創造』彩流社　2006
(53)　◎A. トクヴィル，松本礼二訳『アメリカのデモクラシー』岩波文庫（全4冊）2005-08
(54)　◎斎藤眞『アメリカとは何か』平凡社ライブラリー　1995
(55)　◎E. フォーナー，横山良ほか訳『アメリカ 自由の物語』（全2巻）岩波書店　2008
(56)　J.H. フランクリン（本田創造訳）『人種と歴史——黒人歴史家の見たアメリカ社会』岩波書店　1993
(57)　P.G. ローレン・大蔵雄之助訳『国家と人種偏見』TBSブリタニカ　1995
(58)　亀井俊介『アメリカン・ヒーローの系譜』研究社　1993
(59)　R. ニーバー，大木英夫・深井智朗訳『アメリカ史のアイロニー』聖学院大学出版会　2002
(60)　R. ベラー，松本滋ほか訳『破られた契約』未来社　1983
(61)　藤本龍児『アメリカの公共宗教——多元社会における精神性』NTT出版　2009
(62)　L. ハーツ，有賀貞訳『アメリカ自由主義の伝統』講談社学術文庫　1995
(63)　S.M. リプセット，上坂昇・金重紘広訳『アメリカ例外論』明石書店　1999
(64)　◎古矢旬『アメリカニズム——普遍国家のナショナリズム』東京大学出版会　2002
(65)　油井大三郎『好戦の共和国アメリカ——戦争の記憶をたどる』岩波新書　2008
〔アメリカ研究・アメリカ史研究入門〕
(66)　◎有賀夏紀・紀平英作・油井大三郎編『アメリカ史研究入門』山川出版社　2009
(67)　◎古矢旬・遠藤泰生編『アメリカ学入門（新版）』南雲堂　2004
(68)　五十嵐武士・油井大三郎編『アメリカ研究入門（第3版）』東京大学出版会　2003

(69) 亀井俊介編『アメリカ文化史入門』昭和堂　2006
(70) 有賀夏紀・小檜山ルイ編『アメリカ・ジェンダー史研究入門』青木書店　2010

B　はじめに・序章に関する参考文献

(1) ◎三谷博『ペリー来航』(日本歴史叢書) 吉川弘文館　2003
(2) 藤田文子『北海道を開拓したアメリカ人』新潮社　1993
(A54) ◎斎藤眞『アメリカとは何か』(再出)
(3) E.S. ローゼンバーグ，飯倉章訳『アメリカは忘れない――記憶のなかのパールハーバー』法政大学出版局　2007
(4) ◎加籐秀俊・亀井俊介編『日本とアメリカ――相手国のイメージ研究』日本学術振興会　1977
(5) ◎油井大三郎『日米戦争観の相剋――摩擦の深層心理』岩波書店　1995
(A23) ◎井出義光編『アメリカの地域――合衆国の地域性』(再出)
(A55) E. フォーナー，横山良ほか訳『アメリカ 自由の物語』(再出)
(6) 大木英夫『ピューリタン』聖学院大学出版会　2006
(A59) 古矢旬『アメリカニズム』(再出)
(7) ◎五十嵐武士『戦後日米関係の形成――講和・安保と冷戦後の視点に立って』講談社学術文庫　1995
(8) 細谷千博監修，A50 日米戦後史編集委員会編『日本とアメリカ――パートナーシップの 50 年』ジャパンタイムズ　2001
(9) 簑原俊洋編『「戦争」で読む日米関係 100 年――日露戦争から対テロ戦争まで』朝日新聞出版　2012

C　1～3章に関する参考文献

(1) ◎B. ベイリン，和田光弘訳『アトランティック・ヒストリー』名古屋大学出版会　2007
(2) ◎平野孝編訳『アメリカ・インディアン』(アメリカ古典文庫 14) 1977
(3) W. クロノン，佐野敏行ほか訳『変貌する大地――インデイアンと植民者の環境史』勁草書房　1995
(4) 和田光弘『紫煙と帝国――アメリカ南部タバコ植民地の社会と経済』

名古屋大学出版会　2000
(5)　◎大下尚一編『ピューリタニズムとアメリカ』(講座アメリカの文化 1）南雲堂　1969
(6)　大西直樹『ニューイングランドの宗教と社会』彩流社　1997
(7)　増井志津代『植民地時代アメリカの宗教思想』上智大学出版　2006
(8)　池本幸三，布留川正博，下山晃『近代世界と奴隷制』人文書院　1995
(9)　◎松本重治編『フランクリン，ジェファソン，マディソン他，トクヴィル』(世界の名著 40）中央公論社　1980
(10)　有賀貞『アメリカ革命』東京大学出版会　1988
(11)　◎斎藤真『アメリカ革命史研究――自由と統合』東京大学出版会 1992
(12)　本間長世『共和国アメリカの誕生』NTT 出版　2006
(13)　D. ヒギンボウサム，和田光弘訳『将軍ワシントン』木鐸社　2003
(14)　明石紀雄『トマス・ジェファソンと自由の帝国の理念』ミネルヴァ書房　1993
(15)　B. ベイリン，大西直樹ほか訳『世界を新たに フランクリンとジェファソン――アメリカ建国者の才覚と曖昧さ』彩流社　2010
(16)　大西直樹，千葉真編『歴史の中の政教分離』彩流社　2006
(17)　S.W. グインター，和田光弘ほか訳『星条旗』名古屋大学出版会 1997
(18)　R. ケリー，長尾龍一ほか訳『アメリカ政治文化史』木鐸社　1987
(19)　佐藤宏子『アメリカの家庭小説――19 世紀の女性作家たち』研究社出版　1987
(20)　鵜月裕典『不実な父親・抗う子供たち――19 世紀アメリカにおける強制移住政策とインディアン』木鐸社　2007
(21)　本間長世『正義のリーダーシップ――リンカーンと南北戦争の時代』NTT 出版　2004
(22)　安武秀岳『自由の帝国と奴隷制』ミネルヴァ書房　2011
(23)　◎清水忠重『アメリカ黒人奴隷制――その思想史的展開』木鐸社 2001
(24)　滝野哲郎『農園主と奴隷のアメリカ』世界思想社　2004
(25)　本田創造『南北戦争・再建の時代――ひとつの黒人解放運動史』創元社　1974

(26) 長田豊臣『南北戦争と国家』東京大学出版会　1992
(27) 辻内鏡人『アメリカの奴隷制と自由主義』東京大学出版会　1988
(28) F.D. ターナー，渡辺真治ほか訳『フレデリック・ジャクソン・ターナー』（アメリカ古典文庫 9）研究社　1975
(29) ◎岡田泰男『フロンティアと開拓者――アメリカ西漸運動の研究』東京大学出版会　1994

D　4～6章に関する文献

(1) ◎ H.G. ガットマン，野村達朗ほか訳『金ぴか時代のアメリカ』平凡社　1986
(2) ◎有賀夏紀『アメリカの 20 世紀（上下）』中公新書　2002
(3) 秋元英一・菅英輝『アメリカ 20 世紀史』東京大学出版会　2003
(4) 生井英考『空の帝国 アメリカの 20 世紀』（興亡の世界史 19）講談社　2006
(5) 紀平英作『歴史としての「アメリカの世紀」――自由・権力・統合』岩波書店　2010
(6) 森杲『アメリカ職人の仕事史――マス・プロダクションへの軌跡』中公新書　1996
(7) D. ハウンシェル，和田一夫ほか訳『アメリカ・システムから大量生産へ』名古屋大学出版会　1998
(8) 竹田有『アメリカ労働民衆の世界』ミネルヴァ書房　2010
(9) D. ローディガー，小原豊志ほか訳『アメリカにおける白人意識の構築』明石書店　2006
(10) 野村達朗『ユダヤ移民のニューヨーク』山川出版社　1995
(11) 土井俊邦『アメリカのユダヤ人』岩波新書　1991
(12) 粂井輝子『外国人をめぐる社会史――近代アメリカと日本人移民』雄山閣　1995
(13) 飯野正子『もう一つの日米関係史――協調と紛争の中の日系アメリカ人』有斐閣　2000
(14) 簑原俊洋『排日移民法と日米関係』岩波書店　2002
(15) ◎ C.V. ウッドワード，清水博ほか訳『アメリカ人種差別の歴史』福村出版　1998
(16) S. ルベル，有賀貞訳『白人と黒人――アメリカの試練』福村出版

1973
⒄ 竹中興慈『シカゴ黒人ゲトーの社会史』明石書店　1999
⒅ 松本悠子『創られるアメリカ国民と「他者」——「アメリカ化」時代のシティズンシップ』東京大学出版会　2007
⒆ A. チャンドラー，鳥羽欽一郎ほか訳『経営者の時代（上下)』東洋経済新報社　1979
⒇ ◎ O. ザンズ，有賀貞・西崎文子訳『アメリカの世紀——それはいかにして創られたか？』刀水書房　2005
㉑ 常松洋・松本悠子編『消費とアメリカ社会』山川出版社　2005
㉒ R. スクラー，鈴木主税訳『アメリカ映画の文化史（上下)』講談社学術文庫　1995
㉓ ◎ R. ホーフスタッター，清水知久ほか訳『改革の時代』みすず書房　1967
㉔ F.L. アレン，藤久ミネ訳『オンリー・イエスタディ』ちくま文庫　1993
㉕ 岡本勝『禁酒法——「酒のない社会」の実験』講談社現代新書　1996
㉖ A.T. マハン，麻田貞雄訳『マハン海上権力論集』講談社学術文庫　2010
㉗ G.F. ケナン，有賀貞ほか訳『アメリカ外交50年』岩波現代文庫　2000
㉘ W.A. ウィリアムズ，高橋章ほか訳『アメリカ外交の悲劇』御茶の水書房　1986
㉙ 松田武・秋田茂編『ヘゲモニー国家と世界システム』山川出版社　2002
㉚ ◎本間長世『アメリカ大統領の挑戦——「自由の帝国」の光と陰』NTT 出版　2009
㉛ 中野聡『歴史経験としてのアメリカ帝国——米比関係の群像』岩波書店　2007
㉜ 油井大三郎・遠藤泰生編『浸透するアメリカ，拒まれるアメリカ——世界史の中のアメリカニゼーション』東京大学出版会　2003
㉝ 入江昭，篠原初枝訳『太平洋戦争の起源』東京大学出版会　1991
㉞ 細谷千博・入江昭・大芝亮編『記憶としてのパールハーバー』ミネルヴァ書房　2004

E　7～10章に関する文献

(D)にあげた文献のなかで，これらの諸章の参考文献として役立つものが多い)

(1)　◎砂田一郎『現代アメリカ政治――20世紀後半の政治社会変動（新版)』芦書房　1999
(2)　◎佐々木卓也編『戦後アメリカ外交史（新版)』有斐閣　2009
(3)　石井修・滝田賢治編『現代アメリカ外交キーワード』有斐閣　2003
(4)　紀平英作『パクス・アメリカーナへの道』山川出版社　1996
(5)　W. ラフィーバー，平田雅己・伊藤裕子監訳『アメリカVSロシア――冷戦時代とその遺産』芦書房　2012
(6)　佐々木卓也『冷戦』有斐閣　2011
(7)　松岡完『ベトナム戦争――誤算と誤解の戦場』中公新書　2001
(8)　松岡完『ベトナム症候群――超大国を苛む「勝利」への脅迫観念』中公新書　2003
(9)　白井洋子『ベトナム戦争のアメリカ――もう一つのアメリカ史』刀水書房　2006
(10)　大和田俊之『アメリカ音楽史――ミンストレル・ショウ，ブルースからヒップホップまで』講談社　2011
(11)　B.A. メイソン，外岡尚美訳『エルヴィス・プレスリー』岩波書店　2005
(12)　J. パターソン，籾岡宏成訳『ブラウン判決の遺産――アメリカ公民権運動と教育制度の歴史』慶應義塾大学出版会　2010
(13)　梶原寿『マーティン＝L＝キング』清水書院　1991
(14)　◎M.L. キング，雪山慶正訳『自由への大いなる歩み』岩波新書　1958
(15)　マルカム・X，浜本武雄訳『マルカムX自伝』河出書房　1978
(16)　上坂昇『キング牧師とマルコムX』講談社現代新書　1995
(17)　松岡泰『アメリカ政治とマイノリティ――公民権運動以降の黒人問題の変容』ミネルヴァ書房　2006
(18)　◎W.J. ウィルソン，青木英男訳『アメリカのアンダークラス』明石書店　1999
(19)　M. マーシー，藤永康政訳『モハメド・アリとその時代――グローバル・ヒーローの肖像』未来社　2001

(20) J. クロフォード，本名信行訳『移民社会アメリカの言語事情』ジャパン・タイムズ社　1994
(21) 有賀貞編『エスニック状況の現在』日本国際問題研究所　1995
(22) B. フリーダン，三浦富美子訳『新しい女性の創造（増補版）』大和書房　1986
(23) 進藤久美子『ジェンダー・ポリティックス』新評論　1997
(24) 荻野美保『中絶論争とアメリカ社会』岩波書店　2001
(25) A.M. シュレシンジャー，都留重人監訳『アメリカの分裂』岩波書店　1992
(26) ◎D.A. ホリンガー，藤田文子訳『ポストエスニック・アメリカ』明石書店　2002
(27) 阿部珠理『アメリカ先住民――民族再生にむけて』角川書店　2005
(28) 鎌田遵『ネイティブ・アメリカン――先住民社会の現在』岩波新書　2009
(29) M.G. ゴンザレス，中川正紀訳『メキシコ系米国人・移民の歴史』明石書店　2003
(30) 村上由見子『アジア系アメリカ人』中公新書　1997
(31) 竹沢泰子『日系アメリカ人のエスニシティ』東京大学出版会　1994
(32) R. カーソン，青樹梁一訳『沈黙の春（新装版）』新潮社　2001
(33) 岡島成行『アメリカの環境保護運動』岩波新書　1990
(34) 佐々木毅『現代アメリカの保守主義』岩波書店　1985
(35) 井出義光，明石紀雄編『アメリカ南部の夢――ニューサウスの政治・経済・文化』有斐閣　1987
(36) 賀川真理『カリフォルニア政治と「マイノリティ」』信山社　2005
(37) 吉原欽一『現代アメリカの政治権力構造』日本評論社　2000
(38) 田所昌幸『「アメリカ」を超えたドル』中央公論社　2001
(39) M. ハート・A. ネグリ，水島一憲ほか訳『帝国』以文社　2003
(40) 山本吉宣『「帝国」の国際政治学――冷戦後の国際システムとアメリカ』東信堂　2006
(41) 油井大三郎・遠藤泰生編『多文化主義のアメリカ』東京大学出版会　1999
(42) 藤本一美『クリントンの時代』専修大学出版局　2001
(43) 大都留（北川）智恵子・大芝亮編『アメリカが語る民主主義』ミネル

ヴァ書房　2000
(44) 蓮見博昭『宗教に揺れるアメリカ』日本評論社　2002
(45) 畑博行『アメリカの政治と連邦最高裁判所』有信堂　1992

F　終章に関する文献

(1) ◎渡辺靖編『現代アメリカ』有斐閣　2010
(2) 古矢旬『アメリカ 過去と現在との間』岩波新書　2004
(3) R．ギルピン，古城佳子訳『グローバル資本主義――危機か繁栄か』東洋経済新報社　2001
(4) ◎猪木武徳『戦後世界経済史――自由と平等の視点から』中公新書　2009
(5) 五十嵐武士『グローバル化とアメリカの覇権』岩波書店　2010
(6) 三浦俊章『ブッシュのアメリカ』岩波新書　2003
(7) 久保文明『G・W・ブッシュ政権とアメリカの保守勢力』日本国際問題研究所　2003
(8) B. ウッドワード，伏見威蕃訳『ブッシュの戦争』日本経済新聞社　2003
(9) 近藤健『アメリカの内なる文化戦争――なぜブッシュは再選されたか』日本評論社　2005
(10) 村田晃嗣『現代アメリカ外交の変容』有斐閣　2009
(11) 菅英輝『アメリカの世界戦略――戦争はどう利用されるのか』中公新書　2008
(12) 堤未果『ルポ 貧困大国アメリカ』岩波新書　2008
(13) ◎水野和夫『金融大崩壊――「アメリカ金融帝国」の終焉』NHK 出版 生活人新書　2008
(14) J. スティグリッツ，楡井浩一訳『フリーフォール』徳間書店　2010
(15) A. ゴア，枝廣淳子訳『不都合な真実』武田ランダムハウスジャパン　2007
(16) D. エック，池田智訳『宗教に分裂するアメリカ――キリスト教国家から多宗教共生国家へ』明石書店　2005
(17) ◎古屋安雄『キリスト教国アメリカ再訪』新教出版社　2005
(18) 堀内一史『アメリカと宗教――保守化と政治化のゆくえ』中公新書　2010

⒆　◎B. オバマ，白倉三紀子・木村裕也訳『マイ・ドリーム——バラク・オバマ自伝』ダイヤモンド社　2007
⒇　五十嵐武士・久保文明編『アメリカ現代政治の構図——イデオロギー対立とそのゆくえ』東京大学出版会　2009
(21)　◎砂田一郎『オバマは何を変えるか』岩波新書　2009
(22)　上坂昇『オバマの誤算』ちくま新書　2010
(23)　杉田米行編『日米の医療——制度と倫理』大阪大学出版会　2008
(24)　F. ザカリア，楡井浩一訳『アメリカ後の世界』徳間書店　2008
(25)　上山隆大『アカデミック・キャピタリズムを超えて——アメリカの大学と科学研究の現在』NTT 出版　2010

G　ウェブ・サイト案内

アメリカ史に関する情報の電子化は急速に進展しており，アメリカ史関連の資料を提供するためのウェブ・サイトが多数存在する。アメリカ歴史学者協会（OAH）の機関誌 *The Journal of American History*（JAH）も新刊書の書評欄のあとに，そのようなサイト批評欄を設けている。このサイト批評に協力しているウェブ・サイト *History Matters: U. S. Survey Course on the Web*（http://historymatters.gmu.edu）は高校や大学でアメリカ史を教える教員およびそれを学ぶ学生のためのウェブ・サイトであり，1000 以上のアメリカ史関連ウェブ・サイトに関する情報を提供するほか，アメリカ史に関する多数の文書，写真，オーディオ資料や史料活用法の具体例などを提示する。合衆国政府の諸機関のウェブ・サイトは大量の公的情報を提供する。それらは大部分，最近のアメリカに関する情報であるが，歴史研究に役立つ情報も多く含まれている。例えば国務省編纂の外交文書集（政府印刷局刊行）は電子化されつつあり，1960 年代，70 年代前半の分は *U.S. Department of State: Office of the Historian*（http://history.state.gov/）で読むことができる。

前掲の有賀・紀平・油井編『アメリカ史研究入門』（A66）の資料編第 2 章「アメリカ史研究のデジタイズ」（梅崎透）はオンライン・ブックやオンライン・ジャーナルの最近の概況の紹介とともに，いくつかの重要なウェブ・サイトを紹介している。また D.A. Trinkle and S.A. Merriman, eds., *The History Highway: A 21st-Century Guide to Internet Resources*. 4th edition, M.E. Sharpe, 2006（CD-ROM 付）も参考になる。

写真引用一覧

1——アメリカン・フェスティバル94' 実行委員会編『スミソニアン博物館展図録』1994
2——The NewYork Times, *A Nation Challenged*, London, 2002
3——W. H. Pierson, *American Buildings and Their Architects*, I *The Colonial and Neoclassical Style*, Oxford U. P., New York, 1970
4——H. Hoover, *The Ordeal of Woodrow Wilson*, Mcgraw-Hill, New York, 1958
5——C. F. Feest, *The Powhatan Tribes*, Chelsea House, New York, 1990
6——H. J. Viola, *After Columbus, Smithsonian Chronicle of the North American Indians*, Smithsonian Books, Washington D.C., 1990
7——H・F・グラフ（有賀貞ほか訳）『アメリカ I』帝国書院　1982
8——P. B. Kunhardt, Jr., P. B. Kunhardt III., P. W. Kunhardt, *The American President*, Riverhead Books, New York, 1999
9——R. Freedman, *Lincoln a photobiography*, Clarion Books, New York, 1987
10——A. Trachtenberg, *Reading American Photographs*, Hill and Wang, New York, 1990
11——L. Filler, *The Crusade Against Slavery*, New York, 1960
12——M. C. Carnes and J. A. Garraty, *Mapping America's Past*, New York, 1996
13——J. H. Bridge, *The Inside History of the Carnegie Steel Company*, New York, 1991
14——M. Dubofsky and W. Van Tine, *Labor Leaders in America*, University of Illinois Press, Urbana, 1987
15——C. Uyeda, *Americans of Japanese Ancestry and the United States Constitution*, National Japanese American Historical Society, San Francisco, 1987
16——東京都写真美術館編『アメリカンドキュメンツ展図録』　1991
17——J. W. Joselit, *Immigration and American Religion*, Oxford U. P., New York, 2001
18——T. B. Allen, ed., *We Americans*, The National Geographic Society, Washington D.C., 1988
19——J. Hohenberg, *The Pulitzer Prizes*, Columbia U.P., New York, 1974
20——R. M. Wik, *Henry Ford and Grass-roots America*, The University of Michigan Press, Ann Arbor, 1990
21——G. Gerstle et al., *America Transformed*, Harcourt Brace, Orlando, 1999
22——*Pearl Harbor and the USS Arizona Memorial*, Pacific Basin Enterprise, Honolulu, 1977
23——L. Graves, *Let Us Remember, The Vietnam Veterans Memorial*, Washington D.C., 1984
24——M. P. Beals, *Warriors Don't Cry*, Pocket Books, New York, 1994
25——浜本武雄訳『マルコム X 自伝』河出書房 1968
26——*Muslim Life in America*, U. S. Department of State, Washington D.C., 2002

グラビア p. 1——ユニフォトプレス提供
グラビア p. 2——ユニフォトプレス提供
グラビア p. 3——ユニフォトプレス提供
グラビア p. 4 上—ユニフォトプレス提供
グラビア p. 4 中—ユニフォトプレス提供
グラビア p. 4 下—1，p. 113
グラビア p. 5 上—ユニフォトプレス提供
グラビア p. 5 中—ユニフォトプレス提供
グラビア p. 5 下—National Portrait Gallery, Smithsonian Institution
ユニフォトプレス提供
グラビア p. 6 上—1，p. 17
グラビア p. 6 中—ユニフォトプレス提供

グラビア p. 6 下—ユニフォトプレス提供
グラビア p. 7 上—ユニフォトプレス提供
グラビア p. 7 下— **2**，p. 185
グラビア p. 8 上—ユニフォトプレス提供
グラビア p. 8 下—コービス提供
p. 11 ——**3**，p. 173
p. 19 上—**3**，p. 56
p. 19 下—**4**，p. 176
p. 27 上—**5**，p. 19
p. 27 下—**5**，p. 23
p. 34 ——**6**，p. 136
p. 37 上—著者提供
p. 37 下—著者提供
p. 40 ——**5**，p. 45
p. 42 ——絵はがき
p. 50 ——**3**，p. 107
p. 53 ——**7**，p. 235
p. 55 ——**8**，p. 269
p. 58 ——**8**，p. 13
p. 60 ——**9**，p. 8
p. 66 ——**1**，p. 98
p. 69 ——**10**，p. 106
p. 75 ——**11**，pl. 11
p. 76 ——**12**，p. 108
p. 77 ——J. B. Leib 79
p. 81 上—**13**，pp. 146-147
p. 81 下—**14**，p. 65
p. 88 ——**15**，p. 14
p. 93 ——**16**，p. 49
p. 95 ——**17**，p. 92
p. 100——**18**，p. 295
p. 105 右—**16**，p. 28
p. 105 左—**10**，p. 216
p. 112 ——**19**，口絵
p. 114 ——**20**，p. 109
p. 115 ——**20**，p. 102
p. 121 ——**7**，p. 185
p. 123 ——**21**，p. 142
p. 129 ——**8**，p. 193
p. 134 ——**22**，表紙
p. 136 ——**1**，p. 72
p. 144 ——**8**，p. 200
p. 148 ——ユニフォトプレス提供
p. 153 ——ユニフォトプレス提供
p. 155 上—著者提供
p. 155 下—**23**
p. 158 ——**24**，口絵
p. 161 ——ユニフォトプレス提供
p. 165 ——**6**，p. 239
p. 170 ——**1**，p. 75
p. 172 ——**25**，口絵
p. 177 ——**21**，p. 365
p. 179 ——**8**，p. 296
p. 186 ——ユニフォトプレス提供
p. 187 ——ユニフォトプレス提供
p. 192 ——ユニフォトプレス提供
p. 195 ——ユニフォトプレス提供
p. 203 ——**15**，p. 67
p. 205 ——IPJ 提供
p. 209 ——ユニフォトプレス提供
p. 213 ——AP/AFLO 提供
p. 221 ——**26**，p. 39
p. 226 ——ユニフォトプレス提供